ASAHI SENSHO
朝日選書
980

昭和天皇 上

保阪正康

朝日新聞出版

本書は、二〇〇八年七月に中公文庫より刊行されたものです。

目次

プロローグ　崩御のとき——昭和六十四年一月　5

Ⅰ　帝王教育とヨーロッパ外遊　31

Ⅱ　軍部暴走の時代　115

Ⅲ　日米戦争突入へ　187

Ⅳ　終戦、国民とともに　231

〈下巻目次〉

Ⅴ　皇太子結婚と経済成長
Ⅵ　ヨーロッパ再訪とアメリカ訪問
Ⅶ　天皇と経済大国日本
Ⅷ　寡黙な当事者
エピローグ　平成新時代の幕開け
主要参考文献
関連年譜

補章(一)　歴史になっていく「昭和天皇」
補章(二)　昭和天皇の秘められし「言語空間」

あとがき
文庫版あとがき
選書版あとがき

昭和天皇　上

保阪正康

天皇家

明治天皇《めいじ》（睦仁《むつひと》）＝昭憲皇太后《しょうけん》（美子《はるこ》）

大正天皇《たいしょう》（嘉仁《よしひと》）＝貞明皇后《ていめい》（節子《さだこ》）

昭和天皇《しょうわ》（裕仁《ひろひと》）＝香淳皇后《こうじゅん》（良子《ながこ》）

秩父宮《ちちぶのみや》（雍仁《やすひと》）＝勢津子《せつこ》

高松宮《たかまつのみや》（宣仁《のぶひと》）＝喜久子《きくこ》

三笠宮《みかさのみや》（崇仁《たかひと》）＝百合子《ゆりこ》

甯子《やすこ》＝近衛忠輝《このえただてる》
- 男子

寬仁《ともひと》＝信子《のぶこ》
- 彬子《あきこ》
- 瑶子《ようこ》

桂宮《かつらのみや》（宜仁《よしひと》）

容子《まさこ》＝千宗室《せんそうしつ》
- 男子
- 女子
- 男子

高円宮《たかまどのみや》（憲仁《のりひと》）＝久子《ひさこ》
- 承子《つぐこ》
- 典子《のりこ》
- 絢子《あやこ》

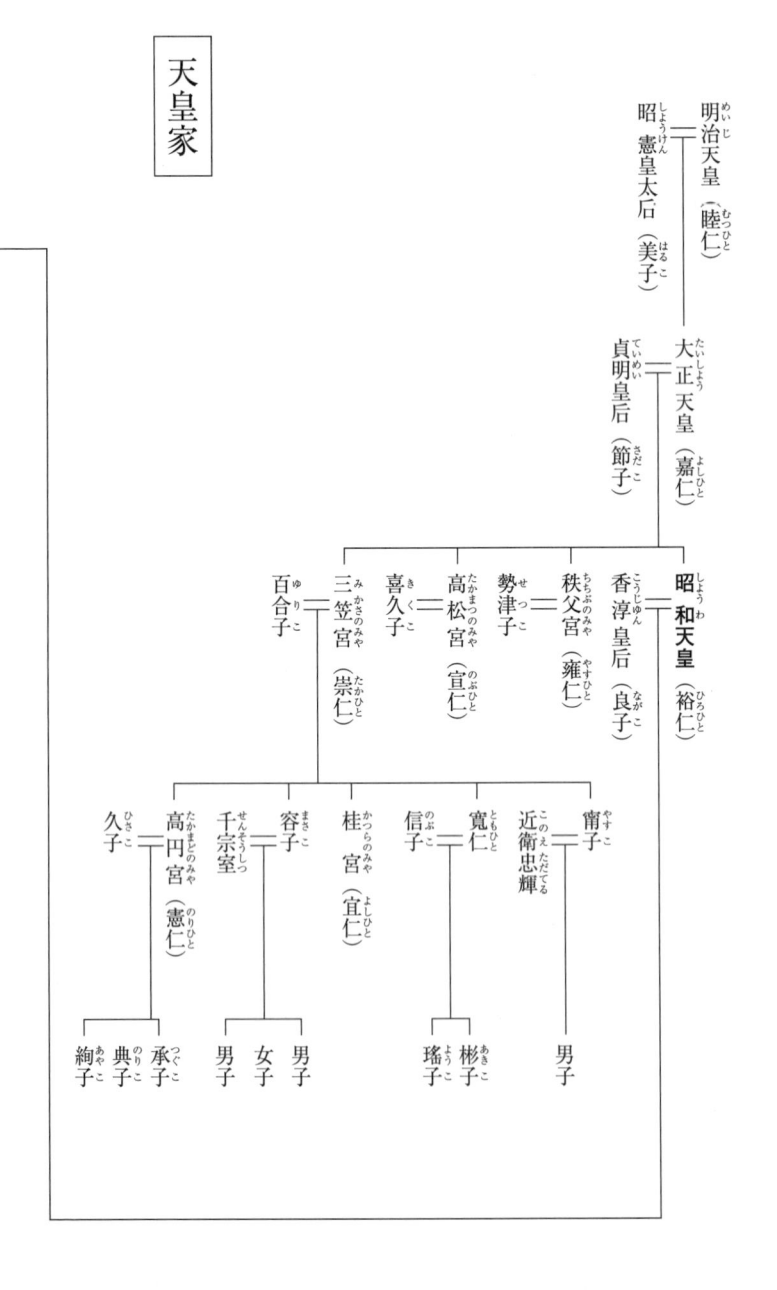

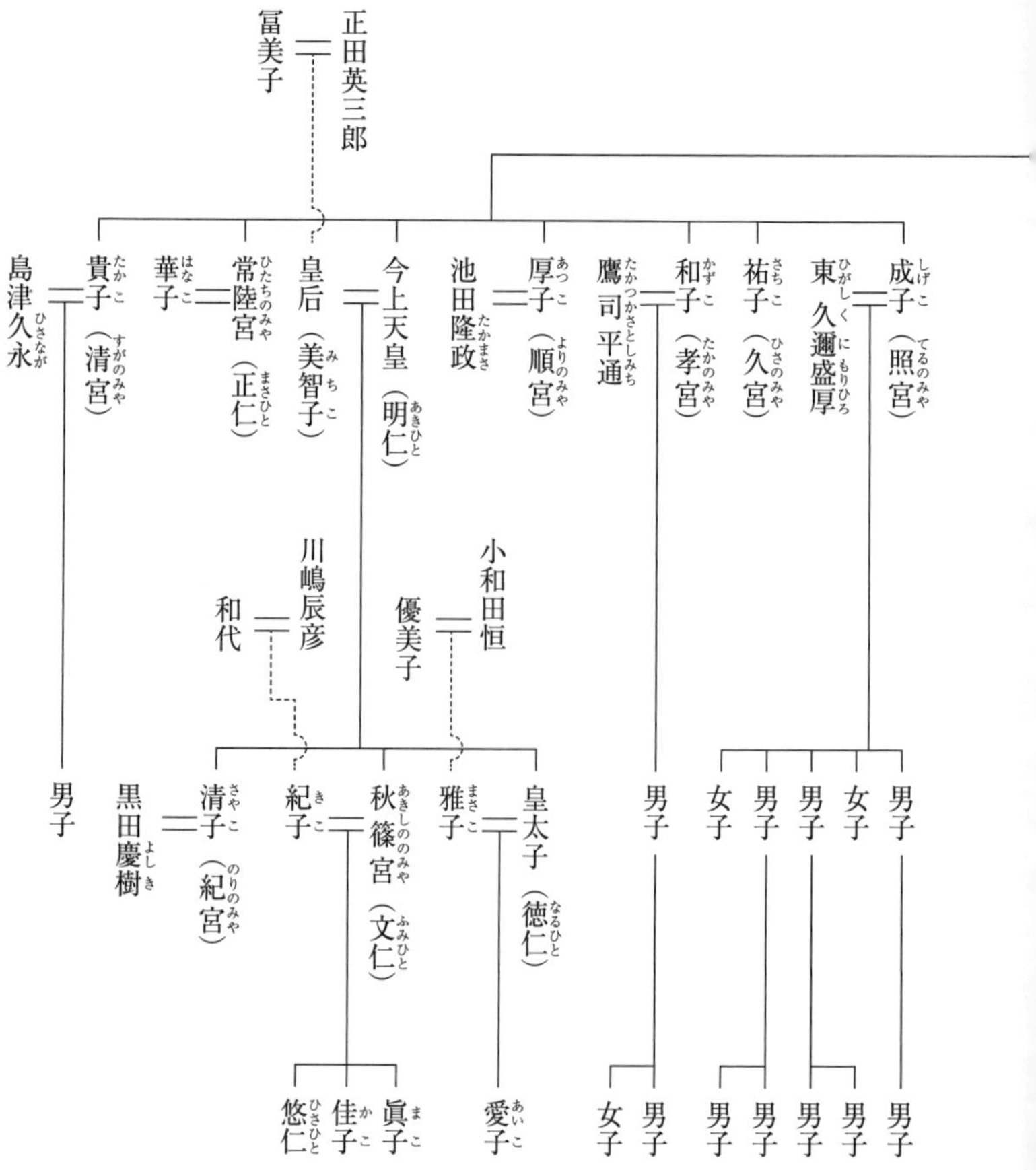
正田英三郎
冨美子
成子《しげこ》（照宮《てるのみや》）
東久邇盛厚《ひがしくにもりひろ》
祐子《さちこ》（久宮《ひさのみや》）
和子《かずこ》（孝宮《たかのみや》）
鷹司平通《たかつかさとしみち》
厚子《あつこ》（順宮《よりのみや》）
池田隆政《たかまさ》
今上天皇（明仁《あきひと》）
皇后（美智子《みちこ》）
常陸宮《ひたちのみや》（正仁《まさひと》）
華子《はなこ》
貴子《たかこ》（清宮《すがのみや》）
島津久永《ひさなが》
小和田恒
優美子
川嶋辰彦
和代
男子
女子
男子
男子
女子
男子
皇太子（徳仁《なるひと》）
雅子《まさこ》
秋篠宮《あきしののみや》（文仁《ふみひと》）
紀子《きこ》
清子《さやこ》（紀宮《のりのみや》）
黒田慶樹《よしき》
男子
男子
男子
男子
男子
男子
男子
女子
愛子《あいこ》
眞子《まこ》
佳子《かこ》
悠仁《ひさひと》

写真（とくに断りのないもの）朝日新聞社

プロローグ　崩御のとき――昭和六十四年一月

侍医長の記者会見

昭和天皇が那須の御用邸を離れたのは、昭和六十三年九月八日のことだった。黒磯発の特別列車で東京に戻り、午後には皇居にはいった。この夏の御用邸への滞在は四七日間に及び、その間に好天の日を選んで一七回にわたり、那須の植物を観察した。

生物学者としての関心から、体調がすぐれないときにも散策をして体調がよくなることがあった。

この那須御用邸滞在の折にも、天皇は何首か和歌を詠まれた。宮内庁からは九月に詠んだ二首が公表されているが、それは次のような歌であった。

秋立ちて木々の梢に涼しくもひぐらしのなく那須のゆふぐれ

もう一首は、「秋の庭（那須）」と題されている。

あかげらの叩く音するあさまだき音たえてさびしうつりしならむ

この二首以後は、御製《ぎょせい》は公表されていない。したがって、遺詠ということにもなる。この御製について、『おほうなばら　昭和天皇御製集』のなかで前侍従長だった徳川義寛《とくがわよしひろ》は次のような解説を試みている。

「那須御用邸のお庭にきつつきの一種あかげらが来るのをお詠みになった。形而上《けいじじょう》を暗示するさびしさである。陛下が植物観察にお出かけになった雲巌寺には芭蕉の『木啄も庵《いほ》はやぶらず夏木立』の句碑があった。きつつきには縁のある処であった。那須の植物をおしらべになった陛下には、動物・植物がいつまでも静穏な環境の中でその生を営むことが出来るようにとお望みであった」

この遺詠には、生物学者としての目があり、あらゆる生物は、自然のなかで包まれるように存在してほしいとの願いがこもっているというのであった。確かに二首からはそのような思いが率直に伝わってくる。無限の静寂という心境もうかがえてくるのではないかとも思えてくるのである。

皇居に戻る直前、天皇の研究をまとめた『相模湾産ヒドロ虫類』が刊行された。八冊目の著書であった。この書は非売品であり、主に国内外の研究機関に配布された。長期間にわたってヒドロ虫類の生態を研究した内容で、同じ分野の研究者たちからは高い評価を受けた。

那須の御用邸から戻った当初は、体調も決してわるくはなかったが、九月十八日からは高熱の症状を示すようになった。そのため大相撲秋場所の観戦も中止になった。侍医団の診断では、「黄疸」がみとめられるようになり、これは胆汁の流れが妨げられていることを意味していた。がんが進行したのか、それとも新たに合併症があらわれたのか、侍医団もまだはっきり判断できなかった。ともかくも炎症を抑えることを第一とする治療が行われることになった。

容態が一段と悪化したのは、九月十九日の午後十時前のことだった。この日、ある全国紙の朝刊が、「天皇陛下　相撲御観戦中止　再び発熱　胆道炎症の恐れ」と報じ、そのためか関係者を取材する新聞記者の動きもあわただしくなった。侍医長の高木顕《たかぎあきら》は、この日侍医の報告を受けてとりたての心配はないと、夕方には宮中から帰宅していた。

ところが午後十時すぎに、吹上御所《ふきあげごしよ》二階の寝室で点滴を受けていた天皇は、突然大量の吐血をされた。新聞報道によるなら、当直医だった大橋敏之は、すぐに応急処置をとる一方で、日赤中央医療センターに連絡をいれて、輸血用血液の緊急輸送を要請している。高木もまた自宅でこの大量吐血の報告を受けることになった。自宅から宮中にむかうタクシーの中で、「いちばん困ったことが起こった。いよいよいけないかな……」と考えていたという。高木はすぐに天皇を診察しているが、その著（『前侍医長がいま明かす　昭和天皇最後の百十一日』）のなかに次のように書いている。

「出血の箇所は十二指腸周辺で、通過障害除去の手術をしたのと同じところです。ただ拝診したところ、このままご危篤にいたるなどといった印象ではありません。

ですから、皇太子殿下にご連絡した際も、『すぐ参ります』とおっしゃるので、『すぐおいでになられる必要はございません。夜が明けてからの方がよろしいでしょう』と申し上げました。が、皇太子同妃両殿下は、午前二時頃には吹上御所に駆けつけられました。その後、各皇族の方も続々こられました」

重体におちいったのではないかと、皇族たちは誰もが不安になったという意味である。実際に、天皇はこの夜数回にわたって吐血している。しかし高木の書いているところでは、「血圧その他のデータからして、このままご重篤なご状態になられるということはまず考えられませんでした」という状態であった。とはいえ輸血（約八〇〇cc）や、点滴などの緊急治療を朝方まで続けたというのである。

メディアが夜半から未明にかけて皇居に殺到するという状態になったために、二十日午前三時に宮尾盤《いわお》宮内庁次長が記者会見を行っている。「陛下は午後十時前、吐血をされたので輸血などの緊急治療を行った」という内容である。そして、午前八時半には、天皇の体温は三七・四度、脈拍九〇、血圧六四から一二八で呼吸数は二二であり、吐血以外に下血が見られることも発表された。

こうして、天皇の容態が悪化しているとの諒解が国民の間にも広がっていった。竹下内閣は、二十二日午前中に閣議を開いて天皇の国事行為をすべて皇太子に委任することを決定している。

宮内庁は、根拠のない噂や風聞、それに憶測などが広がるのを恐れ、侍医団が公式に記者会見を行ったほうがいいと判断して、侍医長の高木が記者団の質問に答えることになった。この記者会見が行われたのは、九月二十一日の午後三時半であった。このときの記者会見はそれまでと異なって記者団が具体的な質問を行い、高木も明確に答えたために、天皇の病状がどのようなものであるか、はっきりとわかる内容になっている。その点では歴史的な意味をもっていた。

高木の前述の書から以下に幾つかの重要な一問一答を紹介することにしたい（この内容は朝日新聞に掲載された一問一答を参考にしていると付記されている）。

高木　今回のご病状の大きな流れは長官のお話の通りだが、若干の補足をします。貧血と黄だんという症状はあるが、吐血もなく、大変安定した状態で、われわれ侍医団としてもホッとしている。皆さんも本日の状況について、私同様、ホッとしていただきたい。

――輸血は続けているか。

高木　計一、二〇〇ccを終えたあとは、今のところ予定していない。

――ヤマを越したとみていいか。

高木　そういう抽象的な表現は好きではないが、「ヤマ」が緊張したことを意味するなら「ヤマを下った」という方がよい。突然病状が現れたけれど、もう下っているんだ、ということ。

――現在の医療態勢は？

高木　看護婦は三人、侍医は私も含めて三人。今日は侍医が四人いるが、ご病状が悪いからではなく、連絡とかのためだ。今週いっぱいは（侍医一人の通常態勢ではなく）三人でいきたい。

――出血の部位はどこか。

高木　上部消化管のどこかだが、胃か十二指腸か小腸上部か、どれかはわからない。

――出血部位を修復する方法は何か。

高木　止血剤的なものを使い、その部位を正常に戻すために体全体のコンディションを良くすること、絶対安静にして栄養を補給することである。

――下血は続いているか。

高木　消化管の出血で吐けば下血を伴うのが普通で、当初は下血があったが、その後は認めていない。

――絶対安静が必要なのに、お見舞いの皇族方と言葉を交わされていいのか。

高木　短時間なので、かえってよろしいと判断した。新聞が、こんなでっかい活字で今にも悪いことが起こりそうに書き、お見舞いはおかしい、侍医どもは何をしているのかと世間にしかられそうだが、過大な心配はありがたくない。私はこれまで、ある程度の事実はお知らせしたほうがよいと思ってきたし、私がしゃべったことにウソはない。引き続き信じてほしい。

高木と記者たちのやりとりの前半は主にこのような内容であった。そこには報道する側の性急さをたしなめようとする侍医長の怒りもあった。

全国で自粛ムード広がる

記者会見の後半の部分は以下のようになる。髙木は、新聞記者も医学について調べてきたのか、専門的な知識をもって質問することに驚いた。「こちらもうかつなことはお答えできないという感じでした」と書きのこしている。

──(陛下は)いつから食べられるか。

髙木 経口摂取のメドは立っていない。現在は液体も口からおとりになっていない。

──黄だんの原因は何か。

髙木 肝臓が悪くなる場合と閉そく性黄だんとがあるが、お上(陛下)の場合は後者である。完全に胆道が閉そくすれば、便なども灰白色になるが、そうではないことからみて、閉そくはそれほど重くない。黄だんも進んでいない。

──黄だんはいつからか。

髙木 さほど前ではない。半月を超えていないと思う。(昭和六十三年の)八月中旬の血液検査では異常を認めなかった。肉眼で見て、失礼ながら素人では気づかないほどの段階の黄だんが半月前だった。

──ビリルビン(胆汁色素)の数値はどうか。

高木　一部で報道された数値（十八ミリグラム）は、当たらずとも遠からずだ。

――「十八」は心配すべき数値ではないのか。

高木　どんどん増えるなら心配だが、そうではないと思う。いま重大なのは出血の方だ。

――肝機能検査の結果は、どうだったのか。

高木　十九日朝の血液検査で得た肝機能の数値で、閉そく性黄だんにまちがいないとわかった。

――胆道閉そくの原因は？

高木　一番考えやすいのは、前のすい臓の腫大《しゅだい》が大きくなって、胆道の圧迫が進んだということだろう。

――体内出血の恐れは？

高木　体内出血が起こるとは毛頭考えてはいない。だが、吐血が起こることも毛頭考えていなかったのに起きた。神のみぞ知る、というところだ。

――エコー（超音波診断装置）は使わないのか？

高木　いまは考えていない。お元気になった後で、検査のために使うことはあり得るが。

――吹上御所にあるポータブルのX線装置や、遠隔式の心臓モニターを使っていないか。

高木　体温や脈拍からみて、そういうものを使う必要はない。

――解熱剤や血圧の昇圧剤、降圧剤はどうか。

高木　体温や血圧を左右するような薬は使っていない。

――出血を止めるために内視鏡などは使わないか。

高木　現段階では考えていない。

以下、五、六回の質疑応答があるが、高木は記者の質問に比較的こまかく答えているために、国民は、天皇がどのような状態にあるかをほぼ正確に理解できることになった。胆道閉塞の徴候があり、それは膵臓の腫大によると判断されていることが明らかになった。新聞もテレビも、「天皇陛下　すい臓腫大進む」という大きな見出しを掲げて症状が少しずつ悪化していることをうかがわせる内容にして報道した。

この記者会見が報じられた日（二十二日）から、国民のお見舞い記帳がはじまった。皇居の坂下門のほか全国一二ヵ所に、記帳所が設けられた。こうした記帳所には、平癒を願う国民の列が続いた。老人から小学生まで、あらゆる年代のあらゆる職業の人たちが並んでいる。そこには天皇に対する素朴な信頼感があったということであろう。

そしてこの日から休むことなく、新聞やテレビは、連日天皇の症状を報道することになった。体温、脈拍、呼吸数、血圧などの数字をこまかく国民に伝えたのである。これまで国民には、天皇の症状についてくわしい内容は一切知らされていない。それだけにこの報道は大きな驚きを与えた。

九月二十三日に、侍医団は会議を開いている。どのような治療法を採るかを討議するためであった。高木の書によるなら、胆管ドレナージやＩＶＨ（中心静脈栄養）などは行わないことにしたという。胆管ドレナージとは、胆管に針を刺して胆汁を体外にだすことをいい、ＩＶＨとは、「簡単に申しますと、点滴で栄養を補給する」ことという。大静脈に注入する糖分濃度の高い点滴を行うと、栄養のカロリーは上がるが、その主体は糖分であり、糖尿病を誘発する恐れがある。天皇は高齢であり、その治療法には細心の注意を払わなければならなかった。

結局、基本的な治療方針は、「(1)出血を止める、(2)できるだけ栄養をとっていただく、(3)黄疸をおさめる」という点にしぼることになった。

侍医団が慎重に、その病状について伏せているのとは別に、メディアは相次いで先走った報道をすることになった。侍医団が治療方針を定めた翌日に、ある全国紙は「天皇陛下　ご重体」という見出しや、「がん性腹膜炎の疑い」とか「すい臓部に『がん』」などというセンセーショナルな見出しをつけて、その病状を報道するに至った。

新聞報道は「政府筋」と情報ルートもにおわせていた。高木は、重体とか危篤でないにもかかわらず、なぜこのような報道がなされるのだろうか、と訝り、「新聞発表見て不快」とメモに書いた。むしろ怒りを感じたというのであった。事実と著しく異なっているというのであった。

このときから、高木をはじめ侍医団は、翌年一月七日に崩御されるまでの一一一日間、新聞記者から監視される状態になったとも、その著書に書いている。

この間の高木の心境は、

「陛下は幸い、私どもにすべてを任せてくださった――それを思ったとき、私は、絶対にミスがあってはならない、とにかく一生懸命、全力でお仕えしていこうと心を引き締めたものです」

との姿勢に徹しきることにあった。天皇の信任にこたえる、それが五人の侍医団が改めて確認した心がまえであった。

天皇もまた自らの病いと闘う意志をもっていた。がんという病いを御自身は最後まで考えてはおられなかった、と髙木は書いている。病いを克服できるとの強い信念をもっておられたとも書き、「医者としての私からすれば、たぐいまれな生命力」の持ち主だったと認めている。

二十七日には、藤森昭一宮内庁長官に、「皆が心配してくれてありがとう。よろしく伝えてもらいたい」との言葉を託されてもいた。このころは体温は平熱の三六度台に戻っていた。

相次いでお見舞いに訪れる皇族や身内の方々と会話を交すこともしばしばであった。四女の池田厚子さん、夫の池田隆政氏、そして五女の島津貴子さんからもお見舞いの言葉を受けた。九月下旬には病状はおさまっていたから、天皇はこうしたお見舞いの際にも充分会話を交すことができたのである。

宮内庁をはじめ全国四五都道府県の記帳所には、依然として人の波が続いた。九月二十二日から二十八日までの一週間に、およそ二三四万八〇〇〇人の人たちが記帳を行ったと発表された。

天皇の体温、脈拍、呼吸数などが連日発表されることで、全国で自粛ムードが広がった。テレビは番組を変更して軽薄にならぬように気を配ったりもした。各地で祭りや祝賀会などが中止になったり、延期になったりもした。

十月一日には、天皇の病状が一時的に悪化した。葛湯を茶さじ五杯ほど飲んだが、そのあとにかなりの量の下血があった。加えて最大血圧が三〇分間にわたって一〇〇を割ることもあり、緊急輸血が行われた。皇太子夫妻、常陸宮夫妻が吹上御所を訪ねて、病状を見守った。

しかし、病状は夜になると危機状態を脱した。

過熱気味の病状報道と侍医長の葛藤

小康状態に戻ると、天皇の意識ははっきりしていた。高木顯が書きのこしているところでは、天皇は苦痛をもらすことはまったくなかったという。

十月四日のことだが、侍従が、稲刈りの報告をすると、「あ、そう」とうなずかれたというし、冷害に見舞われた米作についても心配の言葉を洩らされるなど、日ごろとかわらない気づかいを示されたと証言している。

国民の記帳はいちどはやんだが、なかには治癒を祈って自らの周囲でなされた記帳の束を宮内庁に送ってくる者もいた。自粛は依然として続いていた。しかし、八日に国政報告のために東宮御所《とうぐうごしょ》に赴いた竹下登首相に対して、皇太子はゆきすぎた自粛についてさりげなく注文をつけている。

「ご平癒を祈ってくれる国民の温かい心に感謝しているが、一方で国民生活に深い影響がでると、陛下の常々のお心に沿わないことになるのではないか」

天皇もまた、宮内庁の藤森長官に対して、一般の記帳者に「どうかよろしくお礼を言ってほしい」旨の伝言を伝えていた。さらに御所の庭に咲いたサンシュユの枝を侍従が枕元に届けると、「珍しいほどよく実をつけているね」との感想を洩らしている。

十月二十三日のことだが、この日は輸血はなかった。ベッドに上半身を起こして、鏡に映った十三夜の月を見ている。侍従や侍医に、「見えたよ。（いつもの年より）少し欠けているね」と話しかけたりもした。だが十月下旬から十一月初めにかけては、高木も指摘しているように、「断続的に大量下血」したり、血圧が「84から34」とさがったり、と症状は大きく変化する日があった。

さらに高木によるならば、とくに十一月六日から七日、八日は症状が大きく変化している。そのころの新聞報道などをもとに、あるいはその後侍医団によって明らかにされた発表内容を見ると、確かに危篤状態だったというのである。そして十一月半ばになると、天皇も看護婦と話ができる状態に戻ったが、十一月下旬になると、少しずつ衰弱が進んでいき、常に半睡眠というべき傾眠状態が続いた。

このころ天皇の病状をあらわす数字は、一日に二回から三回にわたって新聞、テレビ、ラジオなどで発表された。こういう発表の形式が果たしていいのか、という声は宮内庁にもあったし、侍医団のなかにもあった。確かに明治天皇や大正天皇のときも、崩御に至るまでには病状の発表が何回か行われている。しかし一日に二回も三回もというのは例のないことだった。

侍医団には、病状を隠すといった考えはなかったが、発表をしないことによってデマや憶測が流れることを恐れたというのであった。数字それ自体は極端に悪いときもあったにせよ、それは時間の流れの中で好転することもあった。したがってあるときの数字を見て、病状を判断するのはやはり不見識という言い方もできた。高木自身、これほどまでに公表しなければならないのかとのディレンマをもつようになったという。

そのディレンマに日々悩んでもいた。高木の本意は、次のようなことだったとその著の中で明かしている。

「天皇陛下もたしかに公人ですが、私たちが知ってよいことと知る必要のないことがあります。ですから、よほどお具合が悪くなられたとき、あるいはご危篤か、それに近いときは、バイタル・データを発表するのはかまわないが、それ以外のときは発表を差し控えたいというのが、私の正直な気持ちでした」

天皇の病状報道について、メディアの側は日を追って過熱気味であった。そういう報道姿勢には疑問があるとの思いを、高木はくり返し書いている。

皇太子夫妻には、侍医長から病状についての説明が行われた。

皇太子と天皇は、高木ら侍医団の諒解のもとに会話を交されることがあった。植物の話とか、今皇太子が代行されている国事行為についての内容が多かったともいう。天皇の体調がわるくなる前には、皇太子がご名代として赴かれた沖縄訪問についての会話もあったというのである。

十二月にはいると、体力の衰えは激しくなった。皇太子夫妻、常陸宮夫妻、弟宮の三笠宮、それに三人の弟宮の妃殿下、さらに浩宮《ひろのみや》をはじめとする皇孫殿下、池田厚子さんや島津貴子さんら皇籍離脱をされた人たち、そのお子さんもお見舞いに訪ねている。しかし、天皇は睡眠をとっていることが多く、会話を交される機会も少なくなっていったのである。容態がよくないというのは、お見舞いに訪れる人たちの共通の思いとなった。

天皇の外孫にあたる東久邇信彦氏からの直話では、お見舞いにおうかがいしてもおやすみになっていることが多いため、治療室にはいって頭をさげて退室するだけのことが多かった、というのである。

安らかなお顔で……

天皇の体力は日々おとろえていった。十二月も半ばになると、尿毒症の症状もあらわれ、昏睡状態の日々が続くことになった。とはいえ、十二月十九日には、宮内庁の職員の問いかけにも「イエス・ノー」を動作で示されることもある」との発表も行われた。

高木はその著のなかで、昭和六十三年を越えて六十四年を迎えることに自信をもてなくなったときもあると書いている。二十日に秩父宮妃殿下、高松宮妃殿下、そして三笠宮妃殿下の三人がお見舞いに来られたときは、「昭和六十四年はあるか」と問われたともいう。自信をもって答えることはできない状態であった。しかし十二月の下旬には、体調が回復するときもあった。輸血はほとんど連日のように続き、それによって体調が維持された。

宮内庁からは、昭和六十四年一月一日の新年の祝賀の儀では、皇太子が天皇にかわって祝賀を受けられることが発表された。二日の一般参賀は記帳だけにとどめるとの発表もあった。

「陛下が病いと闘っているときに、祝賀の儀は行うべきではない」との声もあった。しかし、この儀式は憲法に定める儀式にあたるうえに、国事行為の代行者として皇太子が祝賀を受けないことはおかしいのではという声が通ったのである。

十二月二十五日は、天皇にとって在位六十二周年にあたった。もとより歴代天皇のなかではもっとも長い期間であり、それだけに天皇にとっては記念すべき日でもあった。むろん儀式などはとくべつに行われなかった。高木によるなら、このころに天皇の体調は一時的によくなったというし、侍医の呼びかけにうなずいて、目を開かれることもあった。高木は、天皇の強い生命力に医師としての驚きも感じていたというのであった。

天皇の体調をあらわす数値はこの時期もメディアによって日々発表された。たとえば、十二月二十五日午後五時半には、体温が三五・六度、脈拍八三、血圧が九四と四六であった。

二十八日は仕事納めにあたっていたが、この日以後は一日三回の発表を二回に減らすことになり、それも一回は掲示板で伝えるだけにとどめることになった。年末の日々、天皇の症状は安定する状態になっていた。高木は、「大晦日の日は、朝、皇太子同妃両殿下がこられ、夕方五時には常陸宮殿下がいらっしゃいました。その後で侍医会議をもちました」とその書に書いているが、昭和六十三年がすぎていくのを侍医たちは誇らしい気持で見守ることになったというのである。

昭和六十四年にはいった。ふつう元日の新聞には、新春を迎える「天皇ご一家」の写真が掲載されるのであったが、この年は自粛のためにそうした写真は掲載されなかった。

元日には、宮殿で「新年祝賀の儀」が行われ、そこには国会議員や法曹界、地方自治体関係者などがいつもの年と同じように集まった。午後には各国の日本駐在大使が皇居を訪れた。皇太子夫妻がその祝賀を受けられた。二日の一般参賀には皇族は出られることはなかったが、記帳のみが行われ二万九〇〇〇人の人びとが訪れた。例年見られる万歳の光景はごく自然に自粛となった。どの都市でも繁華街からは派手なネオンが消え、テレビ番組も娯楽色をできるだけ薄めていたのである。

天皇の容態は一月一日から悪化した。高木の著から引用すると次のようになる。

「一月一日は『相当量の下血があり、輸血四百cc』、二日は『腫瘤は縮小の傾向』となっています。『腫瘤』というのは腫れのことで、膵臓の頭から十二指腸にかけての部分がだんだん縮小しはじめてきたのです。それまで、みぞおちのあたりは盛り上がっていたのですが、目でみた感じ平らになってしまわれました。

これは、ガンの元の部分が溶けるといいますか、崩れはじめていることを示します。そして、周囲の臓器にもそれが及び、細胞どうしがくっつきはじめると、そういう状態になってしまうのです。崩れた細胞は下血の形で体外に排出されていきます」

高木は、医師として治療が限界にきつつあることを悟った。その気持を「天皇陛下といえども天寿というものがあらわれるという思いと重なり合って、そういうふうに自分に言い聞かせておりました」と書きのこした。

医師としての役割というものには限界があるという覚悟であった。

輸血は依然として続けられたが、効果はほとんどなくなっていた。五日の未明からは急速に悪化していったのである。最大血圧が六〇ていどまでに下がり、四〇〇ccずつ二回にわたって輸血を行ったが、血圧は上がらなかった。腎機能を示す血中尿素窒素（BUN）値は正常値の一〇倍にもなった。血圧が上がらないのは体内出血のためであり、血圧が低い状態が続くならば酸素は体内にいきわたらずに腎臓や肝臓に障害がでてくる。尿毒症の症状がよりはっきりとあらわれてもきた。五日の夕方からは、昏睡状態に入り目を開くこともなくなった。

こうした状態はそのまま国民に伝わったわけではなかったが、それでも侍医団の発表には予断を許さない状況になっていることがにおわされた。

六日朝、呼吸数は一分間に三二と発表された。この日の夕方になっての会見では、体温は三五・一度、脈拍九三、血圧六八／三〇、呼吸数二六と発表されたが、高木は低い声で「お体が弱られたことの表れと思われます」とつけ加えた。

この日、午前十時に皇太子夫妻が病室に入られた。十一時には常陸宮、そして十一時三十分には三笠宮が病室に入られた。

「午後九時、大橋敏之侍医が拝診しようとして『恐れ入ります』というと、天皇は声のする方に顔を向けたという」（高橋紘編『昭和天皇発言録』）

七日に入ってまもなく、天皇の容態は急変した。

侍医団のその後の発表によるなら、午前二時ごろから呼吸がしだいに浅くなっていった。最大血圧も五〇から四〇、そして三〇へと下がっていった。緊急の輸血も行われたが、二四〇ccほど入れたところで中止になった。容態の好転はなかった。午前四時ごろから呼吸が乱れるようになり、強心剤が打たれるなど治療が続けられたが、血圧は二〇のままだった。輸血をしても、あるいは注射によっても変わることはなかった。

自宅に戻っていた高木は、当直の侍医から連絡を受け、すぐに皇居にかけつけた。藤森長官や山本悟侍従長など宮内庁の幹部も皇居に入った。誰もが沈痛な表情で、皇居に入る自動車の中で伏し目がちだったと記者たちは書いている。

皇太子一家、常陸宮、三笠宮夫妻、寛仁親王夫妻、高円宮夫妻と次々に皇居にかけつけ、病室に入っていった。大半の皇族が集まって天皇の最後の闘いを見守ることになった。

午前六時ごろから下顎呼吸があらわれた。それは医学的に最期が近づいたということでもあった。侍医長の高木の証言を以下にその書から引用することにしたい。

「私は聴診器を陛下の胸にあてていたのですが、心臓の音が聞こえるか聞こえないかという状態になりました。何秒かたち、脇にいた大橋さんが、『心停止です』と言うのが聞こえたので、ふと心電図に目をやると、まっすぐ平坦な線になったところでした。

聴診器に、それまでかすかに聞こえてきた音も止まりました。おもむろに、懐中電灯で瞳孔を拝見したところ、開いておりました。（中略）懐中時計を取り出して時間を確認しましたが、（午前）六時三十三分を指していました。そして、皇太子殿下に最敬礼をしました。皇太子殿下も、だまって会釈されましたので、おわかりいただけたと思います。殿下はお静かであらせられました。

陛下が崩御《ほうぎょ》された瞬間の気持ちはどうだったかと、あとになって各方面からご質問を受けましたが、正直申し上げて『空《くう》』というか、感慨無量でした。そのときの頭の中はカラッポと言った方がよいでしょう。

陛下のお顔も、お苦しみになられたというものでもなく、非常に安らかな表情をしておられました」

高木にとっての救いは、天皇にはがんによる痛みがまったくといっていいほどなかったことであった。それは崩御のときの「安らかなお顔に示されていた」というのであった。

崩御されたあと、病室から皇族の人たちに退出してもらい、皇后が最後の口を濡らす儀式をされた。続いて他の皇族が入室して、その儀式に従った。

高木をはじめとする侍医団は天皇の枕辺にあって、その儀式を見つめていた。侍医団の医師や看護婦は、いつも「陛下の立派なご闘病」の姿勢に励まされていたことに思いが到り、心の中に大きな穴があいたとの実感を味わっていたのである。

「昭和」の終わった日

昭和天皇崩御の報は、昭和六十四年一月七日午前七時五十五分にふたつの記者会見によって明らかにされた。ひとつは、宮内庁で行われた藤森長官の会見である。

「天皇陛下におかせられましては、本日午前六時三十三分、吹上御所において、崩御あらせられました」

そのうえで、正式の病名は十二指腸乳頭周囲腫瘍であり、その「ご生涯は八七年八ヵ月」と発表された。すでにテレビではこの発表の前にフラッシュニュースで崩御が伝えられていたために、国民の大半は知っていたが、正式に確認したのはこの藤森長官の会見によってであった。

もうひとつ、同じ時刻に行われた記者会見とは、首相官邸での小渕恵三官房長官による会見である。小渕長官は政府として「崩御」に伴う幾つかの手続きをどのように進めていくかを明らかにした。

崩御の報は中央官庁から所定の手続きによってそれぞれの下部の機関に伝達されていった。たとえば外務省は在外の公館に伝えた。それは各国政府に正式に伝えるようにとの意味をもっていた。

この日午前八時から九時すぎにかけて、次々と記者会見が開かれ、昭和天皇から皇太子殿下の時代へと移行するための手続きが説明された。そのなかで重要なことは、皇位に空白が許されないために、竹下内閣は午前八時二十分すぎに臨時閣議を開いて、天皇崩御と皇位継承の内閣告示を行うことを決めたことだった。皇室典範第四条には、天皇崩御のときは皇嗣が直ちに即位するとあり、皇太子明仁親王が第百二十五代天皇に即位することになると発表された。

美智子妃殿下は皇后陛下、そして徳仁《なるひと》親王殿下は皇太子になり、良子《ながこ》皇后陛下は皇太后の地位に就くことになった。

皇太子が皇位を継承する践祚《せんそ》の儀式は、午前十時一分に正殿松の間において行われた。この儀式は「剣璽《けんじ》等承継の儀」といわれ、新しい天皇とともに浩宮、礼宮《あやのみや》、常陸宮、三笠宮、寛仁親王、高円宮、そして国の行事であるがゆえに竹下首相をはじめ三権の長が参列して進められた。皇位の印である三種の神器《じんぎ》の天叢雲剣《あまのむらくものつるぎ》の分身や八坂瓊曲玉《やさかにのまがたま》、そして御璽《ぎょじ》と国璽を継ぐことになった。八咫鏡《やたのかがみ》の分身は賢所《かしこどころ》にあり掌典長《しょうてんちょう》が賢所奉告の儀を行った。

こうした儀式の一部は、皇居の中からテレビで放送された。戦後の新しい憲法では、祭祀は天皇の私的行為とされていた。皇室の私的行為を国民もむろん初めて視覚で確認することになったのである。

皇位継承のあとは、元号を決めなければならなかった。といっても昭和五十四年に制定された元号法にもとづいてすべてがたんたんと続いた。午後一時から開かれた臨時閣議では、事前に用意されていた「平成」「修文」「正化」の三つの案のなかから「平成」が選ばれた。元号法では、元号そのものを政府が決定し公布すればいいとなっていて、天皇の意思は直接に生かされることにはなっていなかった。

この「平成」は、政府の説明によるならば、中国の史記からの「内平かに外成る」、あるいは書経の「地平かに天成る」から採ったとされた。その説明では、「国の内外にも天地にも平和が達成されるという意味がこめられている」というのであった。この元号は、翌一月八日から実施されるとも発表されている。

崩御後の皇位の継承、そして元号の決定とつづくことで、確かに「昭和」から「平成」への移行は悲しみとともに進んでいった。街にはこうした移行が号外によって知らされたし、テレビはこの移りゆく儀式や行事、そして昭和天皇を偲ぶ番組を終日放送し続けた。民間テレビでは、CMなしの番組が流されることにもなった。

こうした表の儀式とは別に、天皇の治療にあたった侍医団は午前九時二十分に記者会見を行って、天皇の闘病の経緯を改めて国民に伝えた。そのときの高木の説明によると、二年前の九月二十二日に行われた十二指腸空腸吻合手術の折の病理組織検査では、慢性膵炎のほかに腺がんがあったことも発表された。そのうえで高木は、

「陛下ご自身にはがんであることを完全に秘して、何ぶんご高齢とご体力よりみて積極的な治療を避けてできうる限りの、ご長命を全うしていただくことに全力を尽くし、とくにご苦痛全くなきよう、そして、いわゆる医原性（医療上のことが原因で）の不具合なことをつくらないように十分留意することにいたしました」

と語った。そしてそれ以後の病状と治療について説明し、最終診断は十二指腸乳頭周囲腫瘍であることを正式に認めた。この診断が歴史上では記録されていくことになった。

高木は宮内庁庁舎へ赴いたり、天皇の御遺体を御座所へ移すことを見守っていたときに、即位の前の皇太子に呼ばれてそのもとを訪ねたという。高木は自らの書の最後に書いている。

「たしか御座所の前でしたか、『ご苦労であった』というお言葉をかけてくださったのです。そして、他の侍医たちにもそれをお伝えしてくださいとおっしゃられましたので、そのとおり侍医の面々に殿下のお言葉をお伝えしました」

高木は皇族の人たちからも、くれぐれもお身体に気をつけてくださいといわれ、心の琴線にふれた思いがしたとも書きのこしている。

天皇のもとには、幼少期、少年期の学友やそれまでに奉仕をしたことのある人たちが、宮内庁の許しを得る形で最後のお別れをするために歩みでていた。学習院初等学科からの学友だった永積寅彦《ながづみとらひこ》は、八日に入って拝訣することができた。

永積は『昭和天皇と私――八十年間お側に仕えて』のなかで、次のように話している。

「（宮内庁に呼ばれたのは）元侍従次長として召していただきました。昔の宮内庁次長の林敬三さんとか、加藤進《かとうすすむ》さんとか、それから古い侍従、女官の人もおられました。お歌の岡野弘彦さんとか御用掛の方々もおられました」

一人ずつ呼ばれてのお別れであった。永積は、皇室ジャーナリストの高橋紘と京都産業大学教授の所功との質問に答えている。

「――お別れの時、お顔には布がかかっていましたか。

永積　ありませんでした。

――では、陛下のお顔を拝して、ちゃんとご挨拶できたんですか。

永積　そうです。黄疸でいらしたから、お顔の色に百余日のご闘病のあとが著しく拝せられましたが、安らかなお顔もとでした」

「――どんなお気持ちでございましたか。

永積　お顔色を見て、ほんとにお気の毒だったというか。ただもう、それだけでした。私は思わず涙が出て、左手で自分の顔を覆って退下しました」

天皇の学友たち、そしてそのお側に仕えた者にとって、別れはあまりにも辛いことだった。昭和十年代の十年余、侍従の職にあった岡部長章《おかべながあきら》は、天皇との別れのときに自らつくった漢詩を心の中でつぶやいていたと証言している。

一月八日には、「御舟入の儀」が行われた。この儀式は、一般の納棺にあたっている。この日の夕方、天皇、皇后両陛下をはじめ近親の方々三〇人余が参列して、吹上御所内で行われた。このときに皇太后は御歌の短冊を入れられた。皇族の方々が、大行《たいこう》天皇（天皇が崩御されたあと、追号を奉るまでの間の称号）がその生前に使われていた眼鏡、ペン、時計、ルーペなどを納めた。ご遺体には、冠と帯がそえられ、そして白羽二重に包まれる。そのご遺体は、常陸宮がお清めをされたのちに、白木の柩に移される。「この柩は翌九日の『斂棺《れんかん》の儀』によって、さらに灯芯茶袋《とうしんちゃぶくろ》、丸巻麻《まるまきあさ》などをつめて二番目の白木の柩に納められ、銅板のふたで完全に密閉された」（山本七平ほか『昭和天皇　全記録』）というのである。こうして大行天皇は、皇室のしきたりによって皇族や国民と別れていくことになった。

一月七日、八日は、大行天皇との別れやその足跡を辿る報道があふれた。街には半旗がひるがえり、皇居には弔問の記帳所がつくられた。記帳を望む人びとの列は、皇居から東京駅まで延々とつづいた。七日だけで二七万九四〇七人、八日には四三万八三七六人もの人びととの記帳があった。老若男女、さまざまな人びとが静かに記帳を行った。

その人波を見て、外国人記者たちは一様に「日本中が今悲しんでいる。天皇の死はそれほど日本の国民に衝撃を与えた」と本国に記事を送っている。

昭和天皇の八七年のその生涯は、日本がもっとも困難な時代を迎えたときだった。その時代はときに天皇の意に反することもあった。しかしその苛酷な時代から起ちあがる日々もあった。天皇はそのような時代のなかで、常に国民とともにと心がけ、誠実に生涯を貫いた。

昭和六十四年一月七日から八日という日は、はからずもそのことを確かめる日ともなったのである。

I　帝王教育とヨーロッパ外遊

新宿御苑の庭で彌富傅育官と相撲をとる皇太子
(大正２年５月11日、宮内庁提供)

親王誕生

明治三十三年五月十日、皇太子嘉仁《よしひと》親王は公爵九条道孝《くじょうみちたか》の四女節子《さだこ》妃と結婚された。皇太子は二十歳、節子妃は十五歳であった。

九条家は近衛、鷹司《たかつかさ》、一条、二条とともに五摂家のひとつで、道孝は戊辰戦争の折の論功によって栄達し、当時は宮中の諸儀式を司る掌典長《しょうてんちょう》の職にあった。道孝の妹夙子《あさこ》は孝明天皇の女御でもあった。道孝は節子妃にはとくに目をかけ、健康な身体をもち、開明的な知識を身につけるよう幼児期から厳しい教育を施していた。

明治天皇は、身体のすぐれない皇太子と節子妃の結婚をなによりも喜んだ。節子妃の活発な性格や宮中の侍医でもあるエルウィン・フォン・ベルツが健康な身体であると保証を与えたことに安心感をもったのである。なかんずく皇孫を産むであろうとの言になんどもうなずいた。一刻も早く、皇子誕生という報に接したいと願っていたのである。その明治天皇のもとに喜びの報が入ったのは、この年十二月のことであった。

節子妃に妊娠五ヵ月の徴候があり、出産予定は翌年四月半ばになるだろうとの侍医からの報告であった。

明治三十四年三月には、妊娠九ヵ月ということで、東宮御所では着帯の儀式が行われた。宮中三殿

（賢所《かしこどころ》、皇霊殿《こうれいでん》、神殿）では安産を祈っての祭事も行われ、皇祖に着帯の報告がされた。

明治天皇は出産予定日が近づくと、皇孫の養育掛《がかり》に旧薩摩藩士の伯爵川村純義《かわむらすみよし》を選び、自分の孫と思って養育してほしいと命じている。川村は恐懼《きょうく》しながら、その命を受けいれ、やがて生まれてくる皇孫の養育方針として五つの目標を立てた。「心身の健康を第一とする」というのが第一項であったが、川村は君主としてのありうべき姿をえがき、それを明治天皇や皇太子に報告し、諒解を得ていた。

皇孫誕生に備えての環境がこうして固められていった。

明治三十四年四月二十九日の夕方、節子妃は東宮御所の御産所に入った。そして午後十時十分、節子妃は第一皇子を出産された。お産は軽く、母子ともに健康であることはすぐに、葉山で静養していた皇太子、皇孫の誕生を望んでいた明治天皇のもとに伝えられた。皇太子も明治天皇も皇子誕生の報に笑顔を見せたが、それはこのころの「皇室典範」（明治二十二年制定）では皇位は皇長子によって継承されると決まっていたからであった。

この日、宮内大臣の田中光顕《たなかみつあき》は、宮内省告示を発表している。そこには、

「皇太子妃殿下今二十九日午後十時十分東宮御所ニ於《おい》テ御分娩親王降誕在《あ》ラセラル」

とあった。当時の新聞には、宮内大臣によって、第一皇子の身長は五一センチ、体重は八〇〇匁《もんめ》（およそ三キロ）、と発表されたとあり、「通常の生児よりも御体重も重く渉《わた》らせらるるやの趣なれば、御行末の御健康も推し量られて芽出度き御事なり」という新聞報道もされている。

第一皇子の名と幼名をどうするか、明治天皇は宮内省文事秘書官長の細川潤次郎に命じてその候補名

も大きめであるということが喜びの会話の中にも盛りこまれた。宮城外苑の馬場先門では陸軍の部隊が、よって、皇統が守られるという安堵感があった。加えて、当時としては誕生時の身長や体重が平均より

宮中では、皇族や華族、それに明治政府の高官が集まって、祝宴が開かれた。そこには皇孫の誕生にしているときでもあった。日本は英国との間で絆《きずな》を強めようとしていたときでもある。生の報に、この期の国民はこぞって祝賀の意思を示した。ときは日清戦争から六年を経て、国威が発揚名されたといわれている。第一皇子に期待された徳目が、この名には詰まっていることになる。皇孫誕

明治天皇は、「広い大きな心をもって国を治め、人類の幸福につくすように」との願いをこめて、命

こうした由来は、『明治天皇紀』に説明されている。

逆に従えば凶となる）を採ったとされている。「允迪厥徳謨明弼諧」（允《まこと》に厥《そ》の徳を迪《おこな》えば、謨明《ぼめい》は弼《たす》け諧《とも》にせん）や「恵迪吉従逆凶」（迪に従えば吉となり、用いれば則ち小なり）、礼記の「寛裕者仁之作也」（寛裕は仁の作なり）から採っている。「迪」は書経から「此令兄弟綽綽有裕」（この兄弟は綽々《しやくしやく》と裕あり）、書経の「好問則裕自用則小」（問を好めば則ち裕に、自ら

この名と幼名の出典は、中国の古典で、「裕」は、易経の「益徳之裕也」（益は徳の裕なり）、詩経の

と幼名にどれほど深い関心をもっていたかがわかる。を裹《つつ》み、是の日実則（侍従長徳大寺実則）に付して伝へしめたまふ」と記されていて、明治天皇がこの名ている。『明治天皇紀』によるなら、「天皇名字及び称号を各〻大高檀紙《おおたかだんし》に書し、同じく檀紙を以て之《こ》れを選ばせた。細川が、裕仁、雍仁、穆仁と迪宮、謙宮を示すと、明治天皇はすぐさま迪宮《みちのみや》と裕仁《ひろひと》を採っ

品川沖では停泊している海軍の艦船が、皇室のこの慶事を祝って祝砲を打った。東京市内にとどろいた祝砲は定められたとおりの一〇一発であった。

全国各地でも慶賀の式典が開かれた。東京市では日比谷公園に人びとが集まり、奉祝の花火もあがった。全国の街々で祝賀の花火や万歳の声があふれ、皇孫誕生をもって新しい世紀への息吹きと受けとめた。

誕生から七日目にあたる五月五日の端午の節句に、皇太子は葉山から東宮御所に入り、第一皇子と初めて対面した。皇太子は陸軍の軍服姿で、明治天皇の勅使から命名書と護刀一口を受けとり、その枕元に飾った。明治天皇、皇太子、皇孫（第一皇子）の皇統がこうして固められていった。

祖父と父

明治天皇が、迪宮裕仁親王と初めて対面したのは、誕生から三〇日目にあたる五月二十八日であった。この日、裕仁親王は東宮御所の女官に抱かれて宮城に赴き、賢所で皇祖への拝礼を行った。裕仁親王は、宮城に入るまで馬車で静かに眠っていたが、道筋には皇孫の顔を見ようと人びとがあふれていた。皇孫の初めての参内《さんだい》に喜びの声をあげたのである。

明治天皇は皇孫の姿にひときわ笑顔を見せていた。この期の明治天皇は四十八歳になっていたが、この国の主権者として強い使命感をもっていた。皇太子の健康がときにすぐれないこともあって皇孫の健康状態をつねに案じ、侍医たちには定期的に報告を寄せるように命じていた。

加えて、東宮妃である節子妃の安産に感謝の意をあらわし、父道孝には丈夫で良き娘を育ててくれたという言葉を直接伝えている。

初参内のこの日、宮城の千種の間で、明治天皇を中心に祝宴も開かれた。このときは皇后もまたなんども皇孫の顔を見つめ、道孝にも感謝の意を伝えた。皇室は挙げて皇孫の順調な成育を歓迎した。とくに明治天皇が期待している「広い大きな心をもって国を治め、人類の幸福につくすように」という思いは、こうした祝宴でも改めて宮中の側近たちによって確認された。

皇孫の誕生に伴うさまざまな儀式は、明治天皇の差配によって進められた。皇太子は明治三十年代に入ると、明治天皇にかわって地方を訪問することが多くなり、自らもまたその行啓《ぎょうけい》を楽しんでいた。第一皇子の誕生時には、九州への行啓から戻って、葉山で静養していたが、第一皇子と対面してからは心身ともにしだいに順調になった。ベルツの日記には、このころから皇太子についての記述がふえているが、そこには「東宮はご機嫌よく、お丈夫らしい様子である。以前よりも、たしかに元気で、いきいきとしておられる」（九月十五日）と書かれている。

皇太子の日常は、東宮御所で帝王学の個人授業を受けられるか、それとも行啓に赴かれるかといった日々だったが、このほかに新たに東宮御所で養育されている第一皇子と接するというスケジュールが加わった。皇太子はこうした家庭的な日課を好んだ。節子妃と第一皇子、そして皇太子の団欒《だんらん》という光景は、東宮御所の日常の風景でもあった。

宮中の慣例に従い、誕生から七〇日目の七月七日に里親の川村純義邸にだされるまでの期間、皇太子は第一皇子と離れがたい心境になっていた。

当時の皇族、華族の間では、里子にだされるという慣例があったのだが、節子妃自身もまたそうした体験を積むことで国民の感情や生活慣習になじんでいる。その反面、父や母と別れて育てられるという寂しさも味わう。当時の新聞論調や識者の間では、皇太子も節子妃も実は自らの手で育てて成長を見守りたいとの気持をもっているのではないかと、予想されていた。しかし、この慣例はこのときはまだ続くことになったのである。

明治三十五年一月、節子妃の妊娠が明らかになった。『明治天皇紀』の一月十五日の項には、「皇太子妃節子身（妊娠の兆候）あり、五箇月を経るを以て内著帯の礼を行ふ」と書かれている。新たに皇孫の懐妊が認められたのである。

この懐妊が明らかになって三日後に、宮城の鳳凰の間で、恒例の歌会始が行われた。このとき明治天皇は、御歌所所長の高崎正風《たかさきまさかぜ》が示した二題（「鶏鳴告暁」「寄神祝」）に不満を示し、新たな題をだすようにと命じている。高崎はそこで「新年梅」という題を提示した。すると明治天皇は次のような和歌を詠んだ。

たちかへる年の朝日に梅のはなかをりそめたり雪間なからに

皇后もまたすぐに次の和歌を詠んだ。

大君の千代田の宮の梅のはなゑみほころひぬとしのはしめに

この二首からは、初めての皇孫が皇子であったこと、そして今、また節子妃の懐妊を知った喜びが伝わってくる。

皇太子は、第一皇子やその後に誕生した第二皇子（秩父宮雍仁《やすひと》親王）や第三皇子（高松宮宣仁《のぶひと》親王）との団欒をなにより好んだといわれているが、それは節子妃とともに新しい時代に新しい天皇家を築こうと考えていたからとも思われる。第一皇子とともにすごしたわずか七〇日間の体験について語る書は少ないが、それでも節子妃の支えを得て自らの健康に留意し、第一皇子がこの国を治めるために国民に慕われる君主となるようにと心くばりをしていたことはよく知られている。

そのことはとりもなおさず、皇太子である自らもまたいっそう研鑽に励もうという気持を固めることでもあった。

こうした皇太子を支えたのは、有栖川宮威仁《ありすがわのみやたけひと》親王であった。有栖川宮は海軍の軍令部に出仕していたが、その職をはなれて東宮輔導《ほどう》の職に就くや、皇太子の健康を重視しながら、できるだけ地方への行啓をくり返して、国民の顔を見つめるようにと求めた。

皇太子もまたその考えを受けいれ、有栖川宮とともに全国を回った。東宮御所で個人授業を受ける一方で行啓によって、皇太子は素顔の国民と接し、この国の自然環境を知り、帝王としての学問を実際に肌で確かめるようにもなったのである。

皇太子は、明治天皇のもつ剛毅さや威厳とは別に、文人肌の、そして率直な言動を好んだが、第一皇子の幼年期にはときに遊び相手になったり、ときに自らの好きだった「世界漫遊の歌」を歌って聴かせたりもした。そのような思い出は第一皇子にも第二皇子にも「楽しい記憶」として刻まれることになった。

祖父の明治天皇と父の皇太子（のちの大正天皇）のそれぞれの教えは、第一皇子である裕仁親王に着実に受け継がれていった。ふたりの期待は、折にふれ裕仁親王の処し方のなかにあらわれていた。

弟宮

海軍中将で伯爵である川村純義は、前述のように旧薩摩藩士である。実直な武人肌の性格をもっていた。このころは枢密《すうみつ》顧問官もつとめていた。

皇太子夫妻に第一皇子が生まれる前に、明治天皇から養育掛を命ぜられたとき、川村は緊張しながらもこの重い役目を引き受けることにし、自らの信念にもとづいてこの国の帝王としての望ましい教育について、前述のように五つの方針をたてた。その方針とは、平易に言えば「心身の健康を第一とする」「天性を曲げぬこと」「物に恐れず人を尊ぶ性格を養うこと」「難事に耐える性格を身につけること」、そして「わがままや気ままな癖を許さない」という内容であった。この方針は、明治天皇にも皇太子にも快く受けいれられた。

川村は、第一皇子の誕生のあとに、新聞記者の取材に応じて、次のように語っていた。「皇長孫を養育するということは、将来の日本の国に君臨したまうお方をご養育することである。（中略）おそれ多いことながら、封建時代における大名教育のごとき弊はゆめゆめあるべからず。日本はすでに世界の列に入っている以上、皇長孫のご教養に関しては、深くこの点に心掛けなくてはならぬ」

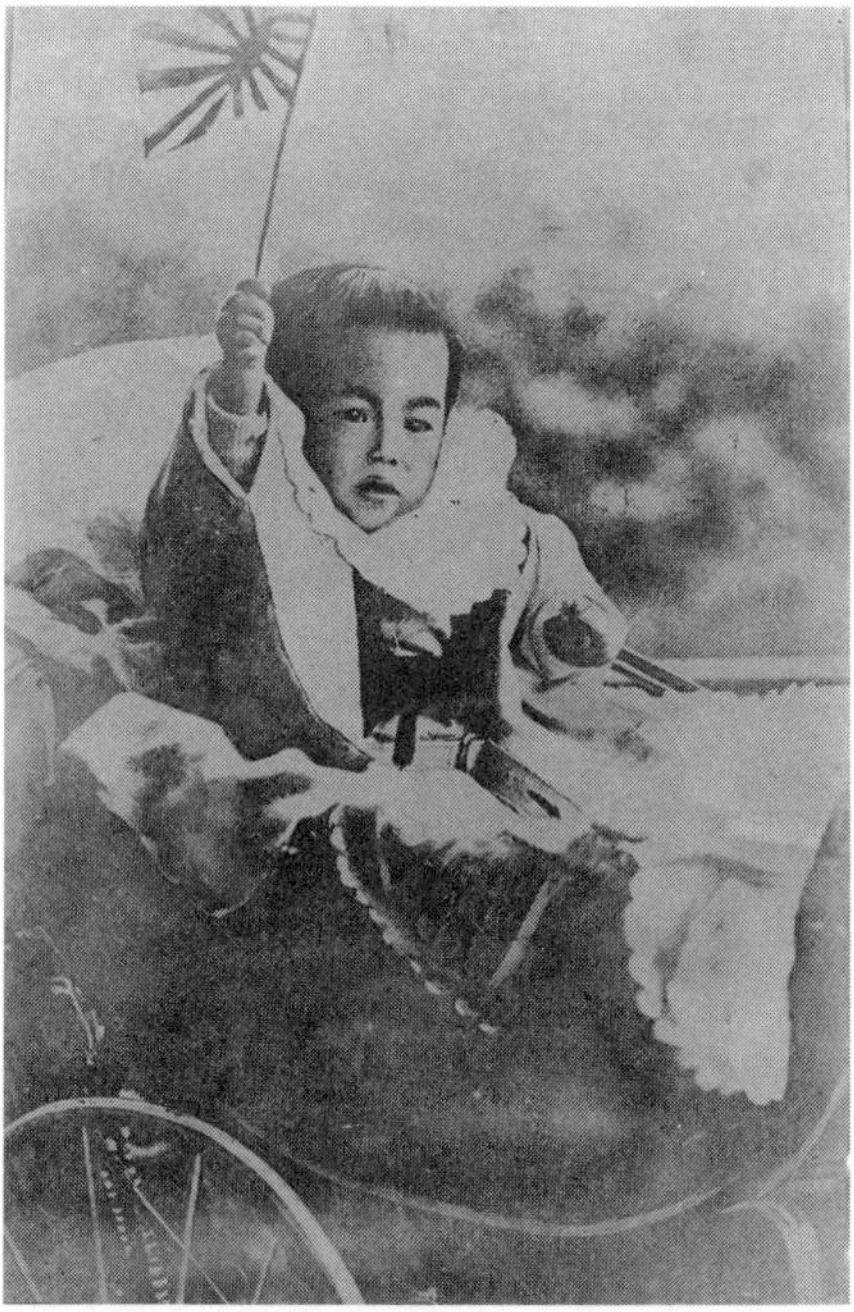

乳母車の中で軍艦旗を振る幼少期の裕仁親王
（明治35年ごろ、宮内庁提供）

東京の麻布狸穴《まみあな》にあった川村邸は、皇長孫を受けいれるために改築工事が行われ、洋館二階建ての建物もつくられた。川村がとくべつに洋館を建てたのはこれからの日本では欧米人との交際も深まるであろうから、そのような生活に慣れなければならないとの考えからであった。

この洋館に、迪宮裕仁親王が入ったのは、明治三十四年七月七日の午後であった。侍医や乳母、看護婦を伴っていた。川村家は、川村夫妻と子息と令嬢の四人家族だったが、裕仁親王は乳母や看護婦、それに四人の家族に見守られて養育されることになった。川村自身はまだ幼児の裕仁親王にとくべつに教育を行うわけではなかった。しかし、毎日必ず洋館二階のベッドで見守り、裕仁親王が眠りに入ってから、自室に戻ったというエピソードものこっている。

この年八月には、川村一家は日光の別荘に避暑に出かけ、十月からは寒さを避けるために、大磯にある鍋島侯の別邸に行って、冬季をすごした。それも裕仁親王の健康を第一にという川村の配慮であった。こうした避暑地や静養地に皇太子はひそかに訪ねてきて、自ら抱いて乳母車に乗せ散歩に出かけたり、話しかけたりしてのスキンシップを大切にした。明治三十四年の終わりになると、裕仁親王は部屋の中をはったり、言葉を発するようになった。川村はなによりもこのことを喜び、ときに自らの武骨な手であやしたりもした。

ところが明治三十五年に入ってまもなく、裕仁親王はジフテリアに罹った。川村は困惑してしまった。このことはすぐに明治天皇にも、皇太子にも、そして懐妊を発表したばかりの節子妃にも伝えられた。東京帝国大学医科大学の教授が、川村邸にかけつけ、血清注射を打って、病いから救った。

こうした治療の折も、血清注射を嫌う宮中の官僚たちと医師たちとの間に激しい対立が起こった。しかし、明治天皇も皇太子も、医師たちの側に立ち、早急な治療を命じた。ふたりの決断は早く、そしてゆき届いていた。

明治三十五年四月二十九日に裕仁親王は、ジフテリアものりきって満一歳の誕生日をむかえた。裕仁親王は後遺症もなく、健康な状態であった。

この誕生日から二ヵ月ほど後の六月二十五日午前七時三十分に、節子妃は第二皇子を出産した。皇孫の二人目も皇子であることに、明治天皇も皇太子も皇統が磐石になったことを意味するとして喜んだ。第二皇子には、やはり明治天皇から名と幼名が与えられた。名は雍仁、「雍」は書経の「黎民於変時雍」などから採ったもので、どのようなときにも動じずに、強固な意志をもっているようにとの願いがこめられていた。

幼名は淳宮《あつのみや》と定められた。

名と幼名は、このときも葉山で静養していた皇太子のもとに伝えられ、皇太子もまたこの名と幼名を快く受けいれた。自らの後継である第一皇子に続いての第二皇子に課せられた役割がこもっているというのであった。

皇太子は、ほぼ一ヵ月後の七月二十二日に東宮御所に戻り、第二皇子と対面した。皇太子も、そして明治天皇も、孝明天皇も自らと親しく接する弟宮をもっていなかった。それだけに今、第一皇子は第二皇子をもち、しかも一歳違いという年齢の近さだったから、長じればともに扶けあって、この国を守り、治めていくことができるだろうとの思いがあったのか、皇太子は乳母の乳房に吸いついている第二皇子に慈愛の目をむけ続けていたのである。

第二皇子の淳宮雍仁親王もまた一〇〇日ほどあとの明治三十五年十月十日から、川村家で養育されることになった。兄弟そろっての教育は、明治天皇や皇太子の強い希望でもあった。

川村はふたりをとくべつに分けへだてなく育てる方針を採った。川村の妻春子は裕仁親王を、娘の華子が雍仁親王の日常のこまごまとした世話にあたったが、川村はこの期になると公務の時間が短くなっていたためもあり、日々接する時間を多くして二歳になろうとしている兄宮と一歳に近づいている弟宮に自らの養育方針をより徹底させた。食べ物の好き嫌いは許さず、わがままなふるまいをすると、遠慮なく叱りつけたのである。

雍仁親王が少しずつはいだしたころ、川村はふたりの性格には天性の違いがあることを知った。「兄弟とはいえ、性格はえてしてちがうものだなあ」とつぶやくのも再三のことだった。

裕仁親王は沈着さと物に動じない性格があり、雍仁親王には行動力と何にでも関心をもつ性格が顕著だというのであった。この天性の性格を伸ばさなければならない、それが川村の確信となった。

足立たか

養育掛だった伯爵川村純義が病死したのは明治三十七年八月十二日であった。川村はこのとき六十七歳、その晩年は持病の萎縮腎に悩まされていて、病床に伏すことも多かった。そうしたときに、川村は、裕仁親王や雍仁親王の養育は、自らが帝王学を教授することはできても、愛情という面ではやはり里親制度にも限界があるのではないかと考えるようになった。

川村家では、その遺志に沿い、養育掛を辞退することとなった。

こうして三歳を過ぎた裕仁親王、二歳の雍仁親王は、青山御所内の東側に建てられた皇孫御殿に移ることになる。宮内省は、明治天皇の示唆を受けて改めて皇孫教育を練り直すことにし、新たに養育掛の責任者として東宮侍従長である侯爵木戸《きど》孝正《たかまさ》が一時的にその職に就いた。

木戸は明治の元勲である木戸孝允《たかよし》の養子で、のちに昭和天皇の内大臣を務めた木戸幸一《こういち》の父親である。この人事は宮中にあっても異例のことで、皇太子夫妻が第一皇子や第二皇子への愛情を近い位置で確認したいための配慮ということができた。

木戸は、ふたりの皇孫に母親がわりの女性の養育掛が必要だと考え、その人選を東京帝国大学総長の経歴をもつ菊池《きくち》大麓《だいろく》に託した。菊池の推薦で皇孫養育掛となったのが、当時二十二歳の足立たかである。たかは東京女子高等師範学校を卒業したあと、この学校に付設している付属幼稚園の教員を務めていた。木戸は、単に養育に専念するだけでなく、皇孫には知的関心を高めるための能力も必要だと望んでいたが、たかはその条件に合致すると判断したのである。

たかが初めて皇孫御殿に出仕したのは、明治三十八年五月十八日のことである。裕仁親王は四歳になり、雍仁親王は二歳と十一ヵ月であった。たかがふたりの前にでたとき、皇孫たちは鉛筆で紙になにやら書いていたが、その姿は自らがこれまで幼稚園で見た幼児たちの悪戯《いたずら》書きを楽しむ姿と変わりはない。たかは、その姿を見て、心を和ませた。とくべつに変わった教育をするのではなく、まずは幼児としての成長を促せばいいとわかったからだった。

とはいえ、裕仁親王はたかを紹介されると、「足立たかと申すか」と声をかけたともいわれている。

川村の帝王教育の一端がうかがえる場面でもあった。

たかは皇孫御殿に寝泊まりしながら、ふたりの養育と教育にあたった。たかによるなら、当時ふたりが好んだ遊びは、そのころの子供たちと同じように日露戦争という世相を反映した遊びだったという。たかが出仕してまもなくの五月二十七日には、東郷平八郎を司令長官とする日本海軍の連合艦隊が、ロシアのバルチック艦隊を敗ったときで、その号外のベルが連日のように東京市内に響き、その音が皇孫御殿にも届いた。のちに、たかはこのときの思い出を次のように書いている（「天皇・運命の誕生」『特集文藝春秋』昭和三十一年十月）。

「私が出ましたころは日露戦争のころで、表町の御殿は外が近いもんですから、『号外、号外』チリン、チリン、チリン、チリンと歩くんです。すると皇孫さんが『鈴を出せ』とおつしやるんです。皮のヒモに鈴の付いたのを差し上げると、紙を持つて、『号外、号外』と御殿中ぐるぐる回つておられる。だれか来ると『号外』つて言つてお渡しになる。表町の御殿のすぐ外が道路ですからなんでも聞こえてまいります。ですから時どき号外を見に御門の所までお出になつたんです」

たかもまたこのような遊びを見ていて、ふたりの皇孫には性格の違いがあることを知った。このときはすでに第三皇子の宣仁親王（光宮《てるのみや》）も誕生していて、ふたりは兄宮としての自覚をもつように教えられていた。同時に、裕仁親王は第一皇子としての自覚を四歳ごろからすでにもっていたと、たかは明かしている。

裕仁親王と雍仁親王が、御殿の中で鬼ごっこをして走り回っていた。そのとき廊下の障子を破ったことがある。「室内の遊びにしては度がすぎます。障子を破いてよろしいのですか」とたかは叱った。すると、裕仁親王はこれはいけないことだと素直に謝った。雍仁親王は、「たか」といい返し、あまつさえ再び障子に体当たりしてさらに大きく破ってしまった。のちに雍仁親王（秩父宮）は、自らの幼児期の資料を読んで、よく養育掛や侍女に叱られたことを改めて思いだし、「全く恥ずかしくなる」と記述しているが、たかは、裕仁親王の真摯さや生真面目さと雍仁親王の反撥心や率直さが、長じて助けあい補いあう関係になるだろうとも予想したのである。

たかの書きのこしている稿には、明治の元勲たちが参内した折に、裕仁親王もたまたま明治天皇や皇后に拝謁《はいえつ》するために参内していたときの控え室の光景が書かれている。裕仁親王は、伊藤博文、山県有朋、松方正義たち七人が「金ピカの盛装に勲章をつけて」はいってきたのを見て、動じることなくその姿を見ていた。伊藤から、「皇孫殿下にいらつしやいますか」と尋ねられたたかがうなずくと、伊藤は裕仁親王に挨拶をする。

裕仁親王は、伊藤のその挨拶を聞いたあと、「そこにいるの誰か」と尋ねている。

「つぎつぎに山県元帥からずつと七元老の名前を伊藤さんが申し上げたんです。殿下は『そうか』つておつしやつていちいちごらんになつておいでになりました。みんな大きな方の中に水兵服を召した小さな殿下なのに、やつぱりプリンスとしての態度がご立派なものですから伊藤さんが非常に喜ばれまして、『ああ、きようは良い折にお目にかかりました』（以下略）」

明治の元勲たちは、初めて皇孫を眼《ま》のあたりにして驚き、そして喜んだという。とくに裕仁親王が、元勲たちの勲章は何をあらわすのか、と尋ねた折には、山県は驚いていたとも書きのこしている。

たかは、のちに宣仁親王の養育にもたずさわるが、その養育と教育は皇孫たちに強い印象をのこしている。昭和天皇は晩年の記者会見で、「たかは私の母と同じように私たちの面倒を見てくれました」となつかしそうに述懐している。

御殿内の幼稚園

皇孫教育の方針が定まったあと、改めて養育掛長の人選が行われ、その職には東宮侍従であった丸尾《まるお》錦作《きんさく》が就いた。丸尾は皇孫教育にのみ専念することになったのである。

宣仁親王も加わっての三人の親王の養育と教育にあたるために、養育掛として新たに清水しげ子が加わった。しげ子は、当時東京府立第一高等女学校の教師をつとめていた。幼年期から少年期にはいるまでの教育をたかとともにつとめることになったのである。

丸尾の時代に入って、皇孫教育の新たな体制がつくられた。養育掛だけでなく、御用掛、侍女なども傍らにつくようになったが、とくに裕仁親王の遊び相手も年長者から選ばれた。この相手五人は毎日のように御殿に来て裕仁親王と遊ぶことになった。丸尾はこの五人を華族の子弟に求めたが、たとえば、宮内省の侍医だった加藤照麿《かとうてるまろ》（父が加藤弘之）の子息鋭五《えいご》のように宮中と強いつながりをもつ人脈が中心になった。

五人の遊び相手は、日を置いて二人ずつ皇孫御殿の中で裕仁親王と自由に遊び回った。とくべつな教育を施すというのではなく、活発に遊び、ときに取っ組みあいの喧嘩もするというなかで、裕仁親王に社会性を植えつけることを目的としていた。そして実際に裕仁親王はそうした遊び相手との交わりの中で人間関係の距離のとり方を学んでいったのである。

明治三十九年四月、学習院の改革が行われ、付属幼稚園のある華族女学校を併合し学習院女学部とすると、あわせて皇孫御殿に幼稚園がつくられた。改めて裕仁親王と同年代の子弟四人が「学友」に選ばれた。四人は、伯爵松平直亮《まつだいらなおあき》、伯爵久松定謨《ひさまつさだこと》の子息、そして伯爵渡辺千秋《わたなべちあき》の二人の孫たちである。同年代の学友と新たな知識や意識を学ぶために刺激しあうことが必要だというのである。そのために園長には幼児教育の専門家であった野口ゆかが命じられ、野口は主に教育を、そして足立たかはこれまでと同じように御殿内での教育と養育を受けもつことになった。

学習院女学部の付属幼稚園には制服があった。紺のセーラー服に紺の半ズボン、そして帽子は水兵帽である。この水兵帽にはリボンがついている。裕仁親王は四人の学友とともに、この制服に身をつつみ、幼稚園生活を送った。

野口は、教育といってもこと改まってとくべつのことは教えなかった。皇孫御殿内で駆けっこをさせたり、体操をさせたり、唱歌を教えたりといったカリキュラムを中心に据えた。そういう交わりの中で、裕仁親王と学友たちとの間に友情や信頼が生まれるのを待ち、ときには感情の衝突をどのようにのりこえるかといった人間教育に主眼を置いた。そのような生活を通して、裕仁親王がルールを守ることとか嘘をつかない、ごまかしをしない、という規律を身につけるよう配慮したのである。

しかし、たかも野口も、裕仁親王はこのような規律を身につけるというより、生来そういった性格をもっていたとも認めている。

皇孫御殿は、東宮御所の中にあったから、皇太子も節子妃もときに三人の皇子たちに会いにきた。皇太子は、幼稚園の垣根ごしに学友たちと遊び回っている裕仁親王の姿をしばしば見に来ているし、節子妃は裕仁親王とだけでなく、学友たちの中にはいってともに遊ぶということもあった。この光景は、天皇家の家庭の素朴な姿であった。

皇太子にとって、三人の皇子は一般的な言い方をするなら、目にいれても痛くないという存在だった。皇太子自身、明治天皇とはそれほどひんぱんに親子としての感情を確かめあう機会をもたなかったために、その寂しさを心の中で抱えていた節がある。まるでそれを埋めあわせるかのように、皇孫御殿によく足をはこんでいる。三人の皇子と鬼ごっこをしたり、電車の運転手の真似ごとをして皇子と御殿内を走ってもいる。

そのような姿を、たかは「皆が東宮様に代る代るおぶっていただいてね、すると東宮様は御自身様の御殿から廊下をくるっとお回りになって、妃殿下の方まで一人ずつおぶってくださったのです。こんどは僕だ、こんどは僕だっていってね、皆一人ずつおぶさっていただいたのでございますよ」とのちに語っている。

ベルツも宮内省の侍医として、ときに東宮御所を訪れることがあった。そこでなんどもそのような光

右から、幼少時の裕仁親王、雍仁親王、宣仁親王（明治39年ごろ）

景を見ていた。明治三十八年三月三十一日の日記に、次のように書きのこしている。

「東宮から、再び皇子たちを見てほしいとのこと、ただし病気のためではなく、皇子たちはしんから丈夫である。皇子たちに対する東宮の、父親としての満悦ぶりには胸をうたれる。（中略）長男の皇子は穏やかな音声と静かな挙止とで、非常に可愛らしく優しいところがある」

ベルツは、皇子たちはいずれも「まことに可愛らしい。行儀のよい、優しくて快活な坊やである」とも書いている。

皇子たちもまた、ベルツの気を引こうと揺り木馬に乗ったり、釣りの真似をしてみせたというのである。

裕仁親王は、幼稚園にあって学友たちとの交わりを通じて社会性や人間関係を身につけていき、御殿にあっては皇太子と節子妃との団欒の中で家族の絆を強めていった。生来の性格には、几帳面《きちょうめん》で、あまり手のかからないといったところがあるというのが、このころの養育掛の証言であり、学友の後年の回顧でもある。それはこうした環境で培われたのであった。

冬になると、裕仁親王と学友は沼津の御用邸に行って幼稚園生活をすごした。もともとこの御用邸は、川村純義の別邸であったのを宮内省が買いあげたのだが、裕仁親王はここで冬期をすごすのである。まだ幼児のころに、川村家の人たちとすごした思い出の別邸で、裕仁親王は学友たちと日々学び、遊び興じながら、川村の帝王学を身につけていったといえるのではないか。

学習院の日々

裕仁親王が、学習院初等学科に入学したのは、明治四十一年四月十一日である。

表町の皇孫御殿から赤坂離宮の鮫ヶ橋門を抜けると、四谷区尾張町になるが、学習院初等学科はその一角にあった。裕仁親王は、毎朝徒歩で通った。それは学習院院長の乃木希典《のぎまれすけ》の助言によるものであったが、裕仁親王もまたそれを好み、雨の日には自動車での通学になっていたのに、雨雲を見ても、「まだ雨は降っていない」といい、急ぎ足で初等学科の校門に入った。

校門の前には、乃木が待っていて、裕仁親王の姿を確認するのがいつもの光景であった。乃木はときに、裕仁親王の属する一年西組の教室に入り、担任の石井国次《いしいくにつぐ》の授業をどのように学んでいるかを直接に確かめていた。乃木は、皇孫殿下の君主としての成長こそ自らの晩年の最大の責務としていたのである。

明治天皇は、皇孫教育の方針として、人格にすぐれた人物を師とし、主に人間教育に力をいれてほしいと望んでいた。こうして白羽の矢をたてたのは、陸軍大将で軍事参議官の乃木だった。軍人としては、日露戦争で勲功を立てはしなかったが、その剛直で、真摯な人間性に明治天皇は信頼を寄せた。乃木もまた明治天皇の期待にこたえようと、明治四十年一月に第十代の院長に就任してからは、率先して皇孫教育の方針を練り、それを教職員になんども伝えた。

学習院初等学科に入学した裕仁親王(明治41年4月11日、宮内庁提供)

この方針は六ヵ条から成っていたが、そこには、「健康を第一と心得べきこと」「よろしからざる行状のあったとき、これを矯正申し上ぐるに遠慮あるまじきこと」「成績について斟酌あるべからざること」「幼少より勤勉の習慣をつけもうすべきこと」「質素にお育て申し上ぐべきこと」「将来軍務につかせらるべきにつき、その指導に注意すること」とあった(星野甲子久《かねひさ》「誕生から即位へ」『昭和天

皇　全記録』)。

質実剛健であれ、心の広い君主たれ、ということになろう。乃木はなによりも堅実で正直な人格を求めたといえるし、そのために自ら裕仁親王の教育に深くかかわる意思を崩さなかった。

足立たかの回想によるならば、裕仁親王は西組の同級生（学友）一三人と相撲をとったり、駆けっこをするので、新しい靴下もすぐに穴があいたといい、次のように述懐している。

「（穴があくと初めは必ず取り替えていたが）ある日、お帰りになつて、『院長閣下が、着物の穴の開いてるのを着ちやいけないが、つぎの当つたのを着るのはちつとも恥じやない、とおつしやるから、穴の開いてるのにつぎを当てろ』とおつしやられて、私どもは穴のあいてる御洋服や靴下につぎを当てました。（中略）つぎを当てますと、『これでいいんだ、院長閣下がおつしやつたんだからこれでいいんだ』とおつしやつていました」

裕仁親王の心に、乃木の教えは着実に浸透していったのである。裕仁親王が、乃木を畏敬しつづけたのは、こうした教えに納得したからでもあろう。

さらに乃木は、初等学科の生徒への院長訓示一四項を示し、これを守るよう全生徒に要求した。『学習院百年史』によると、その第一項は「口ヲ結べ、口ヲ開イテ居ルヤウナ人間ハ心ニシマリガナイ」とあり、第二項には、「眼ノツケ方ニ注意セヨ、始終キョロキョロシテ居ルノハ心ノ定マラナイ証拠デアル」とあった。さらに、「男子ハ男子ラシクシナクテハイカン。弁当ノ風呂敷デモ赤イノヤ美シイ模様ノアルノヲ喜ブヤウデハ駄目ダ」といった項もあった。

こうした訓示は、ことあるごとに初等学科の生徒にくり返された。裕仁親王は、この訓示をまたよく守った。

乃木の日記を見ていくと、明治四十一年六月、七月、八月にはよく記述されている。もともとこの日記は重要事以外はほとんど記述されていないが、この期は裕仁親王の教育がどのように進んでいるかを確かめたかったのであろう。とはいえ裕仁親王の教育成果についての具体的な記述自体はそれほど多くない。

ただ六月、七月にはときに参内し、明治天皇に会っている節がうかがえ、それは皇孫教育の内容について報告していたためではないかとも思われる。

また六月二十二日の項には、「午後一年生撃剣」とあり、乃木は裕仁親王の撃剣の様子を観察している。そして和歌も一首記されている。

其かみの血汐の色も偲はれて心おかるゝ撫子の花

六月三十日には、「皇孫御殿ニ通信簿御成績ヲ丸尾御用掛ニ呈出」とある。一学期の終業式の前に、成績表をわたしている。それは成績表というより、裕仁親王がどのように成長しているかを綴った報告書といわれている。

初等学科での学校生活では、乃木の教育方針が確立していたが、裕仁親王の御殿内での日課もまた正確に定められていた。

その正確さは生活が放縦にならないように、との意味もあったが、同時に皇長孫としての自覚をもつようにとの配慮からでもあった。

午前六時に起床し、「御拝の間」に入り、伊勢神宮を遥拝する。そのあと宮城にむかい、明治天皇と皇后の写真、皇太子と節子妃の写真に挨拶し、礼をくり返す。それから二人の弟宮とともに食事をすませる。そして初等学科の制服に身を包み黒革のランドセルを背負って通学するという日課である（星野甲子久「誕生から即位へ」『昭和天皇　全記録』）。

さらに星野によると、登校するや、「学校では校庭で朝礼、次いで呼吸体操というのを十分ほどやってから教室に入った。教室での席順は身長順で、迪宮さまのお席はたいがい真ん中辺。授業内容は一般の小学校とだいたい同じで、文部省の検定教科書というのを使っていた」という。一三人の学友たちとは、とくべつに分けへだてのない初等学科の教科内容を受けていたのである。

このころの教科書はもっぱら人間としての倫理教育と文明開化後の新知識の啓蒙が優先されていた。

帝王学の道

学習院初等学科時代の裕仁親王がもっとも影響を受けた先達は、むろん明治天皇や皇太子、節子妃であるが、そのような肉親を除いては、院長の乃木希典、養育、教育にあたった足立たか、そして初等学科の教師石井国次、清水千代、坂野鈴の名があげられる。

冬期の三ヵ月間、裕仁親王は沼津の御用邸ですごす。つまり三学期は東京を離れるのだが、このときは初等学科のクラスの中からとくに四人が選ばれて、この地で授業を受けることになっていた。この四人は、久松定孝《さだたか》、渡辺昭《わたなべあきら》、松平直国《なおくに》、そして大迫《おおさこ》（のち永積《ながづみ》）寅彦《とらひこ》で、このうち二人ずつがほぼ一ヵ月半ごとに、裕仁親王と机を並べる。御用邸での三学期は、三人で授業を受けるという形になった。したがって、この四人もまたとくに裕仁親王と交流が深く、お互いに影響を受けたといえる。後年、永積（養子に入って大迫から永積とかわる）は次のように語っている。

「授業風景と言いますと、陛下を挟んで両脇にご学友の机が並び、陛下の前には教壇がありました。教室は十二畳ほどの日本間でリノリウムが敷いてありました。授業は先生が一方的にしゃべっていましたね。沼津の御用邸で思い出すのは、授業より休み時間のことですね」

この休み時間が、裕仁親王と学友、そして雍仁親王、宣仁親王の弟宮を交えての子供の時間でもあった。御用邸の前に広がる松林や海岸などで、相撲をとったり砂浜を走ったりしたというのである。七歳から十歳ごろまでの裕仁親王は、このような交わりのなかでも、いわゆるはしゃぎ回るというタイプではなかった。

永積も昭和六十年代に私に証言していたが、裕仁親王は海辺で貝を集めて、標本をつくるのを好んだという。ときに雍仁親王や宣仁親王もそのお手伝いをするといったほほえましい風景がよくみられたと話すのである。加えて、清水千代は生物を専門にしていたので、そうした貝の学名などもかみくだいて説明をし、裕仁親王はしだいに他の誰よりも貝の分類に長じるようになった。

裕仁親王を取り巻くこのような環境は、いわば外側ということになる。内側の関係でいうなら、一歳二ヵ月ほど年齢が下の雍仁親王とは、外側にはあらわれない会話を交していた。雍仁親王も学習院初等学科の一年下の学級で学んでいるが、学校生活を通じてなぜ自分たちはこういういささか窮屈な環境に置かれているのだろうと不満に思ったと、後年になって書きのこしている。

雍仁親王は、こうした不満をむろん口にだすことはできない。そこで、「ひそかに兄宮との間で、自分たちには身分があって自由には外を歩けない、という不満を語り合ったりした」（拙著『秩父宮――昭和天皇弟宮の生涯』）というのである。

裕仁親王と雍仁親王は、自分たちの環境をふたりで確かめていったといえるのではないか。

東宮御所での皇太子、節子妃とともに食卓を囲む三人の皇子たち、そこにはまた内側の会話や約束事があった。節子妃は、裕仁親王とふたりの弟宮に接するときに、それとなくそれぞれの立ち場を教えている。裕仁親王には、帝王教育を受けていることを教えた。節子妃自身、たとえばともに歩くときも一歩下がるような形で歩いた。そしてふたりの弟宮には、常に兄宮を助け、人びとの模範となるよう諭している。

皇太子も節子妃も、自らも含めてそれぞれの役割があることを三人の皇子たちに伝えていったということができる。

皇太子は、全国を行啓することによって、この国の自然や風土、それに人びとの姿がどのようなものかを知っていった。そういう体験のなかで、即席で漢詩を作ることもあった。明治四十年代に富山を中心として北陸地方を回ったときには呉羽《くれは》山に登り、その山頂から見た風景に打たれて漢詩を作ったが、その長文の漢詩は、皇太子がもつ文人肌の性格をあらわしていた。

東宮御所での夕食のあと、節子妃のピアノ演奏に合わせて、皇太子、そして裕仁親王やふたりの弟宮は、唱歌を歌うのが常だった。ときに皇太子の侍従、侍従武官、それに女官も加わって合唱することもあった。

皇太子の好んだ歌は、「世界漫遊の歌」である。「広き世界の国々の、変る姿を見て来むと……」で始まるが、三人の皇子は起立して声を張りあげ、皇太子とともに歌った。

皇太子の居間には、外国の皇族の写真、それに外国の風景写真などが飾ってあった。それを背景にしながらの合唱であった。皇太子の健康は、ときにすぐれないこともあったが、裕仁親王の初等学科時代には全国を行啓する体力もあり、また陸軍の軍事大演習にも臨席することはできた。とはいえ、皇太子はこうした大演習に臨席するのは苦手としていた。

裕仁親王は初等学科時代、体力を養い、健康に気をつけ、そして限られていたとはいえ、養育、教育にあたる教育家、明治の元勲に連なる家系や華族の子弟たちとの交流によっての人間教育を受けた。それは本格的な帝王学が行われるための前段階ということができた。

明治天皇は、裕仁親王へのこうした教育の成果を、主に院長の乃木や東宮侍従などを通じてことあるごとに確かめた。三人の皇孫殿下が明治天皇へ御機嫌伺いに参内するのは年に三回と定まっていた。春と秋、そして誕生日である。だがそういうときも明治天皇は、とくべつに言葉を発するのではなく、表御座所の政務室の机の前に立ち、皇孫が口上を述べるのを黙って聞いているだけであった。その成長ぶりを自らの目で確かめるという儀式であった。拝謁は二分か三分で終わるのが常であったが、それは皇統の確認という意味ももっていた。

明治四十五年七月十九日、その明治天皇が食事中に突然テーブルにつっぷした。侍医がかけつけ、一時は糖尿病と診断されたが、首相の西園寺《さいおんじ》公望《きんもち》が改めて東京帝国大学教授の青山胤通《あおやまたねみち》、三浦謹之助《みうらきんのすけ》の診察を求めると、症状の進んだ尿毒症と判明した。

明治帝崩御

明治天皇は、表御座所内の一室を病室にあてて治療を受けることになった。皇后や皇太子が終日その病室で看病にあたった。だが青山胤通や三浦謹之助の治療によっても回復の兆しはなかった。尿毒症は、当時の医学水準ではどうにも手の打ちようがなかったのである。

裕仁親王は、このとき初等学科五年生であった。夏休みに入っていたので箱根宮ノ下御用邸ですごしていた。しかし、明治天皇の症状が重いと伝えられ、七月二十二日には皇孫御殿に戻り、すぐに皇太子に連れられてお見舞いに参内した。表御座所の病室に入ったとき、明治天皇はもう意識はなく、ときに苦痛の声をあげていた。酸素吸入器をつけた明治天皇の姿を、裕仁親王は見つめているだけであった。

その後も裕仁親王は日を置かずしてなんどか皇太子とともに見舞った。

七月二十九日、容態がさらに悪化したと伝えられ、三人の皇孫殿下にもその旨が説明された。裕仁親王はその説明を受けたあとに、自らの部屋で机に顔を伏せて泣いたとされている。皇孫殿下には「お偉い方」と教えられていたその明治天皇に死が近づいていることを理解して悲しみが抑えられなかったのであろう。

夜になって、三人の皇孫殿下は侍従や侍女につきそわれて、あわただしく参内した。危篤状態だったからである。表御座所の病室にむかう廊下で、明治天皇の側近たちから崩御を知らされた。病室に入り、病床の傍に立った皇孫殿下に、皇后は明治天皇の顔を覆っている白い布をとり、最期の顔を見せた。皇后は、そのうえで厳しい口調で命じた。

「お忘れにならないように、よくお顔を覚えておいで遊ばせ」

それは皇后の思いやりであっただろう。まだ十一歳、十歳、そして七歳の三人の皇孫に、明治という時代をつくりあげた「お偉い方」のお顔をよく記憶しておくようにとの別れの儀式とも解することができた。

明治天皇の崩御は、明治四十五年七月三十日午前零時四十三分と記録されている。五十九歳と十ヵ月であった。

明治天皇の容態がすぐれないとの報は、すでに全国に新聞の号外などで知らされていた。二十八日夜には御脈不整、結滞が多く危険という状態が報じられた。この日から二十九日にかけて、二重橋前は回復祈願の東京市民で埋めつくされた。終日、人の波は絶えることがなかった。

三十日の午前二時すぎ、降りしきる雨の中に立ちつくす市民の波に「聖天子崩御」の号外が届いた。

その号外は、「三十日午前一時十分宮内省告示」とあり、「二十九日午後十時頃に至り御脈次第に微弱に陥らせられ、御呼吸は益々浅薄となり御昏睡《ごこんすい》の御状態は依然御持続遊ばされ、遂《つい》に今三十日午前零時四十三分心臓麻痺により崩御遊ばさる。誠に恐懼の至りに堪へず」という内容である。この宮内省告示は、全国の新聞社が号外をだして国民に伝えられた。

皇位に空位の時間は許されない。

七月三十日午前一時には、皇太子嘉仁親王が即位する践祚式《せんそしき》が宮中の賢所で行われ、元号は大正となった。皇太子は天皇となり、裕仁親王は皇太子となった。宮廷用語では、「東宮《とうぐう》」と呼ばれることになる。

皇太子となると、皇孫御殿を出て東宮御所へ移らなければならない。裕仁親王は、やがてふたりの弟宮と別れることになる。

皇太子は、いずれは大日本帝国憲法の統帥権《とうすいけん》という大権をもつ立ち場に立つということで、陸軍歩兵少尉と海軍少尉に任官することになっている。裕仁親王は大正元年九月九日に陸海軍の少尉に任官して、軍事上の知識も学ぶことになった。この二日後、まだ皇孫御殿に身を置いていた皇太子のもとに、乃木が訪ねてきた。

明治天皇の大喪は九月十三日に行われることになっていた。すでに史実では明らかになっているが、乃木はこの大喪の日に合わせて自決を決めていた。明治天皇への思いは抜きんでていて、崩御の日をもって自らの人生もまた終焉のときと考えたのである。

皇孫御殿を訪ねた乃木は、いつもなら裕仁親王とふたりの弟宮を交えて会うのだが、この日は違っていた。初めに皇太子となった裕仁親王と会っている。そして風呂敷包みに包んだ二冊の書をとりだし、それを皇太子に手わたした。一冊は、自ら朱筆を入れた山鹿素行《やまがそこう》の『中朝事実《ちゅうちょうじじつ》』である。乃木は学習院院長になると、この書を自費出版の形で冊子とし、皇太子時代の大正天皇を始め、裕仁親王の教育にあたる人びとすべてに贈本していた。この書には君主としての心構えが書いてあり、それを私は裕仁親王に教えたいとの意思表示であった。

もう一冊は、三宅観瀾《みやけかんらん》の『中興鑑言《ちゅうこうかんげん》』である。

乃木は、まだ十一歳を超えたばかりの皇太子がこうした書を読むのは無理と判断したのであろうが、『中朝事実』の重要な箇所には朱線を引き、わかりやすいように説明も加えていた。乃木は、一説では五〇分余にわたって皇太子に山鹿素行という江戸初期の思想家とその考え、そして君主たる者はどのような気持をもって国民と接するかを説いたという。余人を交えずに、乃木と皇太子のふたりだけの席だったといわれているが、乃木は自らの帝王学をこの書を示すことでなおいっそう学んでほしいと望んでいたのだろう。

「御成人あそばされ、文字に明るくおなりあそばしたときには、必ずお読みくださいますよう」

と皇太子に諭している。その後、乃木はふたりの弟宮に会い、「ご兄弟仲睦まじく、御兄宮を補佐されることがもっとも大切かと存じます。ご健康にはくれぐれも注意されますよう」と伝えている。

九月十三日午後八時、大喪の葬列が宮城を出る時間に乃木は自宅で切腹した。妻静子も従った。ふたりとも明治天皇の御真影を前にしての自刃であった。明治という時代のモラルがこのときに表出したのである。

東宮御学問所の開所

大正と改元になって、三人の親王をとりまく環境はしだいに変わっていった。

皇太子裕仁親王は、学習院初等学科五年生としての生活はそのまま続けた。しかし、「皇族身位令」(明治四十三年制定。皇太子は満十年に達したら陸海軍の武官に任命されることになっている)を受けて、軍籍をもつようになった。このためにときに学習院の制服にかわって、軍装に身を包み、皇太子用にあつらえた小型の勲章をつけ、軍内の公式行事に出席することにもなる。

宮中内部では、東宮大夫《とうぐうだいぶ》と呼ばれる勅任官のもとで侍従と侍従武官も侍るようになる。

皇太子裕仁親王はまだ十一歳であったが、その周囲はしだいに将来の君主としての重みが加わっていった。そのことは、ふたりの弟宮との間に明確な違いが生まれることであった。大正元年十二月には、皇孫御殿を出て、東宮御所に移った。雍仁親王とは十年、宣仁親王と七年、起居を共にした生活から離れることを意味した。別れの日が近づくにつれ、三人だけで、「おじじ様がお亡くなりにならなければよかったのに……」と話し合っている。そうすれば別れはなかったのにというのである。

とくに年齢の近かった雍仁親王とは、東宮御所に移っても、毎日のように手紙を交換した。大正二年一月初めに、皇太子裕仁親王は今は熱海で保養していると雍仁親王に伝え、ふたりの弟宮を思いやる手紙を送っている。雍仁親王の返書には、「熱海はきっと朝日がきれいでしょう」とあり、別れの寂しさを訴えている。二月九日には、沼津の御用邸で保養しているふたりの弟宮のもとに、裕仁親王が訪ねてくることになっていたが、雍仁親王のこの日の日記には、「今日は指をつて日をかぞへつつおまちしてゐた御兄上様のいらつしやる日でございます。あまりうれしくつて朝は五時から目をさましました」と書かれていて、皇太子裕仁親王と弟宮たちの心のつながりがいかに深かったかもわかってくる。

皇太子は、大正天皇、皇后との面会も減っていき、家族の団欒という生活からも少しずつ離れていった。それはその生活が公的な存在に変化していく兆しでもあった。

大正二年四月に初等学科六年生になると、これまでのように学友とすごす時間も、その密度も薄くなっていく。陸海軍の公式行事に出席することもあれば、宮中行事に皇太子として列席しなければならなくなる。少ない時間のなかで、大迫寅彦など何人かの学友との交流はむしろ深まっていった。

大正三年四月二日、学習院初等学科の卒業証書授与式には、大正天皇も臨席し、皇太子の卒業を確かめている。大正天皇は、このころは日夜政務に没頭する状態だったが、しばしば風邪をこじらせて肺炎になるなど体調がすぐれない日が続いた。それだけに皇太子の健康と順調な成育ぶりを確かめたかったのである。

皇太子への帝王学教育はどうあるべきか、宮内省は改めて検討している。明治天皇崩御のあとから、大正天皇の意思も尊重しながら検討を続けていたが、結局浮かびあがってきたのは、乃木希典が学習院院長時代に考えていた構想であった。乃木は、初等学科での教育は、学友とともに少人数でと考えつつも、それだけでは帝王学そのものを裕仁親王にくわしく教授することはできないとして、ある時期からは東宮御《お》学問所《がくもんじょ》を別に設けてそこでとくべつに帝王学教育を行うほうがよいのではないかと考えるようになった。

そのため御学問所にはどういう性格を与え、どのような教授陣を配すべきか、科目はいかにすべきかの案づくりにも着手していた。こうした乃木の考え方の背景には、大竹秀一著の『天皇の学校——昭和の帝王学と高輪御学問所』が指摘する次のような見方があったといえるだろう。

「国家の主権者としての天皇にふさわしい知識、徳性の涵養が、中等教育の段階から要求される、というわけである。それと、ご幼少の初等科時代はともかく、一定の年齢に成長されたのちは、神聖な日《ひ》嗣《つ》ぎの皇子の日常生活をあまり人目にさらすのは好ましくない、むしろ隔離したほうがよいという配慮も働いたかもしれない」

大日本帝国憲法によって、天皇に与えられているふたつの役割、そのひとつが元首としての神秘性、もうひとつが立憲君主としてのあり方、ということになるが、乃木はこのふたつを御学問所での帝王学で満たそうとしたのである。

この御学問所構想は、すでに前例があり、大正天皇も幼少時に御学問所で一年間学び、そのあと学習院初等学科に通うという形での帝王教育が試みられた。しかし学習院の建物が地震で一部崩壊したあとは、主に東宮御所で進講を受けるという形式を採った。

明治天皇の場合は、まだ幕末だったために御学問所はなく、明治に入ってから有力な学者たちによる個人教授という形式を採った。帝王学は教授たちの人格と教養に一任されていた。

乃木はこのような先例を調べて、裕仁親王への帝王学教育を考えたわけである。乃木の殉死によって、この案は具体化する機会は失われたかに見えたが、宮内省はこの案を忠実に実行することがもっとも望ましい選択肢だと考えたのである。そして、皇太子が初等学科を卒業する前（大正三年三月十六日）に、宮内省は省令として「東宮御学問所職員職制」を公布した。

こうして皇太子は、初等学科を卒業したあと中等学科には進まず、東宮御学問所でとくべつに帝王学教育を受けることになった。東宮御学問所の総裁には元帥海軍大将の東郷平八郎が任命されたが、これもまた乃木の腹案であった。乃木と東郷は、陸軍と海軍の違いはあれ、お互いにその尊皇精神を認めあうという関係での交友があり、加えて徳望の高さや人格の潔癖さという点でも、ふたりには共通点があったのである。

皇太子が初等学科を卒業して、ほぼ一ヵ月後の大正三年五月四日、東宮御所内の東宮御学問所（このときはまだ仮御学問所）で帝王学教育が始まることになり、開所式が行われた。東郷は「本日より当御学問所に於て愈《いよいよ》御修業の御事となられましたに就きましては殿下には益《ますます》尊体を御健康に御学業を御励み遊ばされむことを偏《ひとへ》に希《こひねがひたてまつ》奉ります」と緊張気味に式辞を述べている。

皇太子は直立不動の姿勢でこの式辞を受け、静かにうなずいて答意を示した。

教授たちの陣容

皇太子裕仁親王は東宮御学問所でどのような帝王教育を受けたのか、そのことを理解するためには、この御学問所の内容を知っておくことが必要である。

大正三年五月四日の開所式に参列したのは、当時の朝日新聞の記事の中から引用するなら、「東郷総裁は評議員大迫尚敏学習院院長、山川健次郎東大総長、河合操陸軍少将、竹下勇海軍少将並に今後殿下の御教導を承はるべき白鳥庫吉《しらとりくらきち》文学博士、石井国次、飯島忠夫、服部広太郎各学習院教授、日高内大臣秘書官、土屋東宮侍従等の各御用掛を随へて御式場に参入し又日々殿下御修学の御相手申上ぐべき南部《なんぶ》信鎮《のぶしげ》、堤経長《つつみつねなが》、久松定孝、松平直国、大迫寅彦等各出仕の少年達も次で参列」という人たちであった。

本来ならこの開所式は、宮内省や東宮御学問所の関係者挙げての盛大な式になるはずであった。しかし、昭憲《しょうけん》皇太后が、四月十一日に崩御され、その大葬が五月二十四日に予定されていたために控え目に、そして帝王学教育にたずさわる人たちだけの内輪の式という形を採ったのである。

御学問所の授業は、この日からさっそく始まっている。皇太子に教授される科目は一六科目であった。「倫理、国文、漢文、歴史、地理・地文、数学、理化学、博物、フランス語、習字、美術史、法制経済、武課、体操、馬術、それに軍事講話」（『天皇の学校』）で、軍事講話や馬術などを除けば、一般の中等学校とまったく同じ科目だった。フランス語はヨーロッパを始めとして世界の君主が共通に理解していた言語だからといわれている。

この一六科目の教授陣には、このころの日本の英知が集められた。御学問所の評議員や幹事には、文部大臣や東京帝大総長の経験者、さらに陸海軍の将官らが就任しているが、彼らの推薦で教授陣の候補が選ばれた。そのうえで東郷が中心になり、これに東宮大夫、学習院院長などが相談役となって、最終的に決めていった。歴史は白鳥庫吉だが、白鳥は東洋史を専門にしていて、東京帝大教授や学習院教授などを兼ねていた。地理・数学の石井国次、博物の服部広太郎《はっとりひろたろう》、習字の日高秩父《ひだかちちぶ》、入江為守《いりえためもり》、法制経済の清水澄《しみずとおる》など一八人は学習院や東京高師などの教授たちだが、この時代のそれぞれの分野で第一人者とされた教育者であり、研究者だったのである。

御学問所には、皇太子とその学友五人のクラスしかなく、いわばこの六人は十三歳から十九歳までの七年間を共にここで学んだ。上級生も下級生もいないから、六人は教授たちの知識や人間的素養を直接に受けいれることになった。五人のうち三人（松平直国、久松定孝、大迫寅彦）は、学習院初等学科時代からの学友であり、他の二人は新たに学友に選ばれた南部信鎮、堤経長であったが、多感なときだっただけに六人の間には実の兄弟とはまた異なった親密な空気ができあがるようにもなった。

皇太子が五人の学友と日々を共にするというのは、宮内省の判断であった。なぜなら、大正天皇は学友をもたずに東宮御所でのご進講が中心になったために、孤独感を味わっていたからである。やはり君主は、同年代の心おきなく語り合える友人をもつことで人間的な広がりをもつと判断された。授業もまた学友たちと共に受けることで、知的な刺激を与えあう関係になるというのであった。

のちに永積寅彦は、皇太子から昭和天皇に即位したあとにも侍従をつとめることになるが、昭和天皇は永積とはまた独自の心を許した関係をもって良き話し相手となっている。

東宮御学問所の帝王教育の中心になるのは、倫理と歴史であった。とくに倫理は、乃木の御学問所構想案でも「御徳育進講」としてまっ先に挙げられていた。この御徳育進講、つまり倫理こそが皇太子への重要な科目であり、この教授を誰にするか、で帝王学の内容も変わってしまう。従って、東宮御学問所の幹事、評議員、それに東宮職の侍従なども各方面の意見を聞き、その人選を考えていた。五月四日に開所式を行ったときは、倫理の教授だけはまだ空席だったのである。

開所式までに、東京帝大総長の山川健次郎と一高校長から京都帝大文科大学学長をつとめたことのある狩野亨吉《かのうこうきち》の二人が候補にあがった。山川は御学問所評議員の一人でもあった。山川は自らはその任にふさわしくないと辞退し、「民間に一人だけりっぱな人がいます」といって、当時私立日本中学校の校長をつとめていた杉浦重剛《すぎうらしげたけ》の名を挙げた。また狩野は前東大総長の浜尾新《はまおあらた》や山川の説得を受けたとされているが、頑なに固辞をつづけ、前述の大竹書によるなら、最後には自分の思想はそういう役を引き受けるのにふさわしくないと固辞したとされている。

こうした経緯をみていくと、倫理にどのような立ち場の、どういう歴史観をもった人がふさわしいのか、当初は混乱していたように思える。

しかし、杉浦重剛の名は、山川が推薦することで御学問所や宮内省の関係者に知られた。東郷は、乃木の信頼も厚く御学問所の創設時から尽力している学習院御用掛の小笠原長生《おがさわらながなり》（海軍出身）に、杉浦とはどのような人物かを確かめている。すると小笠原は、「杉浦とは命がけで事にあたる人です」と答えている。東郷は、それを聞いて納得したとされている。その小笠原は、杉浦とは、「国士はある。精神家もある。皇漢学者もある。敬神家もある。が、その凡《すべ》てを具へて同時に世界の大勢にも事情にも通じ」と、その書に書いているが、内外の情勢にくわしいし、人間的にも幅広い人物と賞めている。

こうして東宮御学問所では、倫理の教授に杉浦重剛をあてることになった。杉浦の説得にむかったのは浜尾新であった。浜尾は御学問所開所時には東宮大夫を任命されていたし、御学問所の副総裁のポストに就いていた。浜尾にとって、杉浦は東京帝国大学時代の教え子であった。

浜尾から、皇太子の倫理教授に就任してもらいたいと申し入れされると、杉浦は、友人たちに相談してと答えている。杉浦の日記（『致誠日誌』）では友人たちの賛成や励ましを受けて、最終的には家族会議を開いて決めたとある。そして開所式から一二日後の五月十六日にその申し出を承諾している。

杉浦の方針

杉浦重剛の皇太子裕仁親王への教育がどのような内容であったか、そのことを初めに書いておかなければならない。皇太子は、杉浦の高潔な人格に打たれ、終生その教えを忠実に守った君主だからである。

杉浦は、東宮御学問所御用掛を拝命したあとに、三つの方針を自らに課した。このことは、杉浦がご進講にあたって心構えを記した『倫理御進講草案』に丁寧にまとめられている（この草案は、杉浦の死から一二年後の昭和十一年に一般に刊行されている）。三つの方針とは次のような内容である。

一、三種の神器に則り皇道を体し給ふべきこと。

一、五箇条の御誓文を以て将来の標準と為し給ふべきこと。

一、教育勅語の御趣旨の貫徹を期し給ふべきこと。

杉浦は、拝命から第一回のご進講までの一ヵ月間に、宮内省関係者や御学問所の教授たち、さらには教育者、言論人としてのこれまでの人生で親しく交わった先輩、後輩、友人たちも訪ねている。三宅雪嶺《みやけせつれい》から山県有朋、自らの教え子でもあった古島一雄《こじまかずお》、友人の頭山満《とうやまみつる》、犬養毅《いぬかいつよし》と実に幅広い。こうした有力者に助言や意見を求めながら、自らの役割は何かを熟考したのである。

その姿勢は、草案の中にも書かれている「顧《おも》ふに倫理の教科たる唯口に之を説くのみにして足れりとすべからず。必ずや実践躬行身を以て之を証するにあらざれば其の効果を収むること難し」という思いから発せられていた。皇太子に「知識」や「徳目」を教授するだけでなく、その教授した倫理を実践してもらうには、どのような教育態度で臨むべきかを考えていたともいえる。

三つの方針は、その結果として辿りついた結論でもあった。

この方針について、杉浦は一項ごとに解説を加えている。とくに「三種の神器」は、この国の成立の根底にあるとしつつ、「神器に託して与へられたる知仁勇三徳の教訓は国を統《す》べ民を治むるに一日も忘るべからざる所にして真に万世不易の大道たり」ともいっている。歴代天皇は、この遺訓をよく守り、皇祖の威徳を顕彰せんとしてきたとしたうえで、皇太子もまたこの遺訓に従ってこの国を治めてほしいというのであった。

五箇条の御誓文は、明治天皇によって定められた政道の根幹であるとし、教育勅語は明治天皇がいみじくも諭したように君主と臣民がともに心を使わなければならない道徳の基準だともいっている。この国の政体と臣民の倫理こそが、皇太子に伝えられなければならないと、杉浦は改めて決意したということができた。確かにここには、杉浦重剛という教育者のすべてが凝縮されてもいた。

今からみれば、杉浦のこの三点にも多様な批判は起こりうるだろうが、大竹秀一がその著（『天皇の学校』）で記しているように、次の指摘があたっているといえるだろう。「明治維新によって始められ、明治憲法によって法的基盤が築かれた大日本帝国の国家存立の根底にある正統思想とぴったり合致するものであった。まさしく彼は、国家の正統思想の核心にあるものを、天皇倫理の基本としてつかみ出してきたのである」

大日本帝国のありうべき姿は、明治初年代につくられた枠組みをこの国の皇祖の遺訓という倫理によって支えていくといういい方ができた。

皇太子は、将来において統帥権、統治権の総攬《そうらん》者という役割をもたれると同時に、その倫理の実践者という役割を自覚していただくことである――それが杉浦に助言や意見を述べた有力者たちの総意でもあった。

東宮御学問所での杉浦の授業は、大正三年六月二十二日から始まった。この日、皇太子は五人の学友とともに杉浦の授業を受けているが、御学問所の総裁東郷平八郎、副総裁の浜尾新、東宮侍従長入江為守らが、教室の後ろでやはり講義に耳を傾けていた。杉浦は古ぼけたフロックコートに身を包んで教壇に立ったが、当初はその緊張ぶりが誰の目にも明らかだったというのである。

この日、杉浦は小石川の自宅を午前五時半に出て人力車で東宮御所にむかったとされている。『杉浦重剛座談録』によるなら、講義の前日には「医者に行つて身体全部を診察してもらつた。若し病気にでもなつて、今日の勤めを果すことが出来なかつたら、実に千秋の遺恨と思つて注意した。今朝は先づ招魂社に参拝して、草稿を神前に供へ、其れから参殿して御進講申上げた」とある。杉浦はその興奮を歌にも詠んでいる。

数ならぬ身にしあれども今日よりは我身にあらぬ我身とぞおもふ

『天皇の学校』によるなら、初めての講義は「三種の神器」であった。鏡と玉と剣。この三種の神器は、三徳（智、仁、勇）を示すものであり、「これなくしては君臣、父子、夫婦、兄弟、朋友の人倫五常の道も行うことができず、三徳を尊ぶことにおいては中国も西洋も同じである」と説いた。さらに帝王たる存在はこの三徳を修養することがなによりも大切であると言って、歴代天皇のなかから天智天皇、仁徳《にんとく》天皇、神武天皇をあげて、その事績をひとつずつ説明していった。

あらかじめ準備を重ねていただけに、杉浦の授業は初めから内容の濃いものとなった。杉浦は五人の学友がいようと、あるいは御学問所の関係者が傍聴していようと、まったくかまわずに皇太子のみに説くような授業を行った。「であります」とか「でございます」という口調が、そうした証にもなるが、そのような態度のなかに「皇太子への帝王教育」に自らの存在のすべてをかけている意気ごみが窺《うかが》えた。

皇太子と五人の学友は、杉浦の指示によってノートをとることを許されず、ひたすら杉浦を見つめながら授業を受けた。そのような交流のなかで、初めて杉浦の言外にひそんでいる「精神」も汲みとることができるというのであった。

初めての講義の終わったあと、杉浦が書きのこしている記録の一節には、「丁度五分足らぬ位に講じ終つた」とあるから、杉浦としては満足できる内容だったということになる。杉浦の緊張と満足感、その杉浦が伝える情熱と向学心、そして人格陶冶の姿をこの日から七年間にわたって確かめることで、皇太子は人間的な成長をとげていくのである。

体力錬成のために

東宮御学問所の授業開始は、毎朝八時と定まっていた。冬季は午前九時であった。

日々の風景は、つねに正確で規則正しかった。午前七時四十五分には、御学問所の玄関に五人の学友と御学問所の幹事の小笠原長生、そしてその日の午前中の授業を受けもつ教授たちが並ぶ。皇太子が学習院の制服姿で登校してくるのを待ち受けるのである。こうして一日が始まった。皇太子は御学問所では、殿下と呼ばれたが、それは御学問所自体が、皇太子を中心に動いていることを物語っていた。

五人の学友は特別に宮内官という肩書をもち、東宮御所に寝泊まりしていて、土曜日に自宅に帰り、一泊して日曜日の夜にはまた御所に戻ってくる決まりになっていた。それにしても五人は、宿泊室から御学問所まで一〇〇メートルにも満たない距離を通学するのであったから、運動不足になることは否めない。むろん皇太子にも同じことがいえた。とくに日常生活をすごされる御座所から御学問所へは、わずか五〇メートルほどしか歩かないから、運動不足の解消、体力の錬成こそが重要な意味をもった。

授業の始まる前に、武課を担当する陸軍歩兵中尉の考えだした体操を行い、そして午後からは馬術、剣道、軍事教練の科目が当初は優先された。

月曜日から金曜日までは、一講義が四五分で一五分の休み、一日六時間のカリキュラム、土曜日は午前中のみで四時間となっていた。月曜日から金曜日は午前中で教室内での授業は終わり、午後は武課が中心となった。放課後は御所の一室で皇太子と学友たちは机を並べて一時間は復習と予習に励んだ。その後は御所の中で自由に遊び回った。十三歳、十四歳、そして十五歳のときだから、自転車を乗り回したり、駆けっこに熱中したり、御所内の樹木に登ったりする一方で、蛇や小動物、そして昆虫などをつかまえては、それを図鑑などを見て確かめあった。

皇太子と学友とが相撲に興じたり、あるいは侍従たちと力較べをして楽しむのも、こういう放課後のひとときであった。

食事は、皇太子と学友は別々にとることになっていた。昼食だけは学友のなかから二人が、食卓に同席する習慣ができあがっていた。夕食は午後六時すぎから、皇太子一人でとることが多かったが、午後七時近くには、御殿の居間に食事を終えた皇太子と学友が集まるのが習わしとなった。そこで午後九時の就寝までの時間、新聞を読んだり、読書を楽しんだり、ときにはレコードを聴いたり、自動ピアノを楽しむというのが、日々の生活風景となっていた。

午後九時には、居間の電灯が消され、それぞれ自室に戻る。そしてその日の当番にあたっている侍従と学友二人が、皇太子の寝室の隣りの部屋で就寝することも決められていた。

こうして学友や侍従とは、日々を共にすごしながらも、そこには厳格な一線が引かれることで、皇太子は自らの役割を自覚していった。この自覚が、また皇太子に対する外側からの教育の役を果たすことになった。

皇太子の侍従のひとり、甘露寺《かんろじ》受長《おさなが》は大正天皇の学友であった。大正天皇の要請もあって、東宮侍従の役を務めたが、皇太子の帝王教育にはことのほか熱心であった。健康面には気をつかうことが多かったとも証言しているが、とくにスポーツを勧めたと証言して「相撲なんかはお強かった。運動そのものは、あまりお上手ではないかもしれないナ。しかし熱心におやりになる。なんでも、横着ということはおありにならない」と御学問所時代のことをふり返っている（金沢誠ほか編『華族——明治百年の側面史』）。

甘露寺には、『天皇さま』という著作もある。やはり昭和天皇の皇太子時代のことにふれて、スポーツの時間を多くすることに心くばりをしたと書いている。さらに、皇太子には幾分、背を丸められる癖があるために、その姿勢を正そうととくべつの椅子をつくったともいう。その椅子とは、「座板の両側に、机のひきだしにあるような把手をつけたものである。それに両手をかけて、胸をお張らせするというものであった」というのである。

椅子に座った姿勢が、背筋を張った威厳のある姿勢になるようにとの配慮であった。

甘露寺たち侍従は、皇太子が近眼になりやすい体質であることを医師から知らされていた。そのために、日ごろから遠景を見るように勧め、東宮御所の「南面の樹木」を切りとり、品川沖を見わたせるようにとの試みを行った。遠いところを見て、近眼が進むのを防ごうというのであった。教科書もまた幾分活字を大きくしていた。しかし、皇太子の近眼は進行が早く、そのために侍従たちは眼鏡をおかけになられたほうがいいと主張した。しかし、東宮大夫の浜尾新はその案に反対している。

この小さな対立には、将来の天皇が眼鏡をかけることによって神秘性を失ってしまう、と考えている世代と、甘露寺のような新しい感覚をもつ側近との衝突という側面があった。

この対立は、甘露寺が侍医たちと相談して皇太子に眼鏡をかけさせることで結着している。それが皇太子にとっても眼の疲れを癒すことになったのである。皇太子の読書量は以前にも増して多くなっていった。

皇太子は、学友たちと比べてとりたてて身長が高いというわけではなかったが、体格と体力にはすぐれていた。御所のなかでの駆けっこや夏や冬に御用邸ですごす折の山登りや散策などでは、つねに学友や侍従に負けてはいなかった。腕相撲も強く、テニスもまた学友のなかでは巧みであった。

皇太子の少年期の健康面は、ときに風邪をひくようなことがあったにせよ、誰から見ても不安はなかった。そのことは、大正天皇や皇后に安堵感を与えただけでなく、宮中に身を置く側近や奉仕者にも喜びをもって語られた。ねばり強い体力に加えて沈着な性格で、派手な言動とは一線を引くという日々の生活態度は、御学問所の帝王学教育によってつくられていった君主像でもあったのである。

白鳥庫吉と服部広太郎

昭和天皇が、昭和十年代に侍従だった岡部長章に、東宮御学問所で歴史教育にあたった白鳥庫吉の人間像を感慨ぶかげに述懐したことがある。その折「岡部は白鳥に習ったか」と尋ねている。岡部は、その著（『ある侍従の回想記――激動時代の昭和天皇』）に「私は、陛下の学問に対する姿勢は、やはり白鳥博士の影響が大きかったと改めて感じました」と書き、「視野の広い東洋史の大家」の学問の深さを皇太子時代から理解されていたとも書いている。

白鳥は、学習院初等学科時代の皇孫殿下への教育に影響力をもっていた。白鳥は、明治二十三年に東京帝国文科大学史学科を卒業しているが、そのあと学習院で東洋史研究に入り、やがて学習院教授や東京帝大教授に就任している。東宮御学問所の教授を命じられて東洋史、西洋史、国史全般を受けもつことになった。白鳥は、学習院での生徒たちへの歴史教育にあたって、院長の乃木希典に「神話と歴史事実は別なものであることを、とくと生徒に話したいということを了解してもらいたい」と伝えていた（永積寅彦『昭和天皇と私』）。そして乃木の諒解を得ていたというのである。

白鳥は、東宮御学問所での国史教育にあたり、やはり詳細な講義録を作成している。それによれば、大正時代の一般の学校教科書と同じように、国史の初めを神代から説きおこし、歴代天皇にもとづいて記述していく「天皇歴代史」であった。白鳥は、そのような形式を踏襲しつつも、神話と歴史事実については、東宮御学問所でも明確に分けて教えていたという。

学友のひとりだった永積は、前述の書のなかで、こうした分け方を「前提に授業をなさっていたと思います。（中略）神話を非常に詳しくというほどではなくてね」と話している。

さらに白鳥は、「神代史は神話であつて、歴史ではなく、神の物語りであります。そこでこそこれを『書紀』は神代巻として、人間の巻と区別して居ります」（「日本建国の精神」『白鳥庫吉全集』第十巻）との考えをもっていたから、その姿勢を終始崩さなかったというのである。

とはいえ、大竹も推測しているが、御学問所総裁の東郷平八郎、幹事の小笠原長生などからは、一定の枠がはめられていたのではないかと予想されるともしている。

白鳥は、「歴史」を教える教授のほかに、もうひとつ「教務主任」という役目をもっていた。いわば皇太子にどのような学問を、どういう教授たちが教えるか、そして学期ごとにかわるカリキュラムの作成にあたるという役割を担っていた。学問的業績に加えて、人望も厚く、勤皇精神にあふれ、あわせて生徒にいかにして学問に関心をもたせるかの教育技術ももっていた。御学問所での役割は、他の誰よりも大きかったのである。

すでに学習院初等学科時代に、皇太子は箕作元八《みつくりげんぱち》の『フランス大革命史』や『西洋史講話』などを通じて、歴史への関心を高めるような授業を受けていた。永積の証言によるなら、「(御学問所時代にも)その二冊はよくお机に置いて、よく引っ繰り返していらっしゃった。たしか『西洋史講話』のほうだったと思いますが、綴目が壊れて修理にお出しになったことがあります」というほど読み返していた。ときには、こうした書を音読していたともいわれている。歴史そのものへの関心は深かったのである。

白鳥は、国史の授業では掛け図を使い、歴史事実の流れを歴代天皇の事績と重ねあわせながら、わかりやすく、具体的に話している。杉浦の倫理の授業が、張りつめた空気のなかでというのに対し、白鳥はまず知識や史実、そして歴史のなかにあらわれる人びとの姿を生き生きと語り、それをまた改めて書物で確認していく教え方を採用していたようである。

白鳥の「歴史」全般に対する緻密な授業内容と、もうひとつ、皇太子に影響を与えることになったのが、「博物」という科目であった。この授業を受けもったのは学習院教授の服部広太郎《はっとりひろたろう》である。

服部は東京帝大植物学科を卒業した生物学者で、専門は菌類の研究であった。服部は、学習院初等学科、東宮御学問所、それに摂政《せっしょう》、天皇と年代やその地位が変わっていっても、生物研究という面ではつねに昭和天皇の学問上の相談相手となり、また師として研究面の助言役をつとめることになった。

皇太子は、幼少期から御所の自然にふれているうちに植物や生物に強い関心をもたれるようになり、この御学問所時代には御所の一室に標本室をつくっていた。植物や生物を標本にしたり、あるいは分類して、丁寧に標本箱にいれていた。学友たちはこの部屋に入るたびに皇太子が、いかにこうした方面への関心が強いかを改めて知らされた。皇太子のそうした才能を見いだし、それを補佐する役割を果たしたのが服部だったということができる。

むろん白鳥や服部だけでなく、東宮侍従のなかに、歴史にくわしい牧野貞亮《まきのさだすけ》、貝や昆虫に関心をもっていた土屋正直《つちやまさなお》といった専門家がいたことが、その道筋のきっかけをつくった助言者ともいえた。

博物という学問は、今の表現で語るなら「生物」と「地学」ということになる。いってみれば、動物界、植物界、鉱物界の三者の現象を学ぶ学問という。つまり自然界とは一線を劃《かく》した学問になるが、皇太子はこのなかでも生物、とくに貝や昆虫の採集、分類に強い関心をもち、そしてその方面の研究者になりうる潜在的能力と情熱をもっていたのである。

侍従の甘露寺受長は、「体系的な学問としてのおもしろさを正しく会得なさるようにご指導し、名実ともに世界的学者の地位——ご自身はなにもそれをお望みではないのだが——までお導きしたのは、ほかならぬ服部博士なのだ」と書いているが、この指摘はやがて国際的にも認められていく。

皇太子は白鳥と服部という、すぐれたふたりの教授と出会うことで学問の道へのスタート台に立った。その道のいずれを歩むべきかもしだいに御学問所内部では検討されるようになった。

成年式前後

東宮御学問所での皇太子の日々の生活は、すこしずつこの時代の空気が反映されてくることになった。帝王学を身につけるだけではなく、皇太子という立ち場からの日程もその生活の中にはもちこまれることになるのである。

学友だった永積寅彦の回想によるなら、行啓の回数もふえていったという。大正天皇が皇太子時代に全国行啓を続けてその視野を広めたように、今また皇太子も宮中から出て見聞を通じて自らの位置と役割を確認する儀式が必要とされた。

御学問所に入学した大正三年には、京都の桃山の御陵に参拝に赴かれ、大正四年にも京都、大正五年には奈良、伊勢を回った。永積は『昭和天皇と私』の中で、次のような証言をしている。

「地方では、（大正四年の）夏に長野の付近をちょっとご見学になって、それから直江津《なおえつ》にお出になって、軍艦でずっと日本海を北へいって青森にご上陸なさった。奥羽地方の東半分、盛岡・仙台・松島にいらして、福島へいらした。また別の年には、敦賀《つるが》から佐渡にいらっしゃって、新潟へご上陸なさり、会津若松にいらして、白虎隊の史跡をご見学され、磐越線で翁島《おきなじま》へいらして高松宮ご別邸にお泊りになり、東京にお帰りになったこともありました」

大正六年には、舞鶴から山陰へ、そして松江、鳥取、隠岐、下関から瀬戸内海を経て神戸までのコースを軍艦で回っている。大正九年には、軍艦で横須賀から宮崎に、そして鹿児島、熊本、長崎、佐世保、福岡を見学している。

この行啓には、五人の学友もつねに随行している。さらにもうひとつの特徴は、軍艦を利用されることが多かったことである。すでに皇太子の地位に就いたとき、海軍少尉に任官し、第一艦隊附に補せられていた。だから学友は東宮出仕という制服を着るが、皇太子は海軍の軍服に身を包んでいた。軍艦は主に「香取」を利用することが多かったという。

皇太子のこうした行啓は、海軍主導で進んだが、それは御学問所に総裁の東郷平八郎をはじめとして海軍出身者が多かったからであろう。

行啓では、皇太子は学友と接するだけに限られていて、艦長を除いては士官や水兵と親しく会話を交すことはなかった。その目的が、成年に達する皇太子に大日本帝国の自然や風土、それに国民の住む町の息吹きを目で確かめさせようという点にあったからである。この間、皇太子がどのような感想をもたれたかは明らかにされていないが、永積の証言では、とくべつの感想は語らないように配慮していたことが窺える。

皇太子は自らの言葉が誤解を与えてはいけないというので、軽々にはそのような感想を発しないとの約束事を守っていたように思える。それもまた帝王学がしだいに身についている証でもあった。

御学問所での皇太子の生活の中で変化していく光景もあった。それは大正天皇や皇后との団欒が減ったことだった。大正天皇の健康はすこしずつすぐれなくなり、公式の行事にも欠席されて静養に費す日々が多くなった。

その大正天皇と皇后、そして皇太子が同じ場所に立って、国民の声にこたえたことがいちどだけあった。大正八年五月九日に、京都から東京へ日本の中心が移って五〇年目を記念する「東京遷都五十年祭」が上野公園で開かれた折、「お三方お揃ひで公会に臨御は今回が嚆矢《こうし》である」（朝日新聞、大正八年五月十日付）というのがそれであった。三人で国民の前に姿を見せたのは、これが最初で最後でもあった。

このころから大正天皇は、食欲不振が続き、言葉もときに明瞭でなくなることがあった。政務もしだいに停滞することが重なり、宮中内部も、政治指導者も、そして山県有朋らの元老たちも、健康回復を願いつつも、この期に天皇の役割をどのようにして確立するかという新たな問題に迫られた。時代は第一次世界大戦が終わり、国威も国益も昂揚しつつあるときであったが、国民にむけての精神的、文化的、そして政治的にも君臨する中心が揺らぐ不安を感じたのである。

皇太子は御学問所の生活を続けるなかで、大正八年四月二十九日には十八歳を迎えた。当時の「皇室典範」によるなら皇太子は満十八年をもって「御成年」とせられ、皇室成年式令によって、当日賢所、皇霊殿、神殿にて厳かな成年式が行われることになっていた。実際に大正八年五月七日には、この条項に沿って宮中賢所で「御成年式」が行われた。

皇太子はこの成年式を終えたあと、大正天皇にかわってその名代を務めることがふえていった。ときに大正天皇を補佐する形で公式の行事に出席することも重なっていく。大正八年十一月九日から二十一日までの大阪府と兵庫県で行われた陸軍特別大演習には、大正天皇と共に参加している。こういうときも大正天皇の体調がよくないことは、誰の目にも明らかであった。

大正天皇は、やはりこの年十二月の帝国議会の開院式には出席をとりやめたし、大正九年にはいっての宮中の諸儀式、二月十一日の紀元節の式典にも出席できなかった。そして三月には、宮内省から、昨秋以来ときどき坐骨神経痛などの病いが起こり、「本年は今暫《しばら》く御静養の為、御駐輦《ちゅうれん》相成ることとならん」との声明が発表された。七月にはさらに二回目の声明が発表され、肉体的な疲労が激しく、日常の態度や発声にも衰えが見える旨の内容が盛りこまれた。

こうして大正天皇が一切の行事に姿を見せなくなったために、皇太子がその役割を受けつぐべきだとの声が元老や政府首脳からもあがっていく。皇室典範第十九条の規定にもとづいて摂政の地位に就くべきだというのである。

皇太子が初めて外交面の名代を務めたのは、大正九年四月のイギリス大使やメキシコ、チェコスロバキアの公使の信任状捧呈式であった。とどこおりなくその役を果たした。

皇太子は、こうしてしだいに今学んでいる御学問所での帝王学を実践していかなければならなくなった。

良子女王と宮中某重大事件

皇太子が成年式を挙げたとき、すでに皇太子妃は内定していた。久邇宮邦彦《くにのみやくによし》王の第一王女である良子《ながこ》女王である。

良子女王は、当時学習院女学部に在学中で、満十四歳であった。良子女王を皇太子妃にと、もっとも積極的に動いたのは皇后である。皇后は、皇太子のお妃にふさわしい女性をと、しばしば学習院女学部を訪れていた。もとよりその意図は明らかにされていなかったが、皇后は自らのお眼鏡にかなう女学部生徒をしだいにしぼっていった。

良子女王を見そめたのは、利発で気品があり、陰日向なく働く姿を見てからである。皇后はなんどかの視察のあと、学習院院長の大迫尚敏《おおさこなおはる》に、何人かの女生徒を集めるように言い、その女生徒たちに「手を広げて見せるように」と命じたことがある。一人の女生徒の手が赤ぎれになっていたが、他の生徒は細く白かった。その理由を皇后は、大迫に質している。すると大迫は、

「あの生徒は人の厭《いや》がる拭き掃除も率先して行い、たとえ寒い冬でもお湯をつかいませんのであのようになります」

と答えた。それが良子女王である。

皇后は、そのような性格に魅かれさらにくわしい調査を命じている。すると、久邇宮家は伏見宮邦家親王の第四王子朝彦親王を祖とすることが確かめられた。良子女王の母は島津藩主だった公爵島津忠義の七女俔子《ちかこ》女王であった。

この調査のあと、皇后は大正天皇や宮中の側近たちに良子女王を皇太子妃にと伝えている。それを受けて宮内大臣の波多野敬直《はたのよしなお》が、大正七年一月に久邇宮邦彦王に皇太子妃にと申し込みをしている。久邇

宮は恐懼しながら、その申し入れを受けることになった。

こうして皇太子と良子女王の婚約が内定された。

良子女王は、二月に入ると学習院女学部を退学して、お妃教育を受けることになる。東京・麴町にある久邇宮邸の中にもうひとつの御学問所が開かれ、そこに東宮御学問所の教授たちがとくべつに赴き、皇太子妃としての心構えを教育することになったのである。

とくに「修身」は、皇太子に「倫理」を講じている杉浦重剛が受けもつことになった。杉浦は、改めて皇室の歴史から歴代天皇の事績、そして皇后の果たす役割などを丁寧に進講している。良子女王の謙虚に学ぶ姿は皇太子妃にふさわしいとの思いをもち、まるで慈父のように説き続けた。

皇后もまたそのような良子女王の成長を見守り続けた。皇居にしばしば招き、ときに皇太子を同席させて、ふたりの間に愛情がかよいあうような配慮をしている。皇后には、皇太子と良子女王が将来の天皇、皇后としてこの国の憲法に定められた役割を果たすにふさわしいとの思いが強まっていった。

しかし、皇太子と良子女王の婚約が発表になったあとに、宮中の外では新たな問題が起こった。歴史の年表では、「宮中某重大事件」と称されている事件である。

事件の発端は、学習院での健康診断が行われたときに、良子女王の兄にあたる朝融《あさあきら》王に色弱の傾向があるとわかったことだ。「わが家系に色弱症の遺伝があるかもしれない」というのは、久邇宮が婚約の申し入れを受けたときに、宮内大臣の波多野に伝えている。そのために皇后は、宮内省の侍医を通して眼科医に調査をさせて、良子女王に色弱の不安はないとの診断結果を確認していたのである。良子女王にはその遺伝はなく、将来にわたって次の世代にもそれがあらわれることはないと宮中内部では誰もが諒解済みのことでもあった。

ところが朝融王の色弱という結果が、軍医から元老の山県有朋に伝えられた。山県はそれを耳にすると、すぐに元老の松方正義や西園寺公望にいささか大仰に伝えた。そして久邇宮家には、「皇太子妃を辞退せよ」と迫った。神聖な皇統に汚点をのこすことになるではないかというのであった。

山県の政治力はこのころまだ大きく、山県の言とあっては松方も西園寺も、そして当時首相だった原《はら》敬《たかし》とても無視できず、久邇宮家にそれとなく圧力をかける者もあらわれた。こういう動きによって、久邇宮家をとりまく環境はしだいに厳しいものとなった。

しかしその一方で、久邇宮家側に立つ医師や宮中の天皇側近も反論していった。久邇宮家側の眼科医は、良子女王は色弱ではないと根拠を示し、次の世代に影響を与えることはないと再び結論づけた。ところが山県側の眼科医はそれに反論して医学論争も起こった。このような論争とは別に、「綸言《りんげん》汗の如し」という言を引き、皇室がひとたび約束したことは決して取り消してはならぬと久邇宮家を支援する動きも広まった。

その中心に立ったのが杉浦重剛である。

もし宮内省が久邇宮家に婚約破棄を伝えるなら、それは人倫の道に反すると杉浦は怒り、久邇宮家の御学問所に辞職届を提出して、一切の拘束をはなれて反山県の動きを始めた。〈このご婚約が破棄されるようなことになったら、自分が皇太子や良子女王に申しあげてきた「日本の皇室は智、仁、勇を以て立たなければならない」という教育はすべて崩れさってしまう〉と杉浦は考えたのである。自決さえ覚悟しての闘いであった。

杉浦のこの説得は、きわめて正論であった。浜尾東宮大夫、入江侍従長などの大正天皇と皇太子を支える人たちが同調し、さらに杉浦に人間的信頼を寄せている政界、経済界、学界、それに玄洋社など民間団体の要人にまで支援の輪は広まった。このような人たちが、一斉に反山県で動き、そのため久邇宮家に同情を寄せる声が高まった。

山県と反山県の対立という様相も帯びたが、二年ほどの争いのあと、波多野の後任である宮内大臣中村雄次郎が「良子女王東宮妃御内定の件、何等変更なし」という声明を発表することで事態はおさまった。

皇太子と良子女王は、この動きにまきこまれることはなかったが、それは皇后が一貫してふたりの防波堤の役を務めたからである。

渡欧計画

大正十年二月十日の夜に、宮内大臣の中村雄次郎によって発表された声明のなかには、良子女王東宮妃御内定の件につき、「世上種々の噂あるやに聞くも右御決定には何等変更なし」との一節があった。良子女王に色弱の可能性があるとの山県側とそれを否定する久邇宮家側の抗争は、当初は宮中や政治家の間にしか知られていなかった。しかし杉浦が久邇宮家側に立って、反山県の動きを始めると、その対立は、藩閥政治と反藩閥政治というきわめて政治的な構図もえがくようになった。

当初は、山県に与《くみ》していた首相の原敬は、宮内大臣に声明をださせてこの抗争に終止符を打つことにしたのである。この年の紀元節行事を円滑に終わらせるようにと、原なりの配慮でもあったが、同時に、原は山県とは一線を劃すことになり、宮内大臣には藩閥政治に批判的な牧野伸顕《まきののぶあき》を据えた。

このころ皇太子は満年齢では十九歳である。このような動きの背景を充分に理解はしなかったと考えられるが、しかし牧野には、その後十年余にわたって深い信頼を寄せていく。新しい時代に対応する君主とその意を受けた忠臣という関係をつくりあげていくのである。

大正十年は、皇太子にとってもっとも大きな変化をとげていく年でもあった。

宮内大臣の宮中某重大事件を終わらせる声明の二日前（二月八日）に、皇太子が渡欧して見聞を広めてくる計画が最終的に決まりつつあった。その出発日も三月三日というのであった。

この渡欧計画は、前年七月ごろから宮中や元老らによって急速に実現にむけて練られるようになった。大正天皇の健康がすぐれないという発表がなされたときだが、その発表内容も具体的で執務も停滞しつつあるかのような意味を含んでいた。皇太子の渡欧計画は、大正天皇の健康と微妙にからんでいて、皇太子が君主としてのふさわしい態度を身につけることを急ぐことでもあった。元老の松方正義の発意によるとされているが、ヨーロッパに赴いて世界の情勢を直接肌で知ることは、これからの君主の重要な責務という説得に、西園寺公望や原敬もそくざに賛成したし、山県もまたその計画にとくべつに異議ははさまなかった。

東宮御学問所で学ぶ知識に加えてヨーロッパでの見聞を合わせもつことは、確かに必要なことだったからである。加えて、松方を始めとする指導者たちには、明治三十五年に結ばれた日英同盟が、この期にアメリカの抵抗で破棄の方向にむかうのを避けようとの考えもあった。イギリスとの強い絆を確かめようという思惑であった。

だがこの渡欧計画に、当初難色を示したのは皇后であった。皇后は、皇太子がまだ若い年齢であるために、ヨーロッパの文明観に染まってしまうのではないかと危惧していた。加えて、天皇の健康がすぐれないときに、皇太子が六ヵ月近くも国外にでているのは、もしもの場合には不安であるとの懸念も示していた。

皇后のこうした懸念は、折から反山県で動いていた杉浦らにも洩れていき、そのため頭山満らの民間人も「御出発反対」を訴えたりもした。山県らが、皇太子をヨーロッパに出発させたあとに、良子女王との婚約解消を意図しているのではないか、との論も巷間に流布された。しかし、御学問所総裁の東郷平八郎が反対論を抑える役割を担い、杉浦も「御洋行になられても、決して御精神が欧化せられるやうなことのないのは無論のことと信ずる」(『杉浦重剛座談録』)と最終的に納得した。

こうした動きに応じて、松方や西園寺は、皇后にこの見聞は君主にぜがひでも必要であり、日本とイギリスは今後もとくに深い関係をもっていかなければならないと、執拗に説得を続けた。

皇后もしだいにその説得を受けいれ、渡欧計画は、「結局政事上必要とあれば、政治の事は干渉せざる積なり」との考えを洩らすようになった。大正十年一月に、松方が皇后に正式に伝える形をとり、皇后も諒解して、大正天皇に伝えられた。そのうえで正式に裁可になったのである。二月十五日には、この計画が正式に発表された。

渡欧計画に要する費用四四二万円が、衆議院と貴族院でも認められた。

この計画が発表されたあと、東宮御学問所の行事が次つぎにくりあげられた。二月十二日をもって三学期の授業が打ち切られ、十八日には御学問所で終業式が行われた。皇太子の渡欧日程にあわせるために、一ヵ月も早い終業式となったのである。

終業式の模様について、幹事の小笠原長生の書きのこした記録には、東郷総裁が「御学問所開始以来爰《ここ》に七年に至り、恐れながら其《そ》の間常に御勉励遊ばされて優秀の御成績を挙げさせ給《たま》ひ、御修了の御科目十六の多きに及び、加之《しかのみならず》陸海軍の演習、諸地方の行啓等、実地の御見学亦尠《またすくな》からず、以て文武共に御研鑽の基礎たるべき高等普通科を御修得遊ばされたるは、感激に堪《た》へざる旨を言上し、御式滞《とどこお》りなく相済みぬ」とある（『天皇の学校』）。東郷にとって、乃木希典から託された帝王教育をここに無事終えることができたというのは、なににもまして喜ばしいことだったのである。

杉浦もまたこの終業式には出席している。十三歳のときに出会った皇太子は、十九歳に育っていて、その容貌も身のこなしも、そしてなによりその知識も君主にふさわしく成長されている、とひとしおの感激を味わっていた。杉浦の日記には、「久振《ひさしぶり》ニテ東宮御学問所御終業式ニ参列。殿下ニ拝謁。御機嫌麗シキヲ拝シ、感激ノ至リニ堪ヘズ。（中略）猶《なお》近来ノ緊要問題モ解決シタレバ、不肖ノ余モ、先ヅ微《び》衷《ちゆう》ノ貫徹ヲ覚エ、洵《まこと》ニ晴天白日ノ想アリ」と書かれている。

皇太子は渡欧準備に忙しい日をさいて、この終業式の三日後に東宮御所で、御学問所の教授、職員、学友を招いて慰労会を開いている。そこで全員に、

「今回御学問所の学業滞《とどこ》ほりなく終了し誠に喜ぶ、数年間総裁以下職員一同の懇篤《こんとく》なる勤労を深く謝す」（『天皇の学校』）

との言葉を述べて謝意を表している。

皇太子は、名実ともに日本の君主として育っていくときを迎えたのである。

第一次渡欧

皇太子は、御学問所の終業式を終えたあとは、イギリス、フランスなどヨーロッパ訪問の準備に忙殺された。そのスケジュール、随員たちの決定、さらには御訪問先の国々との折衝などは、宮内省、外務省、それに御学問所の幹部などの敏速な動きによって次つぎと決まっていき、そのつど皇太子にも報告された。訪問国としてイギリスのほかに、フランス、オランダを中心にベルギー、イタリアも想定していたが、いずれも第一次世界大戦の中立国や戦勝国で、イギリスには三週間余の滞在を予定し、ロンドン、エジンバラ、マンチェスターなどにも滞在することが決まった。

当初はアメリカも検討されたが、日本との関係がカリフォルニア州の排日土地法などもあって必ずし

も良好ではないとの意見がだされ、今回はヨーロッパ、とくにイギリスを中心として王室との関係を深めることになった。御学問所の幹事小笠原長生らのアメリカ訪問消極案が実ったのである。しかし、第一次世界大戦後のヨーロッパの国々のなかにも、イタリアのように政情不安な国もあり、訪問国の予定は途中で変更することもありうると柔軟性をもたせていた。

大正十年二月十五日に宮内省から発表された随行団は、随伴として閑院宮載仁《かんいんのみやことひと》殿下が、そして団長格の供奉《ぐぶ》長に元イギリス大使の珍田捨巳《ちんだすてみ》が決まったし、さらに二〇人近くの供奉員が選ばれた。宮内省御用掛、東宮侍従長、侍医、東宮武官長などいずれの供奉員も、日ごろから皇太子の側近として仕えている職員、軍人、医師たちであった。皇太子が新しい人間関係で悩むことなく、東宮御所での日々の生活をそのまま延長できるような配慮をしたのである。

この外遊の目的については、元老山県有朋や松方正義などが、皇后への説得のときに伝えた内容がよく示している。それは、「欧米各国の形勢視察によって見聞をひろめ、また社会の実情に通じること」というのがもっとも重要な柱であった。第一次世界大戦後のヨーロッパは、新たな文明、外交、政治が生まれる渦中にあり、それを充分に見聞して、将来の君主としての幅広い識見につなげてほしいとの願いであった。そのことが随員たちにも伝えられた。さらに山県は、皇太子はともすれば会話が不得手になりがちなので、このような機会にそういう作法を身につけさせるようにとの意見も閑院宮には伝えていた。また閑院宮は、侍従武官から、できるだけ公式行事を排し、「殿下の御見学、御研究に便するを眼目」としたいとの報告も受けていて、それを諒解していた。

皇太子は、二月二十日に松方正義から、「御洋行に関する注意」を直接聞かされている。この席で、松方はたとえどのような困難に出会うとも、勇気をもってこの外遊計画を実行されるようにと進言している。

随行団には、この外遊に反対するグループからときに圧力がかかり、たとえば式部官の西園寺八郎は自宅前で右翼の暴漢に襲われるという事態にもなった。波多野勝の著した『裕仁皇太子ヨーロッパ外遊記』には、やはり随行団の一員だった外務省の沢田節蔵が、随伴は名誉とはいえ、万一不幸な事件が起こったら、「自決すべしと思ひ、家族に遺言を残し、悲壮な覚悟」で出発したとのエピソードが紹介されている。

皇太子にこのような空気がそのまま伝わったかは定かでないが、しかしこの外遊には大日本帝国の名誉とその評価がかかっているとの思いは伝えられていた節がある。ひとりの国民という立ち場ではなく、皇太子という国を代表する地位にあるのだから、その言行は常に我が国の名誉にかかわるので御注意されるようにと、侍従だった甘露寺受長がしばしばくり返していたともいわれている。

皇太子のヨーロッパ外遊の出発日は三月三日であった。

この前々日（三月一日）に、皇太子は葉山御用邸で静養している大正天皇、そして傍《かたわら》について看護している皇后を訪ねた。この日は、皇太子の末弟にあたる澄宮崇仁親王《すみのみやたかひと》（三笠宮）も滞在していた。澄宮はまだ五歳であったが、四人で食卓を共に囲み、外遊の心がまえを披瀝すると、天皇も皇后も外遊中に二十歳の誕生日を迎える皇太子に励ましの言葉を贈った。身体が不調なため、外遊を希望しつつも、その願いはかなわなかった天皇からは、とくに多くの助言やイギリス王室へのメッセージも託されたと推測される。

大正十年三月三日、皇太子は東京から列車で横浜に向かい、横浜港で軍艦「香取」に乗艦した。埠頭には神奈川県知事、横浜市長、さらには横浜の小学校、旧制中学校の代表者が並び、皇太子を見送った。一般の国民も多数集まっていて、皇太子の乗艦した「香取」に向けてなんども万歳の叫びをあげた。

随行団の団長を実質的につとめた珍田捨巳は、この「香取」に乗艦していたが、「香取」の護衛にあたる供奉艦「鹿島」には、当然海軍の軍人、水兵なども乗っていて、この外遊自体、日本海軍の機動部隊の威容を見せる意味ももった。三月四日、これらの艦隊の司令長官である小栗孝三郎《おぐりこうざぶろう》は、海軍大臣の加藤友三郎《かとうともさぶろう》にあてて、「海上静かにして、殿下は艦尾将校室にて極めて御安静に御寝被遊《あそばされ》、今朝七時起床、『デーケビン』にて御書見中御機嫌麗はしくあらせらる（以下略）」と打電している（『裕仁皇太子ヨーロッパ外遊記』）。

供奉員は船酔いを起こしながらの海路となったが、皇太子はとくにそのようなことがないとそのつど報告された。

横浜を出港する折は、ときに小雨が降る天候であったが、海上にでると、波の静かな日々が続いた。三月六日には沖縄の那覇に寄港し、その後は香港、シンガポール、セイロン（現在のスリランカ）のコロンボに寄港しながらの旅となった。イギリスのポーツマス港に着くまでには二ヵ月を要する旅であった。

この間、艦内での皇太子の生活は、ヨーロッパの生活習慣に慣れる実習の場と化した。初めて海軍の高級士官と食卓を囲んだときには、日ごろ限られた侍従との食事であったために、皇太子はナイフやフォークの使い方にそれほどこだわっていなかったのだが、士官たちからみればいささか西洋風のマナーに欠ける点が目についた。しかし、士官たちはそのことを伝えるのを遠慮している。その空気を察した東宮御用掛の海軍大佐山本信次郎《やまもとしんじろう》は、スープの飲み方、ナイフとフォークの正しい持ち方、料理の食べ方などをひとつずつ丁寧に伝授していった。

皇太子もまた助言を受けいれて、テーブルマナーを正確に覚えていった。

こうして御学問所で学んだ知識に社会の体験が着実に加えられた。

イギリス王室

セイロンのコロンボを出港したあと、「香取」と「鹿島」は、インド洋を経て紅海に入る。炎熱の日が続く。皇太子は扇風機も使わず、水兵たちと同じようにその熱さに耐え続けた。その後、スエズ運河のポートサイドへ寄港する。そしてカイロにむかった。カイロではエジプト王家の宮殿を非公式に訪れている。再びポートサイドに戻り地中海のマルタ島に向かう。四月二十四日のことである。

このマルタ島はイギリス海軍の要衝の地であり、地中海艦隊の司令長官の出迎えを受けた。夜には歓迎晩餐《ばんさん》会も開かれた。しだいにイギリスの空気が、皇太子の一行にも近づいてきた。供奉員の書きのこしている日記には、イギリス側のもてなしがあまりに手厚いことに驚く表現も見える。

エジプト・カイロ近郊でピラミッドを見学する皇太子（大正10年4月18日）

その歓迎ぶりに皇太子もまた驚きをもったというのである。

マルタ島を出港して四日後にジブラルタルに入った。港には国際連盟に出席していた軍人や駐英大使館の書記官などが日の丸をもって出迎えにきていた。さらにイギリスの要人も「香取」に乗り込んできて丁重な挨拶をくり返した。アメリカのヨーロッパ艦隊の司令長官もジブラルタルに旗艦で入港し、「アメリカに来られないことを残念に思います」とのハーディング大統領の伝言を伝えている。

このとき、皇太子は、

「米国は日本から極めて近いから、帰国後、更に機会を見て出直したいと思って居ります」

と答えている（『裕仁皇太子ヨーロッパ外遊記』）。

日本の皇太子がヨーロッパを訪問する、という報道は、各国にも大きな反響を呼んでいたのである。それは日本の国威が、この期にはきわめて高かったことを意味していた。こうした空気を直接に確かめた団長格の珍田捨巳は、改めて艦内で閑院宮と日程の調整を図り、イギリスやフランス以外の国々をも公式に訪問することを決めた。もとよりその意は、そのつど皇太子にも確かめられ、皇太子もまたその意見に異存はなかったのである。

五月九日の朝、「香取」と「鹿島」はイギリスのポーツマス港に入港した。横浜を出港してから二ヵ月余の航路であった。随行の映画班の写真家が撮影した写真には、イギリス側の歓迎ぶりが写されている。

イギリス王室と政府の歓迎は、この日ピークに達した。満艦飾を施した駆逐艦十隻余が、皇太子一行を出迎え、各艦の乗組員が舷側に並んで敬意を表する「(イギリス)海軍第一の礼式『登舷礼《とうげんれい》』で歓迎し、軍艦と陸上の砲台が二十一発の皇礼砲を発射」(星野甲子久「誕生から即位へ」『昭和天皇　全記録』)している。午前八時五十分、「香取」はポーツマス軍港の桟橋に横づけされたが、すぐにイギリスの要人多数が乗り込んできた。

最初に乗艦したのは、イギリス王室を代表してエドワード皇太子(のちの国王エドワード八世)であった。陸軍の軍装に着替えて正装している皇太子に握手を求め、「無事到着されたことをお喜びいたします」と長い旅をねぎらう。皇太子もまた、

「日本を出発してから、到る地でイギリスの関係者に熱心に歓待されました。深く感謝いたします」

と答えた。

イギリス側は、国王の侍従武官や陸海軍の高級軍人、それに政府の閣僚などが次々に、皇太子に挨拶

英国王ジョージ５世と馬車に同乗し、バッキンガム宮殿に向かう皇太子（大正10年５月９日）

していき、皇太子も丁寧に答礼を返した。その堂々とした態度に珍田をはじめ供奉員は胸をなでおろした。

イギリスと日本のふたりの皇太子は、王室専用の列車でロンドンのヴィクトリア駅へむかった。午後十二時四十分、ヴィクトリア駅へ着いたが、駅頭には国王のジョージ五世、そして第二王子のヨーク公のほか王族関係者が出迎えていた。そこでも裕仁皇太子は、青年らしいきびきびとした動作で臆することなく挨拶を交した。その言動はイギリス王室の人たちにも、好感をもって迎えられた。とくにジョージ五世は、裕仁皇太子を心から歓迎するという態度で、肩を抱きかかえるようにして六頭立ての王室用馬車に案内している。

バッキンガム宮殿までの道筋には、多くのロンドン市民が集まっていた。手をふって親愛の情を示すその渦に、皇太子もまた笑顔でこたえた。ジョージ五世は、皇太子に答礼の仕方なども囁いたといわれている。

この日の夜、バッキンガム宮殿では、王室主催の歓迎晩餐会が開かれた。五〇〇人もの出席者が集まってのこの宴では、イギリスの王室と日本の皇室の関係が改めて確認されたが、とくにジョージ五世は、歓迎の挨拶を単に儀礼的なものにとどめずに、まだ若い日本の皇太子に父親のような感情をただよわせた言葉を述べた。そこには次のような一節があった。

「(今回の)殿下の来訪、我英国民の実生活を研究せられる第一歩でありましよう。(中略)殿下は我が良友であらせられるから、我が国の紛擾《ふんじょう》を視察して、其の観る所によつて、自由に結論せられることは、敢《あえ》て恐れる所ではありませぬ、何となれば殿下が我が国に対して友情を寄せられ、必ずや我が国を諒解せられるであらうといふことを確信するからであります。(以下略)」(『裕仁皇太子ヨーロッパ外遊記』)

ジョージ五世のこうした言葉の意味するところは、欧州大戦が終わってからまだ日も浅く、イギリスはまだ充分に立ち直っているとはいえず国民生活も疲弊している、そのような社会状況を皇太子に見てもらうのは心苦しいのだが、しかし皇太子にイギリスの実情を見ていただくのに、現在ほどよいときはないかもしれない、戦争というのは勝者にも苛酷な運命を要求することを見聞を通じてご理解いただけるのだから……という点にあった。ジョージ五世は、よくイギリスの事情を見て、新しい時代の君主としての見聞を広めてもらいたい、との願いを伝えたのである。

日本側から、皇太子に新しい時代への変化を見てもらい、君主としての心がまえを高める外遊にしたいとの意向が伝えられていて、その意を汲んでの歓迎の辞ということもできた。

王室の帝王学

イギリス王室の歓迎晩餐会での、皇太子の答辞は心のこもる内容だった。とくに次の一節は、出席者に深い感銘を与えることになった。

「予の訪問の時機に関する陛下の御言葉については、洵《まこと》に感謝に堪へませぬ。(中略) 英国国民が国歩艱難《かんなん》の時に当つて、尚よく勇気と忍耐とを以て、節制の性質及び常識を養ひ、善く之を凌《しの》ぐのは実に感歎措《お》く能《あた》はざる所でありまして、予は現下の問題が単に一つの片雲に過ぎずして、忽《たちま》ち却《かえつ》て光風霽月《こうふうせいげつ》を観るに至らんことを切望致します。(以下略)」(『裕仁皇太子ヨーロッパ外遊記』)

この答辞の意味は、イギリス国民の今の苦しさは一時的なものであり、やがてその国民性をもって再び輝く日をもつに至るという点にあった。イギリス国民の感情に響く内容であり、皇太子のイギリス王室への感謝の気持が充分にこもっている内容ともいえた。イギリス国民が、東洋の国から訪れた皇太子へ素朴な信頼を寄せるきっかけになったのである。

王室の賓客としての皇太子の日程は、公式行事への出席、私的な観光、それに心を和ませるイギリスの自然とのふれあいと緻密に練られていた。五月七日から三十日までの間、皇太子はその多忙なスケジュールをこなしたが、イギリスの新聞もしだいに皇太子の動向を克明に伝えるようになった。誰と接するにも謙虚な態度を貫き、臆することなく公式の場でも挨拶のできる能力を讃える記事が多かったのである。

だが三週間の日程の中で、皇太子にとってもっとも印象にのこったと思われるのは、十日の夕方の出来事である。この日はまだバッキンガム宮殿に滞在していたが、日程をこなして一室で休んでいる皇太子のもとに、突然ジョージ五世が訪ねてきた。まったくの予告なしで、しかも私服での訪問であった。ふつうは王室と皇室が会うのはすべて公式の正装になるのだが、あえてジョージ五世はそれを嫌っての訪問のようでもあった。このときの模様について記している『裕仁皇太子ヨーロッパ外遊記』から引用すると以下のようになる。

「林（権助・駐英大使）大使は『約一時間に亘《わた》り殊《こと》の外《ほか》に御打ち解けの御様子にて彼此《かれこれ》と御歓談遊ばされたり』と本国に紹介している。まるで慈父のように皇太子に接するジョージ五世の態度は、日本の宮中が望んでいた帝王学の実践そのものだったことだろう。親しく語らう姿は、とても日本で目にすることのできるものではなかった」

ジョージ五世がどのような話をしたか、その具体的内容は明らかにされていない。林大使の報告もまたその内容については一切ふれていない。一時間にわたり、私服で、しかもことのほか心が打ちとけあっての会話だったというのだから、ジョージ五世は皇太子に自らの胸中を率直に話したにちがいないと想像できるのである。

その内容とは何だったのか。

このときから五八年を経ての昭和五十四年八月二十九日、昭和天皇は那須御用邸で宮内記者会の記者

ウェストミンスター寺院を訪れ、ライル副監督と握手を交す皇太子（大正10年5月9日）

たちと会見した折に、「青春時代のヨーロッパ旅行は大きな影響を与えたようですが」と問われると次のように答えている。

「ええ、それは何といってもイギリスの王室を訪問したことでありまして、そのイギリスの王室はちょうど私の年頃の前後の人が多くって、実に私の第二の家庭とでもいうべきような状況であったせいもあって、イギリスのキング・ジョージ五世が、ご親切に私に話をした。

その題目は、いわゆるイギリスの立憲政治の在り方というものについてであった。その伺ったことが、その時以来、ずっと私の頭にあり、常に立憲君主制の君主はどうなくちゃならないかを始終考えていたのであります。で、その具体的な話というのはですね、イギリスの王室の習慣として、話すことはできないから、ここでは話さずにおきます」

ジョージ五世が、一時間近くの話し合いで皇太子に何を伝えたか、それがこの答えのなかから浮かんでくる。立憲君主制を説き、君主は直接には政治や軍事の支配は行わず、臣下の者に付与している大権をそのまま承認するようにと教示したと解することができる。ジョージ五世は、日本もまたイギリスと同じように君主制を守り続けるなら、君主の根本にある姿勢は「君臨すれど統治せず」との教訓に従うことだと諭したという言い方もできるだろう。

このときは、ジョージ五世、皇太子、そして通訳にあたった林大使の三人での会話であり、三人の間にはこの会話は決して他言しないという暗黙の約束ができあがっていたとみることもできる。皇太子はこの教訓を自らの胸に刻み、それを守るという使命を自らに課したと今では解することが可能である。

この日、ジョージ五世は、大正天皇に親電を送っている。その電文には、皇太子のイギリス訪問を喜びとするとあり、「諸事に意を注ぎ殿下の当地滞留をして能《よ》く愉快ならしめんことに努むる」とも約束したうえで、「朕《ちん》は殿下今回の訪問に依りて幸に貴我両国を統合する友誼の鍵鎖《けんさ》、益々鞏固《きょうこ》を見るに至らんことを期待す」とあった。この親電には、皇太子にどのような教訓を伝えたかなどは書いてはいないが、「友誼の鍵鎖、益々鞏固を見るに至らん」といった一節にその思いが託されていると分析することができた。

皇太子は、ジョージ五世からの「帝王学」がもっとも納得できたのであろうか、イギリスでの政府首脳や朝野の人びととの会談でも側近が驚くような理知的な言動に終始していく。たとえば、イギリス議会を見学したあとロイド・ジョージ首相と会見した折には、自らの誕生のころに結ばれた日英同盟にふれてふたつの国が「世界平和擁護のために貢献した」ことを喜ばしく思うと伝え、その功績を讃える言を述べている。少なくとも皇太子の言動からは、国際的な規模で社会現象を見つめ、その考えを率直に述べるが、その内部についてはふれないとの教訓を短時間のうちに学びとったことが窺えた。

欧州各国歴訪

皇太子は、イギリスの政治、社会、経済、文化、教育などあらゆる分野のありのままの姿を見ることができた。王室、政府、ジャーナリズム、大学などが皇太子を好意的に迎えたためであったが、近代の歴史年表を見ると、このときが日本の皇室とイギリス社会とがもっとも密接に結びついたときでもあった。

皇太子がそのイギリスを離れたのは、五月三十日である。ヴィクトリア駅には、ジョージ五世が王室関係者を率いて見送りにきたが、天皇からなんどか親電が届いている旨伝えたあとに、「今後ともイギリスと日本の関係というだけでなく、王室間の親善関係もよりいっそう強めていきたい」と皇太子に伝えている。エドワード皇太子やヨーク公と皇太子の間に同年代の者どうしに通じる交友関係が生まれていて、お互いに気を許して話す光景も見られた。

ロンドンからポーツマス港へと向かい、ここで皇太子は「香取」に、供奉員は「鹿島」に乗り、ドーバー海峡へ出てフランスに向かった。

イギリスを発ったあとの日程は、ロンドンに滞在中に、主に珍田捨巳が林大使、そして東京になんどか連絡を入れて最終的に決めたが、ベルギーからの招請も受けいれ、イタリアの政情不安も落ち着いたとして、これまでのフランス、オランダに加え、ベルギーとイタリアへの訪問も決まった。こうした訪問国の決定には、皇太子の意見も尊重された。皇太子は、この機会にできるだけ多くの国を見たい、との意思を示したのである。

フランスでは、史跡や文化施設のほかに第一次世界大戦にかかわる戦跡や戦後の講和会議を行ったベルサイユ宮殿の会議場を視察した。とくにこの会議場でフランスがドイツと講和条約を結んだ経緯の説明を受け、しきりにうなずかれていたとの同行の供奉員の証言ものこされている。

フランスのあとはベルギーに入った。ベルギーでは、一日を費して第一次世界大戦の戦場を見て回った。ベルギーの戦場では、ドイツ軍の攻撃に対してベルギー軍が激しく抵抗し、支援にのりだしたフランス軍やイギリス軍もドイツ軍との間で戦闘をくり広げた。戦争が終わって三年を経ていたが、戦場跡はまだ荒れたままになっているところも多かったのである。

ある戦場の跡を説明していたベルギー軍の将官が、戦争の内実を話すうちに絶句することがあった。日本側の供奉員たちも涙ぐんだ。「皇太子も思わず涙ぐみ、『戦争というものは実にひどいものだ』と吐露したという。イギリス、フランス、ベルギー軍の陣地が破壊された惨憺たる戦跡の光景は皇太子の胸を打つものがあった」(『裕仁皇太子ヨーロッパ外遊記』)。第一次世界大戦の爪跡を実際に見聞することで、改めて日本側の誰もが驚きをもったのである。

皇太子は、ジョージ五世からヨーロッパでは戦跡を視察するよう勧められていたが、こうした戦場跡を見たあとに、その悲惨さに驚いた旨の電報をジョージ五世宛てに打っていた。このころに日本からも数多くの中堅将校が戦場跡を視察に出向いているが、このような受け止め方をした陸軍の軍人は少なかった。

オランダに入ると、日本の皇太子としてやはり最大級のもてなしで迎えられた。このあと再びフランスに戻り、ペタン元帥や陸軍大臣の案内でストラスブール、アルザス、ロレイヌ、ベルダンなどの戦跡を視察した。こうした戦跡では、フランス軍が多くの犠牲者をだしながらも「各種の困難に打勝ち最終の勝利を得た」と、ペタン元帥などから聞かされ、皇太子も印象深かったようだ、と珍田は、東京に宛てて報告の電報を打っている。

さらにフランスでは、閑院宮をはじめ日本の軍人が留学することが多かった陸軍士官学校も視察しているし、ソルボンヌ大学では憲法学の教授から、フランス政府と国民との関係についての講義を受けている。フランスはすでに王制ではないが、共和制による政体を具体的に知ることによって、イギリスや日本との国情の違いについてより深い理解をもつようになった。こうした自由な講義を直接に聞くことにより、皇太子はヨーロッパの王室をもつ国ともたない国との国情についても知ったのである。

七月九日、フランスのトゥーロン港から「香取」に乗り、イタリアのナポリに入った。イタリアには十一日から十八日までの八日間滞在したが、皇太子は古代ローマの歴史に通じていたのでイタリアの史跡には強い関心を示した。イタリアの国民も、東洋の歴史の古い国からの皇太子の訪問という受け止め方をしていて、到る地で歓迎されている。

とくに皇太子は、バチカンを訪ねてローマ法王（ベネディクト十五世）と会見したが、このことは強い印象となって記憶にのこったようであった。ベネディクト法王は、皇太子の旅の疲れを案じ、そして天皇の健康も案じていると伝えた。ローマ法王庁と日本との歴史について、とくべつに深い関係があることも説明された。そのような歴史もまた皇太子には印象が深かったと思われる。

皇太子のヨーロッパ訪問は、このイタリアとローマ法王庁をもって全日程を終えた。御所を離れての帝王学教育を確かめる六ヵ月余の外遊であった。

この間、大正天皇は皇太子の訪問国の国王や政府首脳にそのつど丁寧に親電を送りつづけた。それは、まだ若い皇太子が皆様の厚情のもとに多くの体験を重ねることができたことを喜びとし、今後とも友好関係を保ち、交流をつづけていきたいとの真摯な文言に満ちていた。ヨーロッパの国々では、皇太子の開明的な考え、そして歴史を着実に見つめ、社会現象も熟慮をもって捉えていく態度に好感がもたれた。それはひいては天皇の存在の大きさにかかっていると受け止められた。

七月十八日にナポリを出港した「香取」と「鹿島」は、湾外までイタリア艦隊の見送りを受けながら、スエズ運河にむかい、ポートサイドに寄港し、そのあとアデンを経て往路と同じようにセイロンのコロンボ、シンガポールに寄港してから横浜にむかった。

こうして皇太子は御学問所での帝王学とは別に、見聞を広めることで君主としての幅広い目をもつことになった。

新たな君主像

大正十年九月二日の朝、皇太子が乗艦している「香取」は、「鹿島」とともに横浜港に入港した。埠頭には市民の波ができていて、皇太子の帰国を歓迎している。ヨーロッパ各国の皇太子への歓迎ぶりは、当時随行した新聞記者によって詳しく報じられていたために、国民もまた率直に喜びを味わっていた。

横浜から東京までのお召列車は、線路脇にあふれる人びとの「万歳」の声を受けながら進んだ。動員されたわけではなく、自発的に集まった人たちであった。すると皇太子は、窓をあけ、ときに身を乗りだしてこの声に応えたのである。このような光景は、外遊前にはありえないことだった。

皇太子は、イギリス王室と接するなかで、国民との距離はもっと縮めなければならないと考えて、このような行為にでたのである。ここにはこれまでの慣習を変えようとする強い意志が感じられた。もとより国民の側も、天皇が病いで伏せているこのとき、皇太子に対する強い信頼の感情が高まっていた。東京駅に降りたった皇太子の姿を一目見ようと、群衆の波は大きく揺れたと、当時の新聞には報じられている。

東京駅頭には各皇族、原敬首相らの閣僚、それに各国の大使が出迎えていて、皇太子はひとりずつに丁寧に答礼を返した。それから馬車で東宮御所にはいった。そして午後二時には、原首相を通じて国民にむけての声明を発表した。その声明の中には、今回の「欧州諸国歴訪」で、各国の元首や政治家、軍人、学者と会って多くの意見を聞き、学術、文化、産業などの発展を確かめることができたと前置きして、欧州大戦の跡を見た印象についてふれている。

「世界平和の切要なるを感じ、戦時聯合国民が国難の為に発揚《はつよう》せる犠牲の精神偉大なるを追想し、更に戦後孜々《しし》として文明の興隆に努力せる気象を看取し、感興《かんきよう》尤《もつとも》深く、裨益を獲ること頗《すこぶ》る多かりき。

(以下略)」

戦争の傷跡から立ちあがる姿に感銘を受けたと強調している。皇太子のこの声明は、これまでの天皇が発する内容とは表現を異にしていて、外遊の感想を正直に語る表現が目立った。

皇太子無事帰国、という報に、東京市内では提灯行列が続いた。東宮御所には万余の市民がつめかけたために、正門を開いて裏門までこの行列を通り抜けさせる策を採っている。「万歳」の声に促されて、皇太子は御車寄せの階段まで出て、会釈をくり返した。このような光景もまたこれまでにはなかったことだった。国民には、皇太子の存在が明治天皇や大正天皇のときとはちがって極端なほど距離が縮まって映ったということもできた。

こうした変化は、天皇の側近である宮廷官僚に新たな時代の君主像が必要だと痛感させた。同時に、皇太子の今後の帝王教育にいかに対応すべきかも改めて論じられることになる。その中心になったのは宮内大臣の牧野伸顕であった。随行団の供奉長の役を果たした珍田捨巳は、九月六日に牧野を訪ね、外遊中の報告を行っている。そのときの内容について、牧野は次のように書きとどめている(『牧野伸顕日記』)。

「皇太子殿下御洋行中の事を巨細あり。要するに今後一層の御輔導を申上ぐべき旨を縷々《るる》陳述あり」

この前後の記述から推測するなら、珍田と牧野は、皇太子が国民の前にあまりにも身を乗りだすことに懸念を感じている表現もある。こういう態度を「御落附の足らざる事」といっているように読める箇所もある。

珍田は、原首相のもとにも報告に赴いている。原首相もまた牧野と同じような印象を語っている。原は、天皇の病状がすぐれないために皇太子の摂政《せっしょう》就任をいつどのように行うかを考えていて、そのために牧野と話し合って元老たちに働きかける機会を待っていた。そこでまず牧野が、九月二十六日から積極的に元老や各皇族に個別に会って説得を始めることになった。

皇太子の帰国を喜ぶ大群衆であふれる大奉迎門付近。向こうに皇居が見える（大正10年9月3日）

たとえば、『牧野伸顕日記』の二十六日には、次のように書かれている。

「山県公訪問。摂政問題に付《つき》打合せ、調書を手交し置けり。御容体書発表の事を談示せり。元老会議云々の事あり。大隈侯も列席可然《しかるべし》との意見あり。浜尾の事を話し置けり。松方内府官房へ立寄らる。摂政問題等に付話しあり。右に付皇后様への内申の時機に付相談あり。此方《こなた》より通知する事を約す」

二十八日には、西園寺公望、閑院宮、その後も日をあけずに伏見宮、東伏見宮、朝香宮と訪ねている。そこでの話は、山県有朋に話している内容とほぼ同じで、天皇の容態がすぐれないために皇太子を摂政とすべきこと、天皇の容態を国民にどのように伝えるかの文案づくり、そして皇太子の側近としてこれまでの東宮大夫浜尾新に変えて珍田を起用すること、などを根回しして諒解させることだった。そのことは、宮廷内部の改革を含めて皇太子を支える新たな体制づくりを行い、君主の新しい像を確立することを意味していた。牧野は、こうした根回しを終えたあとに、十月三日に皇后に拝謁している。

「皇后陛下拝謁。御容体書発表の事を申上ぐ。御異存なし。不治症に入らせらる、事十分御覚悟の様乍恐《おそれながら》拝察す」

と日記に書きのこしている。

天皇の病状がすぐれないことを徐々に国民に知らせていき、それと併行して皇族や元老の会議によって皇太子の摂政就任を進めていく。それが原や牧野、珍田らの計画であったが、この計画は牧野を中心に着実に固まっていき、そして皇后も最終的に承認したことを意味していた。

皇太子は、外遊から帰国したあと、しばらくは静養の日々をすごしていた。宮廷官僚によって進められているこのような動きは充分には知らされなかったと思われるが、父・大正天皇の容態がすぐれないことは案じていて、葉山や沼津の御用邸で静養される天皇を見舞っている。

II　軍部暴走の時代

「三笠」艦上で東郷平八郎元帥と記念撮影する皇太子
（大正15年11月12日）

摂政に就任

天皇の病状が国民にむけて発表されたのは、大正十年十月四日のことだった。これまでの三回の発表と比べると、その内容はあまりにも異なっていた。もとよりこの文面は、宮内大臣の牧野の筆によるのであったが、そこには「一般の御容体は時々消長を免《まぬが》れざるも、概して快方に向はせられざる様拝察し奉る」という一節があった。

そして幼年期からの疾患に因があるというニュアンスも含んでいた。

天皇の病状がすぐれないという事実は、すでに国民の間にも噂話で流れている。宮内省が発表した内容はその噂話の一部を裏づけることになった。牧野がまとめた発表文はこの事実をもとに、皇太子の摂政就任を国民に知らせようとの意図を含んでいた。原首相ももともとは天皇の病状を明かすことには消極的だったが、摂政就任を現実とするためには仕方がないと考えたのである。元老たちもまたこの方向に暗黙の承認を与えていた。

山県や松方など元老たちは、すでに高齢の身であり、この時代には、その影響力は薄れていた。まだ四十代の牧野や元老のなかでももっとも若い西園寺公望などが、新しい時代の宮廷官僚として采配をふるう時代にはいっていたのである。

『牧野伸顕日記』を見るなら、この病状発表後の牧野は、皇后を始め皇族方への説得を精力的に続けてていることがわかる。皇后に拝謁したのは十月十一日のことだが、「問題に付委曲《いきょく》言上」とあり、皇后もまた皇太子の摂政就任を改めて受けいれる意思を示したとも書かれている。ただ三点をあげ、この点について留意するようにと命じられたとある。

その第一点は、「輔導を置く事は御不賛成なり。夫《そ》れは権力が自然輔導たる皇族に加はる事を恐る、の意味に於《お》て」とあった。皇太子は摂政として充分にその任を果たすことができるので、その指導役にあたる皇族は不必要との見解であった。そして第三点では、天皇は内閣の上奏を楽しみにしているので、それをすべてとりあげてしまうことのないように工夫してほしいとの要望であった。

牧野はもとよりこうした点に配慮することを約束し、「十一月大演習の済み次第可成《なるべく》急に着手の事」とすることを決めた。皇后の「御思召を伺ひ得て大に安心せり」と牧野は喜んでいる。

しかし、牧野にとって衝撃だったのは、十一月四日に原首相が東京駅頭で一青年によって暗殺されたことだった。頼みとしていた原の死に、牧野は、「首相遭難の悲音に接す。実に驚愕、心事悉《つく》す可きにあらず」「幼少十九歳の青年無分弁〔別〕の暴挙、国家の安寧を害すと云ふも不可なし」と怒りの筆調で書いている。それでも原と決めていたスケジュールに沿って事態を進めていくことを決意している。

牧野を中心に摂政就任のプログラムが曲折を経ながらも形づくられていくとき、皇太子は日々二つの生活を着実にこなしていた。ひとつは、天皇の名代としての公務であった。十月には鉄道開通五〇年祝典に出席されたのを始め、十一月初めには天皇主催の観菊会、陸軍大学校、海軍大学校の卒業式、そして十六日から二十一日まで行われた神奈川県と東京を舞台とする陸軍特別大演習と相次いで天皇の名代を務めている。

とくに陸軍特別大演習では、ヨーロッパの戦場を視察した体験をもとに、具体的な質問を陸軍の指導者たちに発して驚かせたというエピソードが陸軍内部では流布された。

もうひとつは、東宮職御用掛と名称はかわりはしたものの御学問所時代からの教授たちによる講義が続いていた。憲法の清水澄《しみずとおる》、国際法の立作太郎《たちさくたろう》、国文学の芳賀矢一《はがやいち》、それに漢文の服部宇之吉《はっとりうのきち》などが講義の中心になった。四人の学友たちは学習院高等科三年に戻っていたが、彼らも時折出席することがあった。この定例講義は、大正十年秋から昭和初期まで続いた。学友として御学問所で共に学び、その後東京帝大法学部を卒業（大正十四年）して、昭和天皇の侍従となった永積寅彦はその著（『昭和天皇と私』）で、この定例講義の思い出について次のように話している。

「私が侍従で出て三年間ほど、昭和五、六年までお続けになったんじゃないですか。私が出た頃は、行政法の清水澄博士が『皇室令制』という題で、毎週二回ぐらい出られたでしょうかね。（中略）しかし、だんだん時事問題、枢密院《すうみついん》にかかる議案といった、現代の法律についての解説を申し上げることが多くなりまして、あまり適当じゃないのではないかというような心配がでてきて、それでお止めになったんじゃなかったかと思いますよ」

皇太子は、摂政宮となってからも君主として憲法上はどのような役割を果たすのかを着実に学んでいたのである。

大正十年十一月二十五日、皇族会議が宮城の「西溜の間《にしたまり》」で開かれた。議案は「摂政設置ニ関スル件」で、「伏見宮貞愛《さだなる》親王を筆頭とする成年男子皇族十二人と、会議の召集を行った皇太子ご自身を加えた十三人の皇族がたがご出席、ほかに内大臣松方正義、宮内大臣牧野伸顕、司法大臣大木遠吉《おおきえんきち》、大審院長平沼騏一郎《ひらぬまきいちろう》の四人も列席した。皇族以外の列席者は、議案に対する表決権は持たないが、議事について意見を述べることはできるという資格」（星野甲子久「誕生から即位へ」『昭和天皇　全記録』）をもっていた。

初めに牧野が、侍医団の発表内容を詳細に述べ、摂政を置かなければならなくなった経緯を説明した。出席者の間にはしばらく沈黙が続いたが、やがて伏見宮が賛意を表明し、皇族方もそれぞれ賛意の弁を述べた。こうして全員一致で皇太子の摂政就任が決まった。この皇族会議の結論は、すぐに枢密院会議に諮られ、そのまま可決された。

この十一月二十五日の日付で発表された詔書には、「朕《ちん》久キニ亘ルノ疾患ニ由《よ》リ大政ヲ親《みずか》ラスルコト能ハサルヲ以テ皇族会議及枢密顧問ノ議ヲ経テ皇太子裕仁親王ヲ摂政ニ任ス茲《ここ》ニ之ヲ宣布ス」とあり、この大詔を受ける形で皇太子は摂政に就任すると説明された。歴史上では、推古天皇の皇太子だった聖徳太子、孝徳天皇と斉明天皇の皇太子である中大兄《なかのおおえの》皇子に次いで三人目にあたった。

さらにこの日、宮内省は天皇の病状について五回目の発表を行った。その内容があまりにも具体的だったために、皇太子が摂政に就任することはごく自然に国民に受けいれられた。

宮中改革と国内巡啓

十一月二十五日の発表によると、天皇の病状は、誕生直後から病いをわずらっていたといい、壮年期に入ると再び症状が悪化して、判断力も失われているかのような表現も含まれていた。発表文は細部にわたった。このことは、天皇にゆっくりと静養してもらい、皇太子が実際には天皇の役割を果たしていくことを国民に明らかにしたともいえた。

この文面を作成した牧野は、単に宮廷官僚というより摂政宮裕仁親王の後見人としての役割を果たす立ち場へと移行することを意味した。

皇太子の日々の生活もまたこの日を境に大きく変わった。

摂政宮としての政務室は、表宮殿の「西一の間」と「西二の間」を使用することになり、一日の始まりはここに身を置いた。大正天皇の政務室は、表御座所の二階にあったのだが、身体の容態がよくなり、再び政務室に入るときのことを考えて、あえてこの政務室は空けておくとの配慮だったのである。

皇太子は摂政宮としての公務、そして東宮御所での東宮職御用掛から講義を受けるという二つの役割を日々果たすことになった。やがて拝謁という重要な公務も加わった。皇太子は、陸軍の軍人の拝謁を受けるときは、陸軍の軍服に着替え、海軍の軍人の場合には海軍の軍服に着替えた。そのような几帳面さが、皇太子の性格でもあった。

摂政宮となってから初めての年（大正十一年）、歌会始の御題は「旭光照波」というものだったが、皇太子は次の歌を詠んでいる。

世のなかもかくあらまほしおだやかに朝日にほへる大海の原

まだ二十歳であったが、この歌で見る限りでは、すでにこの国をどのような形にしたいかの心構えをもっていることがわかる。同時に、皇太子は新しい君主をめざすという強い意欲を示しているともいえる。実際にそのあらわれとしてまず宮中改革についての意見を牧野に伝えていた。これはイギリス王室や貴族の生活を見て、その質素な日常に魅かれたからであろう。

その対象になったのが女官制度であった。

この女官制度は明治二年に制度そのものは廃止になったが、しかし女官たちは何人かの女性にかしずかれながら、宮中に住んでいて永年の伝統のもとでその存続がゆるぎないものとなっていた。

皇太子は牧野にこの廃止を訴えた。大正十一年一月二十八日である。牧野は皇太子の申し出を次のように書いている。

「殿下仰《おお》せに、自分の結婚も其内行ふ事とならんが、夫《そ》れに付《つき》特に話して置き度《た》く考ふるは女官の問題なり、現在の通り、勤務者が奥に住込む事は全部之を廃止し日勤する事に改めたし、今の高等女官は奥にて育ち世間の事は一切之を知らず、実に宇《う》〔迂〕闊《かつ》なり（以下略）」

皇太子は、さらにこまかくこの制度の不備を指摘していく。牧野は、皇后の意向もあるし、歴史的経緯もあると答えると、それは当然だがよく考えてくれと伝えている。外遊の影響だろうが、「（皇太子は）時勢の傾向には御動かされ遊ばされ諸事進歩的に御在しまし」とも牧野は書いている。新しい考えをもっていることに驚いたのである。牧野もその考えに納得して実際にその方向への改革を進めていく。

のちに皇太子が天皇に即位してからは、女官の数は減らされ、宮中内部に住むことはできなくなり、いずれも通勤となったし、そして一生奉公するという形は廃止になっている。

皇太子は、大正十一年、十二年、そして十三年と、摂政宮として多忙な日を送った。とくに大正十一年からは、改めて国内見学、視察に赴いている。かつて大正天皇が皇太子時代に、明治天皇と区分する形で行啓を行って以来の慣行を変えて、いわば「天皇は大元帥として主に軍事行幸を行い、皇太子は産業や学芸の奨励者として地方見学や視察を行うという役割分担が図られてきたが、天皇が『引退』したことで、摂政は完全に天皇と皇太子の双方の役割を兼ねることになった」（原武史『大正天皇』）のである。二役をこなすことになった。

大正十一年七月には、北海道各地を一五日間にわたって訪問している。原の著書によるなら、訪問先では日の丸が振られ、万歳の声をあげる歓迎の人波に、皇太子は常に姿をあらわして厳粛な表情で挙手の礼を返すという光景が見られた。これもまたこれまでにない光景だった。つまり、皇太子は国民と一体化する儀式を率先して行ったのである。

大正十一年十一月の四国や淡路島、十二年四月の台湾、十三年十一月の北陸、そして十四年八月に樺太、十月には山形、秋田、宮城、十五年五月には山陽地方と、明治天皇も大正天皇もなしえなかった全国巡幸を終えている。そこでは、国民が日の丸の旗や君が代斉唱で皇太子を迎え、皇太子も国民の目にふれることで君主と臣民との距離を確かめるという儀式がくり返された。

こうした行動は、むろん牧野の方針を忠実に実行しているのだが、そこには皇太子自身の強い意思も反映していた。ヨーロッパ外遊で見聞してきたイギリスをはじめとする王室の姿をそのまま範としていたのである。日本の君主制は、この期に確かにこれまでとは異なった方向が確立され始めたということもできた。

一方で、皇太子の外遊にふれたヨーロッパの国々からは、王室の関係者や政府要人が日本を訪問する機会がふえていった。日本政府が答礼という形で招待したからでもあった。それは図らずも皇室外交の先駆的な意味ももった。

皇太子をもっとも喜ばせたのは、大正十一年四月に、イギリスのエドワード皇太子が来日したことだった。一年ぶりの再会を果たしたあとの宮中晩餐会では、皇太子は、イギリス訪問時の謝辞を述べるとともに、ワシントン会議では日英同盟にかわって多国間の同盟という条約になったが、両国間の伝統的友情は不変であると政治情勢にもふれた挨拶をしている。

エドワード皇太子もまたその挨拶に同意した。

関東大震災とご成婚

宮中某重大事件の解決、イギリスを中心としたヨーロッパへの外遊、そして摂政への就任。皇太子は大正十年から十一年にかけて多忙の日々を送ったが、十一年の六月になって皇太子と良子女王との結婚の日程が正式に決まった。大正天皇の勅許がおりたのである。

九月に、一般にいわれる結納（「納采《のうさい》の儀」）を行うことにし、ご成婚の日も大正十二年十一月二十七日と内定した。この日程の決定は、宮内大臣の牧野伸顕と皇后が相談して決めたのだが、皇后はこのご成婚の式典には幾つかの注文をつけた。世情が不況でもあるし、人びとの皇室を見つめる目にも注意を払わなければならないとして、「皇室より質素簡易の範を御示しになる事時宜に適するものに可有之」（『牧野伸顕日記』大正十一年七月二十一日）と質素を第一とするようにと要求した。牧野もまた皇后のその注文に異存はなかった。

ご成婚までの日々、良子女王を迎えるために東宮職の改革も行われ、良子女王の世話にあたる女官も決められた。皇太子は、摂政宮としての多忙な日々であったが、しばしば良子女王と手紙の交換をしていた。

ご成婚が近づいた大正十二年九月、その最初の日（一日）に関東大震災が起こった。東京、横浜を中心に十万人を越える死者・行方不明者もでたし、街の建物も破壊され風景が一変してしまうという凄まじさであった。皇太子は東京市内を見て回ったが、その被害の大きさに言葉もないほどだったとの証言ものこされている。

この関東大震災だけでなく、この年は二月に伏見宮家の貞愛親王の死、四月には北白川宮成久王のパリでの客死など皇族にも不幸が重なった。

そのためにご成婚の日程は、この年を避けて大正十三年一月二十六日に行われることになる。この間の経緯を見ると、皇太子がこの年の結婚に自ら積極的に延期を申し出ていたことがわかる。『牧野伸顕日記』には、関東大震災の被害を「見聞するに従ひ傷心益々深きを覚ゆ」と、延期をお申し出になったと書かれている。

皇太子は、大所高所からの視野を身につけていたのである。それは摂政宮としての自覚からということもできた。皇太子のこのような自覚を反映しているのか、良子女王も被災者のための救援物資づくりに励んでいる。

大正十三年に入っての歌会始の題は、「新年言志」であったが、皇太子は次のような歌を詠んだ。

あらたまの年をむかへていやますは民をあはれむこころなりけり

関東大震災の被害や世情不安、それに耐えての国民の姿に共感を寄せるという内容であった。皇太子は、大正十四年、十五年の歌会始の歌にも、山河の自然に題材をとりながら、この国の姿を讃える内容を盛りこんでいる。

一月二十六日のご成婚は、皇居の賢所《かしこどころ》で古式に則って行われた。「束帯《そくたい》・黄丹袍《おうにのほう》をお召しの裕仁親王と、十二単《じゅうにひとえ》の衣裳をおつけになった良子女王が、九条道実掌典長の奉仕で、契りの盃事をなさったのが午前十時十五分。この時刻に合わせて宮城外苑では近衛砲兵連隊が皇礼砲を発射し、東京市民の祝意を表す打ち上げ花火が音高く打ち上げられた」（星野甲子久「誕生から即位へ」『昭和天皇　全記録』）。こうして賢所の儀式は正午までに終わり、ここに皇太子と皇太子妃の新しい時代、そして新しい生活が始まった。

皇太子と皇太子妃は、正装のまま宮城正門から新居となる赤坂離宮まで自動車でむかった。沿道には東京市民がつめかけていて、皇室に誕生した新しいカップルに歓呼の声をあげている。この人波は自然発生的に生まれたもので、皇太子への関心がいかに高まっていたかを物語っていた。奉祝ムードは、東京市内にあふれていて、街のすみずみにまで奉祝の旗や幕が掲げられた。

翌二十七日、皇太子と皇太子妃は、「結婚の儀」に出席できなかった天皇を、沼津御用邸に訪ねている。病気の見舞いと晴れて結婚を終えたことの報告を行うためだった。

式そのものは、きわめて地味なものであった。皇后の望みどおりになったのだが、皇后はふたりの式典を喜び、「桃花契千年」という題で和歌を詠んだ。

もろともに千代を契りてさかえなむ春のみ山の桃のふたもと

伊勢神宮に結婚を奉告、参拝を済ませて内宮を退出する皇太子と皇太子妃（大正13年2月24日）

皇后もまた天皇の病状がすぐれない今、皇太子と皇太子妃によって、この国が栄えていくようにとの心境だったのである。

ご成婚から四ヵ月がすぎた五月三十一日に、宮中の豊明殿《ほうめいでん》で祝宴が開かれた。表面上は、晩餐会という形であったが、皇族や政治、軍事の指導者、それに各国の大公使などが出席しての結婚披露宴という意味をもった。この祝宴につづいて宮城前につくられた式場では、国民各層の代表も出席しての奉祝会が開かれている。こうした会場には、皇太子と皇太子妃も姿をあらわして、祝賀の声にこたえた。

さらに皇居では、二回、三回と晩餐会が開かれたが、会そのものは質素で、主に外国の大公使夫人やその家族へのお披露目が目的であった。日本国内だけではなく、外国にむけて皇太子と皇太子妃の姿を示すことで、国威を発揚しようとの意思が牧野などの宮中の官僚たちにはあったからだ。駐日英国大使館のこの年の年次報告には、日本政府は式典や披露宴を、いたって簡素にすませたといいつつ、「彼等（皇太子と皇太子妃）は、ぎこちないといって悪ければ、引っ込み思案で、遠慮がちという印象を与えます」（工藤美代子『香淳皇后』）と書かれているという。天皇の姿はこうした披露宴でも見られなかったという報告もされているが、皇太子と皇太子妃のつくっていく新しい時代がどのようなものか、外国の大公使は関心をもって見つめることになったのである。

皇太子もまた皇太子妃を得て、改めて自らに課せられている役割を自覚していくことになる。

大正天皇崩御

皇太子の表情は、ご成婚以後は誰の目にも逞しく映った。その変化は、御学問所時代からの学友たちにはよくわかった。

学友のひとりだった永積寅彦は、「陛下のお顔はひきしまっていて、そして妃殿下という伴侶を得て名実ともに責任を自覚されるようになったという感がいたしましたね」と私に語っていた。毎週土曜日には、陪食という習慣もでき、相伴にあずかるのは当直の侍従や侍従武官、それに侍医などであり、皇太子や妃殿下の誕生日には、宮内大臣や侍従武官長、侍従長なども食卓に招かれることがあったという。

皇太子は、こういう食事の席で奉仕者たちとの接触を深めていった。

大正十四年十二月六日には、皇太子夫妻に初めての皇女が誕生した。照宮成子《てるのみやしげこ》内親王である。このとき皇太子は二十四歳、皇太子妃は二十二歳であった。「照宮成子」という名は、皇太子自身が選んだもので、その意味は、照る日のように美しく、そして徳を成すという意味であったという（『香淳皇后』）。父・大正天皇の容態がすぐれないためである。

大正十五年に入ると、皇太子は各地の行啓や皇居をはなれる回数を減らしていった。父・大正天皇の容態がすぐれないためである。十四年十二月に脳貧血の発作を起こして転倒してからは、症状がおさまるときはなく、発熱はつづき、しだいに歩行も困難になっていった。この年八月には、再び葉山御用邸にむかい、そこで療養することになった。

皇太子は、その御用邸の本邸に泊まりこみ、そして看病にあたることもあった。

十一月、皇太子は摂政宮として佐賀県で行われる陸軍特別大演習に出席の予定であったが、天皇の容態がすぐれないために中止となった。このころも皇太子は皇太子妃とともになんども葉山御用邸にむかっている。皇后は泊まりこみで看病にあたっている。皇后は氷柱の上で冷やしたタオルを、天皇の顔にあてては高熱による苦しみを抑えていた。そのようなとき、皇后は皇太子妃にもそれとなく看病を手伝わせている。さりげない教育だったといわれている。

十二月には連日のように、天皇の症状が宮内省から発表された。十六日からは侍医団が泊まりこみで治療にあたった。

二十三日に皇太子はこの御用邸に見舞いに赴いたが、容態が刻一刻と悪化していることを知ると、東京に戻らずやはり泊まりこみの態勢に入った。摂政としての仕事もここにもちこんでいた。二十四日午後には危篤状態となった。二十五日午前一時二十五分、侍医頭の入沢達吉《いりさわたつきち》が、枕辺に集まっている人たちに臨終を告げたのである。

枕もとには、皇族に加えて元老西園寺公望、首相の若槻礼次郎《わかつきれいじろう》、御学問所総裁だった東郷平八郎らの要人もたたずんでいた。皇后は、さらに大正天皇の生母であった柳原愛子《やなぎはらなるこ》も招いていたが、柳原は天皇の手をにぎりしめながら、その最後を看とることになった。

大正天皇は、このとき四十七歳であった。壮年期での死であった。

宮内省は、すぐに大正天皇崩御の発表を行っている。その発表は当日の新聞に掲載されているが、「肺炎の御症状、昨朝より一段御増進、御体温は四十一度まで御昇騰《しょうとう》あらせられ、御脈はます〳〵御頻数御細小とならせられ、御呼吸は更に逼迫《ひっぱく》遊ばされ、遂に廿五日午前一時廿五分心臓麻痺により崩御あらせらる」という内容であった。

大正天皇の崩御の瞬間、皇后はそれまで皇太子の上位に位置していたが、すぐに位置を皇太子に譲った。今、このときから皇后は皇太后となり、新たに天皇の地位に就く皇太子にその序列の自覚を迫る行為でもあったのである。

皇位に空隙《くうげき》は許されない。皇室典範には、「天皇崩スルトキハ皇嗣《こうし》即チ践祚《せんそ》シ祖宗ノ神器《じんぎ》ヲ承ク」とある。皇太子はただちに践祚し、第百二十四代の天皇となる。具体的にいえば、葉山の御用邸で皇位を示す三種の神器（八咫鏡《やたのかがみ》、天叢雲剣《あまのむらくものつるぎ》、八坂瓊曲玉《やさかにのまがたま》）が、新しい天皇にわたされる「剣璽渡御《けんじとぎょ》の儀」が行われた。二十五日午前三時すぎのことであった。この儀式は、大正天皇の侍従から新天皇の侍従にわたされるという形をとるのであったが、新天皇はその儀式を見守り、最後に宮内大臣の牧野が新しい天皇の前で頭をさげて、天皇の地位が移ったことを確認し、新天皇はそれにうなずくという形で終わる。

この時刻、宮中の賢所では、掌典長の九条道実によって新天皇の践祚が神前において奉答される。皇位継承の儀式はさらにもうひとつの儀式によって確固としたものになる。

葉山御用邸の本邸の一室で、若槻内閣は臨時閣議を開いて元号を決める。とはいえ内閣ではすでにその元号も決めていて、それを承認するという儀式であった。この臨時閣議のあとに、新しい元号案はやはり御用邸で開かれる臨時枢密院会議に諮られ、そして決められた。

このとき倉富勇三郎《くらとみゆうざぶろう》枢密院議長は、『易経』から採った「上治」ではどうかとの対案もだしたが、政府の案どおりに決まるという経緯もあった。

政府原案の新元号は、『書経』の「百姓昭明《ひやくせいしようめい》、協和万邦《きようわばんぽう》」から採り、「昭和」というのであった。政府はこの意味を「君臣一致、世界平和」であると説明した。

十二月二十五日午前十一時に、この「昭和」という元号が公式に発表され、次のような内容の詔書も発布された。

「朕皇祖皇宗《ちんこうそこうそう》ノ威霊《いれい》ニ頼リ、大統ヲ承《う》ケ万機ヲ総《す》フ。茲《ここ》ニ定制ニ遵ヒ元号ヲ建テ、大正十五年十二月二十五日以後ヲ改メテ昭和元年ト為ス」

昭和元年とは、二十五日から三十一日までの七日間しかない。このわずかの期間にも、新天皇には幾つかの儀式や行事が続いた。二十八日には、宮中の正殿で「朝見《ちようけん》の儀」が行われる。ここには国民の代表として閣僚や文官、武官の代表者とその夫人たちが集まる。新天皇は、ここで勅語を朗読するのであったが、そこには「万世一系ノ皇位ヲ継承シ帝国統治ノ大権ヲ総攬シ、以テ践祚ノ式ヲ行ヘリ」という一節があった。

この「朝見の儀」は、臣下の者に接見し、その治世の心構えを説くという点に意味があった。若槻首相は臣下の者を代表して、奉答文を奏してこの儀式は終わった。

新天皇は、この「朝見の儀」のあとに、公爵の西園寺公望を召き、「元老として朕を補弼せよ」との勅語を発している。元老というのはとくべつに公式の職階として存在したわけではなかったし、法令にもとづいての地位でもなかった。内閣のお目付役といってもよかったが、明治期、大正期には元老といわれる重臣が九人いたが、昭和という時代にはいるこのときには、西園寺だけが存命していた。

西園寺は新天皇から、元老としての勅語を受け、昭和十五年までその地位にあって、後継首相の推薦や天皇の私的な相談にのることになる。しかし西園寺自身、八十代から九十代にかけてのことで、充分にその役を果たすことはできなかったという見方もできる。

大正天皇の霊柩は葉山の御用邸から、皇居の旧御座所に安置された。そして御大葬は、明けて昭和二年の二月七日に新宿御苑の葬場殿で行われた。この日、国民は次の奉悼歌で大正天皇の徳を悼んだ（後半の一節のみ紹介する）。

大御葬《おほみはふり》の今日の日に、流るる涙はてもなし。きさらぎの空春浅み、寒風いとど骨にはしむ翌二月八日、大正天皇の遺体は、東京府南多摩郡横山村の多摩御陵に斂葬《れんそう》された。皇太后もまた宮中から青山東御所に住まいを移された。次の時代は、新しい天皇と皇后によって導かれるべきとのけじめともいうことができた。

昭和二年は、皇室は大正天皇の喪によって過ぎていった。この年は新年の歌会始もなく、新天皇の歌も、そして皇后の歌も、皇太后の歌もない。そのことは皇室が、大正天皇への思いを大切にしつつ、次の時代への志を共に育てる期間であることを意味していたのである。この年、十二月二十五日に諒闇《りようあん》が明けた。そして昭和三年に入った。

昭和三年の歌会始の題は「山色新」である。新天皇は次の歌を詠んだ。

山山の色はあらたにみゆれどもわがまつりごといかにかあるらむ

大正から昭和という時代にかわり、山々に映える初日も新しく見えるが、日本をおさめるわがまつりごとはこれでよいのだろうか、との解釈になるという。自らに課せられている役割の重さに改めて自戒の意味がこめられているというのであった。

昭和という時代、天皇はつねにこの自戒を自らに課していくことになる。昭和という時代を貫く真摯で自省に満ちた顔が、ここからは浮かびあがってくるのであった。

即位の大礼

大正天皇の喪があけた昭和三年、昭和天皇は即位の大礼を行って、名実ともに天皇の地位に就くことになった。

即位の礼の儀式は、新しい天皇が皇室の祖先に対して皇位を継承したことを奉告するとともに、改めて国の内外に伝える意味をもっていた。即位の礼に含まれる儀式は皇室内にあって一月から行われる神事の儀式まで数えると四四回に及ぶ。しかし、即位の大礼として国の内外に示されるのは、この年十一月十日に京都御所で行われた儀式であった。御所の紫宸殿《ししんでん》で古式に則って行われるが、この儀式がクライマックスでもあった。

大礼の儀は、明治二十二年に制定された皇室典範によって定められている。皇室の長年の伝統を尊重した形で行われることになっていた。そのため天皇と皇后の鹵簿《ろぼ》は、六日朝に皇居を出発し、この日は名古屋に泊まり、そして七日に京都に入った。沿道はこの鹵簿を見守る人びとの波であふれた。この人波の中を天皇を乗せた鳳輦《ほうれん》馬車や三種の神器を納めた賢所御羽車が進んでいった。

十一月十日午後のこの儀式については、吉井道郎の一文を『昭和天皇　全記録』から引用すると、「裕仁天皇は立纓《りゅうえい》の冠に黄櫨《こうろ》染御袍《ぜんのごほう》という緑褐色の装束をつけて殿上中央の高御座《たかみくら》に立ち、良子皇后は十二単の衣裳を召して、高御座やや後方左側の御帳台《みちょうだい》に立った。皇族、外国からの王公族や大公使、使節、それに大勲位以下の臣下と、この盛儀に参列した人々は二千二百六十三人を数えた」とある。

即位の大礼で、昭和天皇は「永ク世界ノ平和ヲ保チ普《あまね》ク人類ノ福祉ヲ益サムコトヲ冀《こいねが》フ」と新しい時代を担う強い意思を示した。

即位の大礼を祝して、国内ではさまざまな行事も行われた。とくに東京や京都では街に花電車が走り、祝賀の時代行列が続くなど奉祝一色になった。それだけ新しい時代への期待もまた大きかったのである。

外国の要人からも、昭和天皇への勲章や奉祝の品々、それに祝賀メッセージが相次いで届けられた。このときの記録によると、ドイツ、中国、シャム（現在のタイ）など一五ヵ国からそうした品々が届いたとあるし、イギリスのジョージ五世からはこの国の最高の勲章であるガーター勲章も届けられたと記されている。

即位の大礼の四日後には、大嘗祭《だいじょうさい》が行われた。この儀式は、二日前の「御禊の儀」「大祓《おおはらい》の儀」から始まり、前日には「鎮祭の儀」「鎮魂の儀」と続き、そして大嘗祭に至る皇室のもっとも重要な儀式であった。しかもこの儀式に伴う所作は厳格で、細心の注意が必要とされた。

天皇にとって、即位の大礼に続く大嘗祭こそ皇統を継承するという責任の重さを自覚する儀式でもあった。

このときの天皇は、一挙手一投足にその自覚を示す表情を崩さなかった。皇太子時代に東宮侍従の職にあり、この即位の大礼や大嘗祭でも裏方として仕えた岡本愛祐《おかもとあいすけ》は、「私たちは陛下のお身体を心配しました。それほどお忙しい日程でしたから……。時代の変わり目ということもあり、そのころ日本の社会は大変な不況のときでしたから、全体に儀式は質素に、そして厳粛にと心がけておられましたね」と私に証言している。

岡本によるなら、「新しい時代の天皇としての心がまえは牧野伸顕や西園寺公望といった人たちにはお伝えになったでしょうが、一奉職者にはそのようなことは洩らさない」と前置きして、次のような証言も行っている（昭和六十三年）。

「私たち侍従にもわかったことですが、即位前後から、とくに陸軍が宮中のなかに口を挟んでくるようになった。たとえば、陛下は一週間か二週間にいちど生物学のご研究所へお訪ねになる。それがお楽しみでもあったんです。それを陸軍がいかんといいだしたのです。それに政務室ではいつも軍服でというようなことも伝えてくるわけです」

牧野は宮内大臣としての立ち場から、珍田捨巳（昭和四年一月に死去、この後任は鈴木貫太郎）は侍従長という立ち場で、このような相次ぐ申し出をやんわりと拒むということもあった。即位後は軍部（とくに陸軍）の圧力が公然と宮中に押し寄せてきたともいえた。この圧力は昭和十年代まで続きやむことがなかったのである。

天皇にとっては、この圧力にどう抗するかが初めての試練でもあった。

この年六月に、中国の東北部で力をもっていた軍閥張作霖《ちょうさくりん》が、奉天《ほうてん》（瀋陽《しんよう》）郊外で、その乗車していた列車が爆破され死亡するという事件が起こった。この事件は、関東軍高級参謀の河本大作《こうもとだいさく》らによってひき起こされた、いわば日本側の謀略だったのである。

この事件の第一報を耳にした西園寺は「これは日本の陸軍が起こしたのでは——」と洩らした。実際にその不安はあたっていた。

関東軍は中央には偽りの報告を送ったが、陸軍の指導者も西園寺と同じ疑念をもった。首相であり、陸相でもあった田中義一《たなかぎいち》は、その不安が昂じて調査団を現地に送ったり、自らの調査網で調べたりもした。その謀略がわかったとき、田中はどのように天皇に報告すべきかを西園寺に相談している。西園寺は、事実の公表、責任者の処罰を天皇に報告するよう促した。

ところがこのころは、前述の即位の大礼の直前にあたっていた。そのため田中は、即位の大礼が終わって、天皇が東京に戻って日程も落ち着いたときに上奏したのである。それが十二月二十四日であった。田中の上奏内容は、さらに調査中であり、もし日本側軍人の行為と確認されたら、法に照らして処罰する旨の約束を含んでいた。

田中は昭和四年六月に改めてこの件で参内し、陸軍内部に犯人はいない、事件は警備上の不備であるがゆえに、その面で責任者の処罰を行いたいと上奏している。陸軍内部の中堅幕僚や政党の親軍派議員の圧力に負けたがゆえの結論であった。田中の上奏のあと、日を改めて陸相に就任していた白川義則《しらかわよしのり》が河本らへの行政処分という軽い措置を上奏している。

天皇は、田中や白川のこうした上奏内容に激怒している。すぐに田中を呼び寄せると、「初めに言ったことと違うのではないか。それで軍紀は維持できるのか。もう田中の言うことは聞きたくない」と激しく叱責した。田中は宮中から退出したあとに、すぐ内閣総辞職の手続きをとった。

前述の岡本愛祐の証言をさらに紹介するなら、「陛下は嘘が大嫌いです。田中さんは、結果的にその嘘をついてしまったことになったのですから、陛下のお怒りはとくに激しかったとそのころは侍従の間では語られていました」という。そしてこのことがもっとも大切なのだが、と断ったうえで、

「陛下はお若いときから日本に資源がないということをよくわかっておられました。資源をどうしても外国に求めなければならないだけに、万国平和、国際親善、それを満たしていなければならない。他国を侵略して、領土を広めて資源をとるなどというのは邪道だということを若いときからおっしゃっておられました」

とも話している。即位のあとのこの出来事は、天皇には許しがたい暴挙そのものだったのである。それにしても、田中に対しての叱責は厳しいものであったが、結果として田中も二枚舌を使うような形になったがゆえにひたすら謹慎の生活を送ることになった。

天皇もまたこのときの自らの言動を気に懸けていた。平成二年に明らかになった『昭和天皇独白録』では、この経緯を語ったあとで、「私は田中に対し、それでは前と話が違ふではないか、辞表を出してはどうかと強い語気で云つた」と話している。そのうえで、

「こんな云ひ方をしたのは、私の若気の至りであると今は考へてゐるが、とにかくそういふ云ひ方をした。それで田中は辞表を提出し、田中内閣は総辞職をした」

とも明かしている。親任しないから辞職しろ、と命じたのは天皇自身だったということにもなる。昭和五十年代の記者会見でも、「あのときは自分もまだ若かったので言い過ぎた。田中総理にはもう少し

言いようもあったと思う。立憲君主としては、言い過ぎであったかもしれない」と答えている。

即位してからのこの初めての試練で、天皇は二つのことを学んだように思う。ひとつは、自らの感情を直接顕わにしてはいけない、もうひとつは、立憲君主制という立ち場を自らに課している以上、直接にその任免を口にしてはいけない、この二点である。

昭和三年から四年にかけて、天皇は、即位の大礼という儀式を着実に終え、そしてこの国の主権者としての身の処し方を自ら学びとっていった。このことがその後の昭和という時代の方向を決定づけることにもなった。軍部はそのような天皇の自制にみちた言動や理念を正確に知ろうとしなかったのである。

ロンドン軍縮会議と統帥権

天皇は公式には自らの意思を示すことはできない。日々、どのような考えをもっているか、国民に対して抱いている感情を発表することはできない。

しかし毎年、年の初めに行われる宮中歌会始の御製によって、そのような感情を窺うことができる。あるいは、折々の率直な気持を歌に託して国民に伝えているともいえた。そこで昭和四年、五年、六年の歌会始の御製を初めに紹介しておきたい。

昭和四年「田家朝」

都いでてとほく来ぬれば吹きわたる朝風きよし小田のなか道
昭和五年「海辺巌」

磯崎にたゆまずよするあら波をしのぐいはほの力をぞおもふ
昭和六年「社頭雪」

ふる雪にこころきよめて安らけき世をこそいのれ神のひろまへ

このころ天皇は二十七歳、二十八歳、そして二十九歳になるのだが、いずれの和歌も自然を題材にしながら自身の感情を率直にあらわしていることがわかる。昭和六年の「社頭雪」の題で詠んだ歌には、皇居の自然に囲まれた静かな空間の中で、降る雪に心が清められていく心情が託されているし、そして平安な世を祈っているという思いがこめられている。

だがこうした平安な気持は必ずしも満たされたわけではなかった。

国際社会と日本の政治・軍事の間に少しずつ亀裂が生まれていたからである。天皇にとって、心の安まる状態ではなくなっていった。

昭和五年三月にロンドンで開かれた軍縮会議は、八年前のワシントン軍縮会議を受けて、こんどは巡洋艦や潜水艦などの比率を主要五ヵ国で決めようというものだった。日本側は補助艦や巡洋艦を対米比率七割を方針にして臨んだが、結局アメリカ、イギリスの論を受けいれ、巡洋艦は六割二分、補助艦も六割九分七厘で合意に達した。

このころ日本の景気は後退していたし、天皇の意思も国際協調路線にあるとみていた浜口雄幸《はまぐちおさち》内閣も調印を指示した。ところがこの政府の決定に海軍内部に反対の声が起こった。「政府は本来このような軍備に関する決定は軍令部に相談しなければならないのにそれを怠った。これは天皇の統帥権を犯すものだ」という論をふり回し、対米英協調路線をとる浜口内閣に反対したのである。

その後、海軍内部の強硬派の圧力や右翼テロによって浜口内閣は倒れる。そして海軍の穏健な将官たちも強硬派に押されて現役を離れることになった。

このプロセスで浮きぼりになったのは、「統帥権干犯」という語である。天皇はこの国の主権者として軍事上の大権（統帥権）をにぎっているが、それは大日本帝国憲法の第十一条（「天皇ハ陸海軍ヲ統帥ス」）や第十二条（「天皇ハ陸海軍ノ編制及常備兵額ヲ定ム」）によって明確になっているという考え方が一般的であった。ロンドン軍縮条約への政府による締結指示はこれに反して統帥権を干犯しているというのが強硬派の主張だったのである。

天皇が、こうした内部事情にどのような判断をもっていたかは定かにはわかっていない。ただ強硬派の軍令部次長・末次信正《すえつぐのぶまさ》の態度には不快感をもっていた。政府側の見解にひそかに信を寄せていたことだけはまちがいない。

平成二年に明らかにされた『昭和天皇独白録』で、このことだけは明確に明かしていたからである。天皇は次のように話している。長くなるが、重要な指摘なので引用しておかなければならない。

「当時軍令部次長の末次は、宮内省御用掛として私に軍事学の進講をしてくれてゐたが、進講の時、倫敦会議に対する軍令部の意見を述べた。これは軍縮に対する強硬な反対意見で加藤《かとう》（寛治《ひろはる》）軍令部長の上奏内容とは異るものであつた。そして末次は後で加藤にこの事を話したと見え、加藤は軍令部の意見が図らずも天聴《てんちょう》に達し云々の言葉を用いて辞表を直接私の処に持つてきた。末次のこの行為は、宮中、府中を混同する怪しからぬことであると同時に、加藤が海軍大臣の手を経ずに、辞表を出した事も間違つてゐる。私は辞表を財部《たからべ》（彪《たけし》・海相）に下げたら、財部は驚いて、辞表はどうか出さなかつた事にして頂き度いと云つた。

当時海軍省と軍令部と意見が相反してゐたので、財部としてはこの際断然軍令部長を更迭して終へばよかつたのを、ぐづ〳〵してゐたから事が紛糾したのである」

この証言から幾つかの事実がすぐに浮かんでくる。


㈠末次に代表される統帥権干犯とさわぐ勢力に反対していた。

㈡軍令部長の加藤は、実際には強硬派に近かったが、天皇に提出した上奏文の内容は、末次と異なって穏便な表現になっていた。

㈢加藤は末次の意見がすでに天皇に届いていることを知り、異なった内容を上奏したために、天皇に辞表を提出した。

㈣加藤は財部海相に事前に相談しないで天皇に辞表を提出したが、天皇はあえて財部にそれをつき返した。

㈤財部は海相として、加藤を自らの手で早急に更迭すべきであった。

この五点をさらに深く考えていくなら、天皇は、自らの立ち場を明確に保っていることがわかってくる。その本心は、ロンドン軍縮条約を締結した政府に賛成であり、軍令部（以下、統帥部と記すこともある）の動きに反対である。同時に、次のことが理解できる。

〈政治や軍事の正規のシステムにもとづいて、然るべき立ち場の者が正確にその手続きを守ってほしい〉

天皇が、財部海相に伝えたのはその意味である。軍令部長が独断で辞表を私のところにもってくるのは、正規の手続きに則っていないではないか、というのであった。財部が、天皇のその言に「辞表はどうか出さなかつた事にして頂き度い」と答えたことに、天皇は不信感をもったのである。

昭和二十年八月までの、いわゆる昭和前期は、客観的にみても軍事独裁という方向が明らかである。結論めいた見解を紹介しておくが、そういう事態や方向は、天皇の本意ではなかったことは確かに裏づけられる。

ロンドン軍縮条約の締結にあたって、天皇は自らの本心を直接には明かしていなかった。もしそれを明かして政治、軍事指導者に伝えたら、つい一年前の田中義一内閣の倒閣までのプロセスと同じようになってしまうと考えたからであろう。

〈私は立憲君主制の原則を守っていきたい〉

との天皇の姿勢は、君臨はするけれども統治せず、というだけではなく、臣下の者が起案しまとめてきた上奏案をそのまま裁可するというのが自らに課せられた役割と考えていたのである。

臣下の者はそのことをわかってほしい、その意を汲みとってほしい、というのがこのときの天皇の意思だったともいえる。天皇のその意を汲みとっていたのは、宮内大臣の牧野伸顕であり、侍従長の鈴木貫太郎であった。牧野はことあるごとに、天皇に立憲君主制を説き、鈴木はまた臣下の者に常に陛下の意を汲むようにとの助言を続けている。

ロンドン軍縮条約締結時の鈴木の動きがそのことをよく示している。

軍令部長の加藤寛治は、浜口首相が条約締結との回訓案を上奏するのを知り、その前に、自分は反対するの文案をつくり、単独上奏を願いでている。これを鈴木は押しとどめている。『昭和天皇独白録』で、解説を担当している作家の半藤一利は、「鈴木侍従長が海軍の先輩として諭して思いとどまらせた。加藤は納得してさがり、翌二日に、おだやかな意見に内容を改めて上奏することとなった」とその経緯を書いている。

鈴木は、このように天皇の意思をよく理解していた。だが末次は、鈴木のルートで上奏したのではなく、ご進講のときに一方的に天皇にこの条約に反対との意思表示を行っている。天皇はその意見を不快に思って聞いていたのである。

天皇はこの段階でふたりの信頼できる臣下の者を有していたが、とくに鈴木は、幼年期の養育掛であった足立たかが夫人でもあり、特別の親近感をもっていた。このようなバランス感覚をもつ側近が、臣下の者の暴走を止めようとしたにもかかわらず止める力がなかったというのが昭和前期のありのままの姿ともいうことができた。

天皇の歌会始の御製は、昭和六年に「安らけき世」を祈り、四年、五年とは明らかに異なる心境を窺わせている。昭和七年には、

ゆめさめてわが世を思ふあかつきに長なきどりの声ぞきこゆる

と詠んだ。昭和八年に詠んだ歌にも、「波たたぬ世を」という語がはいっている。

この三年間、つまり昭和五年、六年、そして七年は、天皇にとって軍事が前面にでるきわめて不本意な時代という意味が隠されている。そのことを改めて知っておく必要があるように思う。とくに昭和六年、七年は、昭和史の転回点にもなっていったからである。

満州事変への危惧

天皇は、侍従たちとくべつに親しい会話を交すわけではなかったが、日々の執務の間になにげなく話しかけるときもあった。またときに常侍官候所《じょうじかんこうしょ》を訪ねることもある。そこで侍従や侍従武官と談笑に似た空気をつくることもあった。

昭和初年代の侍従には、東宮御学問所時代の学友である永積寅彦のような者もいた。天皇にとって、幼なじみの永積との会話は日々の疲れを癒すことにもなっただろう。その永積が著した書（『昭和天皇と

私』）には、昭和五年、六年のころのエピソードも幾つか紹介されている。

ある年の梅雨時に、空に雲ひとつない日があった。永積が、

「今日はカラッとして、いい天気になりました」

というと、天皇はすぐに、

「雨が降る時は降らなくちゃいけないし、暑い時は暑くなくちゃ困るんだよ」

と答えたという。

天皇は、毎年の農作物の収穫について考えていたのである。このころは東北や信越地方で凶作や旱魃《かんばつ》が続いていて、農業恐慌が頂点に達しつつあった。不順な気候になると、また農作物の収穫が落ちるのでは……と案じていた。台風が来れば、進路をどのようにとるか、あるいは地震があれば、震源地はどこか、その規模はどのていどか、と侍従に気象庁に電話をして確かめるように促した。台風や地震の被害については、とくに気に懸けていて、内務省からの報告を丹念に読むのが習慣になった。

天皇は、内閣や陸海軍の統帥部からの資料は細部にわたって読むのが常であった。内閣から届く書類箱はニス塗りで、菊の御紋がついている。陸海軍からの書類は、黒い箱に入っていて、陸軍と海軍に分かれている。年度末になると、これらの書類箱には、書類が山積みになる。一箱では足りずに二箱、三箱と重なる。しかも書類には、付属書類が添付されていて、一通が五、六センチの高さになる場合もあった。

その付属文書のすべてに目を通すことは至難のことだった。裁可の日程が詰まると、書類のすべてを読まなくてもいいように、末尾の部分に法律案なら立法理由がまとめられているが、それでも必ず全ページに目を通したという。

永積は、その自著のなかで次のように証言している。

「書類だけでおわかりにならない時は、『これはどういう意味だ』ということをおっしゃっていました。たいてい、各省まで直接問い合わすわけじゃなくて、われわれ侍従から内閣書記官に電話して、間接になりますが、内閣から説明を聞いて申し上げるということでしたね」

この書類は裁可しないと拒否したら、天皇は自らの大権を臣下の者に託したことにはならないために、現実にはどのような書類も拒めなかった。つまり「君臨すれど統治せず」という原則に忠実だったことになる。しかし、天皇にとって納得できない案件や法案、それに「お伺い」の書類に関しては相応の意思表示をしていたのである。

これも侍従のひとりの証言であるが、そのような不本意な書類は常に書類箱の下に再び戻される形になった。裁可されるまでに時間がかかったという。

すでに紹介したように、昭和七年の御製（「ゆめさめてわが世を思ふあかつきに長なきどりの声ぞきこゆる」）は、昭和六年の心境を歌ったのであったが、その意味は「夜半に目覚めて、わが統治する世はこれでよいのであらうかとあれこれ思ひめぐらしてゐるうちに、いつしか朝になつてしまつた。鶏の声が聞えてくることよ、の意」であるとされている（鈴木正男『昭和天皇のおほみうた』）。世相に対しての不安を正直に歌っていたのである。

その不安は、昭和六年九月に起こった満州事変に端を発している。すでに明らかなように、この事変は関東軍高級参謀の石原莞爾《いしはらかんじ》が中心になって計画し、実行したもので、日本側の謀略工作といえた。九月十八日夜、関東軍参謀たちが日ごろから考えていた「満州制圧計画」にもとづき、この謀略工作は始まった。石原が意図したように柳条湖《りゅうじょうこ》付近の南満州鉄道爆破を機に、日本軍と中国軍の衝突が始まっている。陸軍中央はこの計画を直接には知らなかった。ただし、参謀本部の一部にはこのような計画があることは知られていた。

もとより天皇はこうした計画を知る由もなく、満州で関東軍と中国軍が衝突を起こす予兆などのような報告も受けていなかった。

当初若槻内閣は満州事変と名づけられたこの軍事行動が、拡大することに強い懸念をもっていた。とくに外相の幣原喜重郎《しではらきじゅうろう》は、国際社会との協調を考え、外交ルートでの解決を主張していた。事件が日本側の謀略によるとの事実は、政治指導者の間にも少しずつ知られていったのである。若槻首相は、九月十九日午前中に参内して、天皇に対し、「この事件は拡大の方向にはなく、政府としても不拡大の方針を堅持したい」との内容を上奏した。それがこの段階での若槻の正直な感想でもあった。

天皇は、若槻のこの報告に全面的に同意し、喜びの表情を浮かべたと伝えられている。

ところが、陸軍中央は必ずしも不拡大の方針ではなかった。現地の関東軍の参謀たちは、軍事行動を拡大させ、満州全域を制圧しようと考えていた。それに同調する参謀本部や陸軍省の幕僚たちも多く、陸相の南次郎《みなみじろう》へ伝えられた天皇の憂慮などまったく考慮しなかった。あまつさえ、幣原外相の外交交渉で解決をという考えに、「軟弱外交ではないか」と激しい批判を浴びせる事態になった。

九月二十一日、陸軍の拡大方針があからさまになる出来事が起こった。朝鮮軍司令官の林銑十郎《はやしせんじゅうろう》が独断で混成旅団を満州にむけて送りこんだ。参謀本部は中止命令をだすが、すでに旅団は奉天にまで一気に進撃していたのである。関東軍と朝鮮軍との間に密約に類する諒解ができあがっていたと窺わせる行動であった。さらにこの日、中国は国際連盟に日本軍のこうした行動について提訴する手続きをとった。関東軍の拡大の意向と統帥を犯す朝鮮軍の行動、それに国際社会での孤立という状況が、事変発生から三日目には明らかになった。

天皇は、陸軍のこうした行動になおのこと不快感を示し、南を呼んで、「すべての非が相手にあるというのでは円満な解決はできない。軍紀もまた厳重に守らなければならない。明治天皇が創設された軍隊にまちがいがあっては、自分としては申しわけがない」と注意を与えている。南は拡大の方向を抑えようと試みはするが、しかし関東軍はさらに満州内部に兵を進める事態に進んだのである。

昭和六年九月十九日に報告を受けてから二十二日ごろまで、天皇は、明らかに激怒の感情を示していた。それは多くの資料や証言によってもあますところなく裏づけられる。

侍従武官長の奈良武次《ならたけじ》は、二十一日に天皇の政務室に伺候したとき、ドアの前に立ってノックをしようとすると、なかから天皇の声高のひとりごと、そして苦慮するときに部屋を歩き回るその靴音が聞こえて愕然となったと書きのこしている。

「……またか、また、こういうことなのか」

と天皇はひとりごとをつぶやいていたというのである。もとよりこのことは、張作霖爆殺事件の折の自らの判断を自省しつつ、しかし強く意思表示をしなければならないが、それでは立憲君主の政体に反するのではないかとの悩みでもあった。

もっと簡潔にいうならば、どうして輔弼《ほひつ》、輔翼《ほよく》の任にある者は私の気持がわからないのか、という怒りであった。

侍従であった岡本愛祐の証言によれば、天皇は陸相の南に巷間語られている以上に、強い口調で朝鮮から「満州」への越境を叱責したというのである。

「このことは非常にお怒りになって、すぐ撤兵させよ、とおっしゃったけれど、ところがなかなか兵を引かない。上層部がすぐにそのようにいたします、といいながら、軍人の若い連中が聞かない。それでとうとう錦州にまで進むことになった」

岡本の直話を確かめたのは、昭和六十三年秋のことだったが、「当時の陛下のお怒りは今なおよく覚えている」とも話していた。

昭和六年九月の満州事変は、昭和史の上でも大きな出来事として記録されている。その後の運命を形づくることにもなったからだ。だが、このときもっとも明確に「反対」の姿勢を示していたのは天皇自身だったのである。

岡本は、天皇から直接に次のような苦衷《くちゆう》を聞いたとも証言している。

「夜も寝られない。こんなことでは国を滅ぼすことになる。皇祖皇宗から引き継いだ日本国を滅ぼすことになっては、祖先に対してまことに申しわけない。ことに国民に多大な犠牲を払わせることになる。それはとてもしのびない」

そして煩悶の表情でなおも怒りの言を口にし、部屋を歩き回られたというのである。

昭和六、七年の煩悶

満州事変は、内にあっては陸軍の発言力が強大になることを意味し、外にあっては国際連盟での孤立という状況を生んだ。

天皇は、陸軍の軍事力が拡大し、そして国内政治のすべての面に口を挟んでくることに強い懸念をもっていた。実際に政府が結果的に関東軍や朝鮮軍の行動を承認することになると、天皇もその方針を裁可する以外になかったのである。この場合、天皇が積極的に関東軍の行動を是認したかのような論もしばしば強調されているが、それは誤りだといっていい。なぜなら天皇は政府が閣議決定をもって裁可を求めてきたときに、それに異を唱える政治姿勢をもつことを事実上自制していたからである。

天皇が、満州事変後の政治状況にいかに心を悩ましていたかを裏づける証言は幾つもある。たとえば元老の西園寺公望は昭和六年十月初めに、単独で拝謁している。政治顧問というべき立ち場の西園寺は、天皇から直接その胸中を聞かされている。

『西園寺公と政局』（第二巻）には次のように書かれている。

「どうも国際聯盟の問題は気になる。或《あるい》は経済封鎖でもされたり、それからそれへと考へると、日本の立場は非常にデリケートであつて、この際どうなるか頗《すこぶ》る心配である。それであるから、総理大臣なり、陸軍大臣なり、外務大臣なりを一緒に呼んで、一つ訊ねてみようか」

この懸念に対して、西園寺は「直接の責任者を呼ばれても、おの〳〵の責任者の意見が違ふ場合は、かへつてよくないと思ひますから、おきゝになることはおやめになつた方がよいと思ひます」と勧めている。西園寺は拝謁のあと秘書の原田熊雄に、「陛下にはこのように話したので、あまり御心配にならないようにと事情を話してくれ」と外務大臣の幣原喜重郎に伝えるよう指示している。

西園寺は、天皇の懸念に充分答えたことにはならないのだが、そのことを自らも不安に思ったのだろう。原田には、「明治天皇の欽定《きんてい》憲法の精神に瑕《きず》をつけないやうにすることと、それから国際条約の遵守といふこととが、今日自分の陛下に尽《つ》す途であつて、国家をして誤らざらしめんとするならば、この二点を以て自分の重大な責任としなければならないと考へてをります」とつけ加えたと天皇との会話を明かしている。

西園寺のこの言に、天皇は「至極御満足」の様子を示されて「尤《もつと》もだ」と言っておられたとも伝えている。

西園寺や牧野伸顕、それに侍従長の鈴木貫太郎などは、天皇の「明治天皇の欽定憲法に瑕をつけないこと」と「国際条約の遵守」という二大原則を忠実に守ろうと努めた。天皇もこうした股肱《ここう》の臣と心を一にして事態に対応しようとしていた。

ところが軍部はこの二大原則にきわめて無頓着であった。歴史の年譜をなぞることになるのだが、陸軍がつくりだす既成事実はこの原則に逆行する方向に進んだ。陸軍の陰謀や軍事行動の暴走について、国民には中国軍の爆破により日本軍への不法攻撃が始まったと伝えられていたせいもあり、陸軍の意図する方向を支持する方向に進んだ。

国際連盟は、満州問題調査委員会を設置し、イギリスのリットン卿を代表とする調査団を東京や中国、それに満州事変の現場へと派遣した。昭和七年二月のことである。このころ関東軍主導による満州国建国の発足もあり、国際社会では日本への風当たりも強くなった。こうした建国が中国側の全面的な同意がなかったという意味では、日本はたしかに弱味をもつことになったのである。

リットン調査団の報告は、この年十月にまとめられて公表された。その内容は、この事件は日本側に責任があるといい、満州国とされた中国の東北地方三省を中国の主権下にあると認めたうえで、日本を中心に列強の国際管理下に置くというのである。軍部にとっては、容認できない内容だと不満が生まれ、その声は政府内部や国民のなかにも広がった。国際連盟脱退が声高に叫ばれ、それはしだいに国策そのものへ影響を与えることになった。

国際連盟総会で、この報告書の採択が可決されると、松岡洋右《まつおかようすけ》代表はこれに納得できないとして脱退を通告、そして日本は昭和八年三月に正式に離脱することになった。この正式離脱の前から、関東軍は独自に熱河作戦を始めるに至った。たしかに軍部は独自に軍事政策を進める事態になった。

この期の首相や陸相、それに参謀総長など政治、軍事の指導者は、こうした作戦に批判的でさえあった。それは天皇の意思を直接になんども確認していたからである。

現実に、天皇は日々焦慮と懸念を隠さなかった。「現実」が自らの考えていることと異なる方向に進んでいくとの不安ももった。実は、天皇はリットン報告書について、国策とされた方向とはまったく別な考えをもっていた。そのことが明らかになったのは、『昭和天皇独白録』が公表されたときである。そこでは、次のような考えが明かされた。

「例へば、かの『リットン』報告書の場合の如き、私は報告書をそのまゝ鵜呑みにして終ふ積りで、牧野、西園寺に相談した処、牧野は賛成したが、西園寺は閣議が、はねつけると決定した以上、之に反対するのは面白くないと云つたので、私は自分の意思を徹することを思ひ止つたやうな訳である。（以下略）」

牧野は賛成したが、西園寺は閣議で決まったことだから反対しないほうがいいと助言したことになる。加えて、田中内閣総辞職の例を踏まえて、閣議の決定に「意見」は言うが、「拒否」は言わないことにしたとの考えも明かしていて、政府に、リットン調査団の報告書を受けいれてはどうかとは勧めなかったという事実も語っている。

このリットン調査団の報告が明らかになり、日本が国際連盟でそれは受けいれられないといっているころ、つまり昭和七年十一月ころということになるのだが、日本社会はあまりにも不安定な世相をえがきだしていた。

この年二月、三月には前大蔵大臣の井上準之助《いのうえじゅんのすけ》、三井財閥の団琢磨《だんたくま》がテロリストによって暗殺されている。五月には、陸軍の士官候補生、海軍士官、それに農民らによる犬養毅《いぬかいつよし》首相襲撃事件（五・一五事件）が起こっている。この事件の被告たちを裁く法廷は、彼らの行為が「無私」のものであり、政治の側の腐敗に対しての憤りを代弁しているとして、判事も検察団も異様なほど同情的であった。全国で減刑運動が起こり一〇〇万通を超える嘆願書が集まった。

こうした広がりには、もとより軍部の意図した国民運動が伏線になっていたのだが、その状態はまさに異様な熱気を含んでいた。

この昭和六年、七年という時期は、軍部の中堅幕僚や青年将校が内々にクーデター計画を練るなどして、政治を軍事の下に従属させようとの動きが活発で、それがいつ爆発してもおかしくない状況が生まれていた。昭和八年には、軍部の指導者はこうした状況を利用しながら、閣議でも発言力を強めていった。

そのような状況は、天皇の意に反するだけでなく、天皇の側近たちにも不安を与え続けた。

五・一五事件後、後任の首班指名にあたって、天皇はその推挙にあたる西園寺に内外の収拾を図るために首相にはいくつかの条件を満たす人物をとひそかに伝えていた。そこにあげられた条件は、天皇の悲痛な願いということができた。その条件を整理してみると以下のようになる。

一、首相は人格の立派なるもの。

二、政治の弊を改善し、陸海軍の軍紀を振粛するは、一に首相の人格如何に依る。

三、ファッショに近きものは絶対に不可なり。
四、憲法は擁護せざるべからず。然らざれば明治天皇に相済まず。
五、外交は国際平和を基礎とし、国際関係の円滑に努むること。

この考えに西園寺も同調していた。しかし、長い目でみる限り、天皇のこうした考えは一歩一歩崩されていった。そこに日本の悲劇があったのである。

なぜ崩されていったのか。崩していったのは軍部ということになるが、とくにこの期には中堅幕僚が率先して政治を押えていった。その点が解明されなければならない。

私はこの三〇年余にわたり、軍事指導者や中堅幕僚に「なぜあなたたちは聖慮を正確に受け止めなかったのか」と尋ねてきた。その結果、彼らが「大善」と「小善」という考えをもっていたことがわかった。軍内の秘密結社・桜会《さくらかい》の会員だったある軍人は、「軍人勅諭《ぐんじんちょくゆ》に忠実なだけでは小善であり、さらに陛下のお心を安らかにするためにもっと一歩前に出て、この国を一等国にするのが大善であると考えていた」と語っていた。大善を果たすのが軍人の務めだったという。

今にして思えば、こうした独善的な考え方が、天皇の意になんら則っていなかったことになる。むしろそれは、天皇に多大の負担をかけることになったのである。

皇太子ご誕生

昭和八年一月の歌会始の折に天皇が詠まれた歌は、

あめつちの神にぞいのる朝なぎの海のごとくに波たたぬ世を

というものだった。この御製にとくべつな解説は不要で、心から「波たたぬ世を」という強い願いが率直にあらわれている。

しかし、この願いとは別に、現実は苛酷な方向に進んだ。陸軍の軍人たちが抱いていた「大善」という独善的な考えにふり回されることになったからである。

一方でこの昭和八年は、皇室にとって慶事もあった。皇太子殿下の誕生である。

この年十二月二十三日午前六時三十九分、天皇と皇后の間に初の親王が誕生した。大正十三年の御成婚から数えて一〇年目であった。この間、四人の内親王が誕生されているが、大日本帝国憲法第二条には、「皇位ハ皇室典範ノ定ムル所ニ依リ、皇男子孫之ヲ継承ス」とあり、この期には皇統の継承者として親王の誕生が望まれていたのである。

御産殿として奥御殿の北にある御静養室があてられたが、この近くにある控え室には皇后宮職で侍従の黒田《くろだ》長敬《ながたか》や産婦人科以外の侍医たちも詰めていて、誕生の一瞬を待っていた。天皇の侍従も詰めていた。そのひとりである永積寅彦は、『昭和天皇と私』のなかで、次のように話している。

「お産室からいよいよお誕生になったという報せがあると、黒田さんのところにいろいろな札が用意してあったんですよ。『皇男子ご誕生、御母子ともにご健全にあらせらる』とか、『女子ご誕生』というのも用意してあって、その外に白紙の札も用意してあったと思いますが、その札をもって、黒田さんが事務官室……侍従職、皇后宮職、両方一緒ですが、事務官室にみえるんですね」

事務官室から官房や総務課などに知らせるのだという。永積は、「陛下に申し上げる」役を担った。永積は、「皇男子ご誕生」の札をもって、事務官室から侍従たちの詰め所を通り、表御座所の二階に走った。天皇に初めて伝える役に緊張していたとも証言している。

「二階に上がって、ノックして……『皇太子殿下ご誕生でございます』と申し上げたわけです。そしたら、『それはよかった』とおっしゃって、大層お喜びでした。『御母子ともにご健全にあらせらる』ということまで読んだわけですね」

永積の証言は、天皇に初めて「皇男子ご誕生」を伝えることになった折の興奮をあらわしている。これまでの説では、「産湯をお使いになるとき」に侍従長や宮内大臣、内大臣が確かめて、侍従長の鈴木貫太郎が、「たしかにお印を拝見しました」と申し上げたと伝えられているが、最初に伝えたのは実は永積だったという。当時の憲法や皇室典範を意識しているためか、天皇をはじめ皇族や政府関係者も率直に喜びをあらわしたと証言している。

皇太子誕生は、すぐに宮内省からも発表された。東京市内でサイレンが一〇秒間隔で一分間ずつ二回鳴ったというし、当時普及しはじめていたラジオでも「臨時ニュース」でこの報が流された。新聞もまた号外をだしたが、人びとの間では奪いあうようにして読まれたというのだ。東京市民の提灯行列が幾重にも宮城前広場を埋めることになった。

命名の儀式は一週間後の十二月二十九日に行われ、名は明仁《あきひと》、幼名は継宮《つぐのみや》と命名された。宮内省は、身長五〇・七センチ、体重は三二六〇グラムで順調にお育ちになっていると国民に知らせた。そして名と幼名は、天皇が明治天皇の明治三年一月三日の詔書から選ばれたと発表した。

皇室は、こうして皇統の継続を国民に明らかにすることで、新たな時代にはいることを約束したのである。

たしかに時代はいくぶん暗いニュースが多かった。軍事が主導になるという時代に伴いがちの重苦しさが、日本社会には流れていて、国民にもそのような重圧が感じられつつあった。それだけに皇太子誕生の報は、国民の間に心を和ませる空気をかもしだしたのである。

天皇と皇后には、昭和十年十一月二十八日に第二皇子が誕生された。御七夜にあたる十二月四日には、命名の儀が行われ、宮内省からは「御名ヲ正仁《まさひと》ト命セラレ義宮《よしのみや》ト称セラル」と発表されたが、その出典は「孟子」と「礼記」と伝えられた。

皇子と三人の内親王という家族の姿は、昭和八年、九年ごろにはときに新聞などで報じられることもあった。だが天皇は、昭和十年代の「ある時期」からは二人の親王と三人の内親王とともにしばしば

「家族」という単位で国民の前に姿をあらわすように配慮している。とくに昭和十三年、十四年のころに皇后とともに姿をあらわして、国民の声にこたえるような心くばりもしている。

それがもっとも明らかになったのは、昭和十五年二月十一日の紀元節での記念式典であった。奉祝会のあと、夜間になると、皇后とふたりの親王、そして皇女たちは宮城前に集まった国民の前に「家族」として姿をあらわした。その姿を夜目に見て、国民のなかには涙を流す者も多かった。

なぜ天皇は、皇后や親王、内親王が国民の前に姿をあらわす心くばりをしたのだろうか。そのことを正確に解明する資料はないが、容易にいくつかの推測はできる。天皇は、国民に「家庭」の姿を見せることで、名実ともに君民一体という考えを示したとも推測できるし、皇后が国民の前に出ていくことで、「家庭」という国の最小単位を改めて確認するとの意図があったようにも思える。

もとより天皇と皇后、親王や内親王が、ことあるごとに宮殿に姿をあらわしたのではなく、この国の重要な節目の行事や祝賀会のときに限ってのことであった。

こうした意図を考えていくと、天皇は昭和十年前後の政治や軍事の情勢に多くの不満をもっていたのではないかとの思いが伝わってくる。昭和九年に、天皇は皇太子誕生の慶事を企業や商人が商売や売名のために利用する風潮が一部にあると憂いている。このころになると、国体明徴《こくたいめいちょう》運動や天皇機関説排撃運動が広まっていく。そうした動きは、天皇神格化という方向に進むのであったが、そのような方向に、天皇自身は納得していなかったという見方ができる。

国体明徴運動や天皇機関説排撃運動は、形を変えた軍部の思想攻勢の意味があった。これに政党の側が政争という思惑で加わったという側面もあった。

天皇機関説排撃運動を例にとると、昭和十年二月十八日に貴族院で美濃部《みのべ》達吉《たつきち》博士の天皇機関説を「不敬の学説」として攻撃した菊池《きくち》武夫《たけお》の演説にはじまる。菊池は陸軍を中将で退役した軍人であった。この攻撃演説を機に、貴族院や軍部などからの弾劾がはじまっている。美濃部学説はすでに学界でも定着していて、国家は法人であり、天皇はその最高機関として主権を有しているというのは一般的な理解であった。

これに対して菊池らの軍人出身の貴族院議員は、天皇神権説という立ち場から、天皇神格化をめざしての質問を続け、あまつさえ美濃部を不敬罪で告発する挙にも出た。

二月二十五日に、美濃部自身が貴族院で「一身上の弁明」として持論をわかりやすく、しかも一時間余をかけて説明した。だがこのような正論も、攻撃の側にはなんら効き目がなく、天皇陛下を機関車にたとえるとはなにごとか、と言葉の問題として国民を煽動したのである。それを野党の政友会が議会で政府攻撃に利用する事態になった。

天皇は、天皇神権説に不満をもっていた。自らの存在は機関説である、という立ち場に忠実であった。侍従武官長の本庄繁《ほんじょうしげる》は、前任者の奈良武次と違って、陸軍の天皇機関説排撃運動に加担する側にいた。皇道派といわれる軍内の天皇神格化論者に近かった。

天皇はその本庄を呼んで、陸軍の考え方に納得できないとにおわせていた。三月十一日の『本庄日記』には、天皇がどのような考えをもっているかが明確になる記述が残されている。

「自分の位は勿論《もちろん》別なりとするも、肉体的には武官長等と何等変る所なき筈なり、従《したがい》て機関説を排撃せんが為《た》め自分をして動きの取れないものとする事は精神的にも身体的にも迷惑の次第なり」

これに対して、本庄は、陸軍としてはそのようなことは考えていないと答えている。だが実際には本庄は天皇の問いに明確に答えられなかったともいいうる。

しかし、天皇機関説排撃運動は天皇の意に反して実際に社会に根を下ろしてしまう。この説は教育機関からも放逐されてしまうからだ。国体明徴運動の国会決議と相俟って、天皇神格化の動きは一気に加速していくのである。

天皇が、国民の目に皇后や親王、内親王の姿をときにふれさせようとしたのは、そうした神格化に対する間接的な抗議であり、君民一体の心のつながりを示したいとの願いをもっていたのではないだろうか。

二・二六事件への怒り

天皇機関説排撃運動や国体明徴運動の激しい動きは、陸軍内部の青年将校に刺激を与えた。天皇と臣民との間に「君側の奸」が立ちはだかってその結びつきを妨害しているとして、天皇親政を求めての国家改造を意図し、軍事行動を起こしたのである。

それが昭和十一年二月二十六日に起こった、いわゆる二・二六事件である。この事件についてはすでに数多の書物が刊行されていて、事件の概容もその内実もかなり明確になっている。

ここでは事件の内容をつぶさになぞることはしないが、概容だけを記すなら、この日の明け方、陸軍の第一師団の歩兵第一連隊、歩兵第三連隊や近衛師団の近衛歩兵第三連隊などの青年将校二〇人余が、下士官、兵一五〇〇人近くを率いて軍事行動を起こし、斎藤実《さいとうまこと》内大臣、渡辺錠太郎《わたなべじょうたろう》教育総監、高橋是清《たかはしこれきよ》大蔵大臣らを襲撃して殺害、さらに鈴木貫太郎侍従長に重傷を負わせ、牧野伸顕前内大臣は難を避けたが、決起部隊はこの日から二十九日に制圧されるまで三宅坂一帯、永田町、赤坂などを制圧して国家改造の要求をつきつけた。近代日本にあって、もっとも血なまぐさいクーデター未遂事件ということができた。

この青年将校の決起を最初に天皇に伝えたのは、当直侍従の甘露寺《かんろじ》受長《おさなが》であった。甘露寺は宮内省の当直職員から連絡を受けると、すぐに天皇のもとにかけつけてこの報を伝えた。鈴木が重傷を負ったことや斎藤が即死したことも伝えられた。以下、甘露寺の残した書（『背広の天皇』）をもとに、天皇はどのような態度を守ったかを書くことにする。

甘露寺の報告を受けたあと、「とうとうやったか――」といわれたという。やや間を置いて、「まったくわたしの不徳のいたすところだ」とつぶやいた。しばらくは言葉もなく立っていたが、その姿に甘露寺は、「全身が震えるような衝動を覚えた」と書いている。つまり天皇の表情は、「深い悲しみ」をこめての怒りだったことになる。このとき甘露寺は、天皇の眼に涙が光っているのを見た。そこで、「お上、いまはお泣きになっている場合ではありません」と励まし、「いまこそしっかりしておかなければなりません」となお励ました。

天皇はしばらく黙していた。やがて意を決したように、「あの者たちは反乱軍だ」と力強い言葉を口にした。天皇は事件が起こった段階で、態度を明確にしていたのである。この態度は四日間の事件の間、まったく揺るぎのない信念となって貫かれた。

股肱の臣が殺害されたという天皇の怒り、そして反乱軍と断定しての鎮圧の意思、本来ならこの事件はすぐにも鎮圧されるべきであった。ところがそうはいかなかったのは、陸軍の指導者のなかにひそかに青年将校に好意を寄せるものと、洞ケ峠《ほらがとうげ》を決めこむ一群の高級軍人がいたためであった。

たとえば、侍従武官長の本庄繁は明らかに青年将校の至純の情に好感をもっていたし、天皇にその情を汲んでほしいとなんども訴えたのである。

『本庄日記』には、この四日間の天皇と本庄のそうした会話が記されている。この会話自体が昭和史検証の重要な資料ともなっている。その内容をいくつか以下に記しておきたい。

事件が起こってすぐに、本庄は参内し、拝謁している。そこで天皇から命じられたのは、一刻も早く事件を終結せしめるようにということであった。「禍ヲ転ジテ福ト為《な》セ」との厳しいお言葉だったとも記している。本庄は、天皇が、参内した川島義之《かわしまよしゆき》陸軍大臣にも「速《すみやか》ニ事件ヲ鎮定スベク御沙汰アラセラル」と記録している。

事件の二日目（二十七日）には、戒厳司令官は「武装解除、止ムヲ得ザレバ武力ヲ行使スベキ勅命ヲ拝ス」とあるが、この日、本庄は拝謁した折に、次のように話している。（日記は片仮名だが平仮名に直し

文意を損なわない範囲でわかりやすくする）

「彼ら行動部隊の将校の行為は陛下の軍隊を勝手に動かし、統帥権を犯すというはなはだしきもので許しがたいのですが、その精神は君国を思うところから出たものです。必ずしも咎むべきものではないと思います」

天皇は、本庄のこの発言に心底から怒った。

「朕が股肱の臣を殺戮するこのような凶暴な将校など、その精神においても何の恕すべきことがあろうか」

そして本庄にはもっと厳しい言を伝えたかったのであろう。「朕がもっとも信頼する老臣を悉《ことごと》く倒すのは、真綿にて朕の首を締めるに等しい行為ではないか」と怒りを隠さなかったともある。こうした怒りを見ながら、本庄はなおも「彼ら将校はかかる行為が国家のためなりとの考えに発しているように思います」と発言している。

戒厳司令部の鎮圧の手段がなかなか進まないことに、天皇は焦慮を隠さず、本庄に対し、

「朕自ら近衛師団を率いて鎮圧にあたってもよい」

と伝えている。鎮圧の進捗を確かめるのに「数十分毎ニ武官長ヲ召サレ」という事態でもあった。本庄に対して信頼をもっていないこともわかる。

天皇はこの四日間、軍服を身につけ続けて大元帥としての姿勢を崩さなかった。大元帥としての天皇の意思表示は、これは軍内の許しがたい不祥事であり、それは統治権の側にどのような形であれ迷惑を

かけてはいけない、あるいはその領域に侵蝕することは許さない、との意味をもっていた。本庄はその意味を正確には理解していなかったのかもしれない。もし本庄が、「天皇のお怒り」を軍内に積極的に伝えていたなら、事態はもうすこし早くに鎮圧されたのではなかったか、との見方さえできる。

荒木《あらき》貞夫《さだお》や真崎《まさき》甚三郎《じんざぶろう》といった青年将校に同情的な軍事参議官たちは、臨時軍事参議官会議を開いて、「大臣告示」なる文書をつくり、決起将校たちに伝えるという一幕もあった。その告示のなかには、決起の趣旨が天聴に達したとか、軍事参議官は青年将校のいう「国体顕現《こくたいけんげん》」の趣旨にむかって邁進するとか、まるで天皇の意など少しも考えていない一節があった。陸軍指導者のこのような鈍感がこの事件の収拾を遅らせる因になった。

青年将校たちが、自らの行動が天皇にも理解されたと考えたのも無理はなかったのである。

事件の渦中にあって政治の側も混迷を深めた。首相官邸の襲撃時に、岡田《おかだ》啓介《けいすけ》首相はあやうく難を逃れたが、事件の推移の折には伏せられていた。首相臨時代理となった内務大臣の後藤《ごとう》文夫《ふみお》は、こうした事件の責任をとる形で閣僚の辞表をまとめて天皇に奉呈している。この辞表に、天皇はきわめて正論で戒めている。

『木戸幸一日記』の二月二十六日の項には、

「陛下より『速かに暴徒を鎮圧せよ、秩序回復する迄職務に励精すべし』との意味の御言葉ありたり」

と書かれている。統治権を付与されている者は、今はともかくこの暴挙をいかに抑えるかが先決で、そのことに邁進せよ、と説いたのである。とくに川島陸軍大臣の辞表の理由が、他の閣僚と同じ文面であることに目を留められ、「他の閣僚と同一とはどういうことか。事件の責任者ではないか」と不信を顕わにもしている。

この四日間の天皇の揺るぎのない言動、それはどのような視点で見ても批判されることのないほど筋道が通っていた。陸軍の指導者のなかには、天皇を軽んじる空気があったことは否めないし、天皇の意思を無視して心中ではこのクーデターを成功させようと考えた者さえいた。本庄などもそのひとりに加えていいであろう。だが彼らがそうした野望をあきらめていくのは、見事なほど一貫していた天皇の姿勢に気づかされたからでもあった。

二・二六事件の実際の姿は、天皇とこうした陸軍指導部・青年将校との対立の図式ともいえたのである。決起部隊を撤退させる奉勅命令は、二十八日午前五時に戒厳司令部に下達されているが、このときを機に「皇軍相撃を回避」という意向が陸軍内部に働き、青年将校への説得が続き、兵士たちの帰順がはじまった。事件はやっと終息にむかい始めたのである。

この日の午後一時に、本庄のもとに川島陸軍大臣や山下奉文《やましたともゆき》少将らが訪れ、「青年将校は自刃をもって罪を謝罪し、下士官と兵士は原隊に復帰せしめる。ついては勅使を賜わり死出の光栄を与えてほしい。これ以外に解決の手段はない」と訴えている。本庄はこのことを政務室で天皇に伝えている。本庄自身、このような訴えは認められないと思っていたが、天皇はあからさまにこの申し出に不満を示した。以下は『本庄日記』からの引用である。

「自殺スルナラバ勝手ニ為《な》スベク、此ノ如キモノニ勅使抔《ちょくしなど》、以テノ外ナリ」

と強い口調ではねつけた。このころになると、本庄は、「御叱責《しっせき》ヲ蒙リナガラ、厳然タル御態度ハ却テ難有ク、又条理ノ御正シキニ寧《むし》ロ深ク感激ス」と書いている。本庄の心理としては態度を崩さない天皇の言動に自省の念をもつに至ったといってもいいのではないか。

二・二六事件はこうして鎮圧された。

天皇は、この事件を通じて皇族をはじめ側近、政治家、軍人、そしてさまざまな人物についての評価を固めた。

事件後の余波

二・二六事件は終結したが、天皇はこの事件の間、そしてその後、ふたつのことをしきりに案じていた。ひとつは、なぜこのような事件が起こったのか、その原因をはっきりと確かめたいということだった。もうひとつは、この事件によって、日本の国際的評価はどう変わるのだろうか、という不安である。陸軍の指導部と青年将校たちは、自らの思想だけに捉われていたが、天皇はこの国自体の歴史的地位をしきりに確認したいと思っていたことが指摘できる。

二月二十八日、事件の解決した日、天皇は、暗殺された高橋是清大蔵大臣にかわって臨時大蔵大臣となった町田忠治《まちだちゅうじ》に、「この事件によって海外の評価が変わり、経済界に影響を及ぼすことはないか」と尋ねている。なにより国際的なイメージダウンを恐れていたのである。事件後に誕生した広田弘毅《ひろたこうき》内閣の組閣にあたっても、深い憂慮を示していたが、その閣僚名簿には口を挟まなかった。

なぜこのような事件が起こったかについて、天皇は積極的にその因をつきとめようと試みていた。たとえば、三月一日の夜には、侍従武官長の本庄繁を呼び厳しく問い詰めている。『本庄日記』には次のようにある。

「反乱将兵ノ総数、一千数百名ノ多数ニ上ル次第ヲ奏上セルニ対シ、左様ニ多数ノモノノ参加セル事ガ、何故予メ判明セザリシカ、トノ御下問アリ」

本庄は恐懼し、その理由について、「各級幹部、上下《しょうか》ノ連絡、和合ノ不完全、軍紀ノ弛緩《しかん》等、重ナル原因タルベク申訳ナキ事ナリ」と述べたとある。さらに翌二日にもまた二度にわたり、本庄を呼び、「陸軍ノ要求（川島陸相ガ西園寺公ニ軍ノ要望ヲ述ベシトノ記事）ナルモノ過大ニシテ、誠ニ憂慮ノ次第ナリ」と注文をつけている。

天皇は、本庄に「こんどの事件が一般に評判がわるいことを知っているか」とも質しているほどである（七日）。広田内閣の陸軍大臣のポストに就いた寺内寿一《てらうちひさいち》には、

「近来、陸軍はしばしば不祥な事件をくり返し、ついに今回のような事件を起こしたことは、勅諭に違背し、我が国の歴史を汚すものだ。まことに遺憾に堪えない。この原因をよく追及して、部内の禍根を一掃して、二度とこのようなことのないようにせよ」

と強い口調で申しわたした。その間、寺内は頭を垂れたままであった。陸軍次官に座った梅津《うめづ》美治郎《よしじろう》とともに粛軍人事に手をつけることになる。だが、寺内と梅津はその一方で、これまでは陸軍大臣は予

備役に編入された将官でもかまわないとなっていた内規を、陸軍大臣は現役の武官に限る、という建軍時から大正二年までつづいたもとの内規に戻してしまった。

このため、二・二六事件以後は、陸軍の軍事行動を認めない内閣に対しては、陸軍大臣を推挙しないにでて、組閣そのものが常に軍部の意向どおりになるという弊害を生んだ。これが結果的に昭和十年代の日本の悲劇につながっていった。

天皇は、事件の原因を明確にし、その禍根を絶つようにとの意思を示していたにもかかわらず、表面上はその意思に沿うような政策が練られたにしても、一面ではその意思を骨抜きにする動きともいえた。寺内や梅津には、これまで記したように、「大善をもって聖慮にこたえたい」との考えがあったと思われるが、このことが裏目にでていく歴史となったのである。新しい内閣が誕生する前日の三月八日、天皇は秩父宮の訪問を受けた。事件発生とともに、弘前連隊から帰京して兄宮を補佐しつづけた弟宮は、改めてこの種の事件が起こらないように自らも見守っていくとの覚悟を天皇に伝えたといわれている。

二・二六事件は、天皇、秩父宮、そして高松宮の結束を固めることになった。青山にある大宮御所に住む貞明皇后も、その結束を強く望んでいたが、貞明皇后のもとには秩父宮が、事件の間もなんども足を運び、皇室が名実ともに一体となっている姿を示した。

天皇にとって、弟宮の行動こそなにより信頼が置けた。天皇は、事件の渦中にあったときも、皇族たちがどのような対応をとるか、陸軍の青年将校に同情を寄せることがないか、を見守っていた。そのことを侍従次長の広幡忠隆が木戸幸一に洩らしているが、木戸の日記には次のように書かれている。

「高松宮が一番御宜しい。秩父宮は五・一五事件の時よりは余程お宜しくなられた。梨本宮は泣かぬ許《ばか》りにして御話であった。春仁王は宜しい。朝香宮は大義名分は仰せになるが、尖鋭化して居られて宜しくない。東久邇宮の方が御判〔り〕になって居る」

このことを関係者に伝えよとも命じている。とはいえ、天皇は事件に対して皇族が一致して聖慮に沿って動いたことに満足はしていたといっていいであろう。巷説として、皇族、とくに秩父宮は陸軍の青年将校に推されているかの論を吐く研究者もいるが、これはまったくの事実誤認といっていい。

同時に、天皇は陸軍の軍人についても適確にその人物像を見抜いた。事件に断固討伐を主張した軍人には相応の評価を与えている。たとえば『昭和天皇独白録』によると、参謀本部作戦部長の石原莞爾は討伐命令を出して戴きたいと言って来たことを明かし、「一体石原といふ人間はどんな人間なのか、よく判らない、満洲事件の張本人であり乍《なが》らこの時の態度は正当なものであつた」と認めている。満州事変には不快感をもっている事実も浮かんでくる。

陸軍省軍事調査部長の山下奉文は、青年将校のなかで指導的な役割を果たした三人が自決するから、「検視の者を遣《つか》はされ度《た》い」と本庄を通じて願いでてきたと明かし、「然《しか》し検視の使者を遣はすといふ事は、その行為に筋の通つた所があり、之を礼遇する意味も含まれてゐるものと思ふ」として断っている。さらに「軍事参議官の大将達が帰順勧告に行つたことに付《つい》ては何等報告を聞いてゐない」ともいっている。

軍事参議官たちの、あたかも青年将校を甘やかすような態度にも不信感をもっていたのである。このことから、天皇は陸軍の中を大掃除しなければならないと考えていたことがわかる。

こうして天皇は、事件を通じて新しい状況の中に身を置くことになった。

軍事と政治の対立にどう対応するか、さらにアメリカやイギリスの側に立つか、それともドイツ、イタリアと手を結ぶか、そして国策の基準は北方重視か、南方への転換か、日本は二・二六事件のあとに改めて国の進む方向を練り直す形になった。

さまざまな資料や文書によれば、天皇自身は、近代日本の外交路線を重視して、アメリカやイギリスの側に立ち、そして軍事的には日露戦争以後の北方重視という方向をめざしていたことは間違いない。そのような方向はひとつずつ否定されていくのであったが、そのつど天皇はそのような舵とりに不安と懸念を洩らしていたことは否定できない事実でもあった。

しかし、この期に重要なのは皇族や弟宮と天皇との結束が確認されたにせよ、天皇の相談役にあたる元老や宮廷の有力な官僚がしだいに宮中から離れる事態になったことだった。斎藤実や鈴木貫太郎は、二・二六事件で殺害されたり、重傷を負ってその役を果たせなくなった。牧野内大臣も、宮中の中に入って一五年にもなるので辞めたいと西園寺や木戸に伝え、すでに昭和十年十二月にはそのポストを離れていた。

最後の挨拶に訪れた牧野に、天皇は「長いことお世話になった。どうぞ身体を大事にするように。外にあっても、私を助けてくれるように依頼する」との言葉を与えた。そのとき、天皇は涙を流していた。牧野もまた涙でこたえ、その事実を周囲の者には隠さなかった。

昭和十一年十一月のことだが、アメリカの駐日大使ジョゼフ・C・グルーはその日記（『滞日十年』）に、日本はしだいに軍部が「好き勝手な真似」をしているように見えると書き、「西園寺、牧野、湯浅《ゆあさ》（倉《くら》平《へい》）、松平（恒雄）らは、昨今まるで姿を現さない」と書いている。天皇に助言役を果たしているこれらの自由主義者がしだいに宮中から足が遠のいていることを着実に見抜いて、本国に報告しているのである。

西園寺は、天皇に上奏する陸軍の指導部がしばしば天皇の発言を自らに都合のいいように外に洩らすことに不快の念を示して、「陛下のお側に出る者は気をつけないといかん」と秘書の原田熊雄に伝えている。

天皇は、昭和十二年の歌会始で、「田家雪」の御題を、

みゆきふる畑の麦生《むぎふ》におりたちていそしむ民をおもひこそやれ

と詠んだ。雪の降る麦畑で、懸命に麦踏みをする農民たちの辛い生活を身にしみて思うの意味である。この期の天皇の気持がよくあらわれていた。どのような状況にあろうと、私は国民とともにある、あるいは私を取り巻く環境がどうあろうと、私は誠実に自らの役目を果たすとの思いが凝縮していた。

日中戦争へ

昭和十二年七月七日の深夜、北京郊外の盧溝橋《ろこうきょう》で一発の銃声を機に、日本軍と中国軍の間で小さな衝突が起こった。それがやがて日中戦争にと拡大していくのであったが、このプロセスを丹念に追いかけていくと、当時の近衛文麿内閣（第一次）と軍事指導者の間に国策をめぐっての深刻な対立があったとわかる。

それは統帥権と統治権の綱の引きあいといえたが、結局は統帥権の側が統治権を押えこんでいく、つまり軍事が政治をねじ伏せるという構図でもある。

事件の報告は、参謀総長の閑院宮載仁《かんいんのみやことひと》殿下から天皇のもとに届けられた。閑院宮は天皇の詰問に充分こたえられないという形になったが、当初は参謀本部や陸軍省の間に対立があったからである。事件を拡大するべきではないという参謀本部の石原莞爾の一派と、この際中国の抗日運動を押えるために、一撃を加えて中国を制圧しようという拡大派の幕僚たちの暗闘が続いていた。

実際には現地軍と参謀本部の拡大派が一体となって、兵力をしだいに拡大し、そして制圧地域を広げていた。陸軍大臣の杉山元《すぎやまはじめ》はこの拡大派に与《くみ》する形で内地から三個師団を派遣しようと閣議に諮った。杉山は天皇には、「一ヵ月ほどで軍事的には片づけます」と奉答していたのである。

事件の一報を聞いてからの近衛首相は、当初は不拡大を意図していた。しかし九日の閣議でこの事変を北支事変と称すると決めるとともに、陸軍から要請のあった三個師団の派兵を認める声明を発した。不拡大の方針は短時日のうちに拡大に転じたともいえた。

天皇は、こうした現実の動きにとまどい、そして結果的に追認することになった。第一報を耳にしたときは、「これは第二の満州事変ではないか」と閑院宮に不満を洩らしたが、その不満に政治、軍事指導者は充分にこたえる姿勢をもっていなかったことだけは指摘できた。

天皇は、この事件がどのように収拾されるかについて、独自の判断をもっていた。それは『西園寺公と政局』（第六巻）のなかにも書かれている。事態の推移を案じた西園寺は、閑院宮に会う前に近衛首相に会うべきではないか、と天皇の前に進みでて助言している。閑院宮に先に会ってしまうと、軍事を優先しているようにとられるのではないか、と案じたからである。

ところが天皇は、次のように西園寺にこたえている（『西園寺公と政局』）。

「満洲事変の時、総理に先に会つたところが、後から陸軍から統帥権云々といふことを言はれて、総理も非常に迷惑したやうなことがあつたから、この際近衛には後で会はう」

西園寺は、もっともなことだと考えて、天皇の考えにうなずいたのであった。

天皇は、軍部が政治の側に対して圧力をかけることをまずは恐れたのである。それで初めに軍事の責任者に会うことにしようと考えた。そのことの是非はともかくとして、天皇は当時の日本の政治システムにきわめて忠実であり、原則を守る姿勢をもっていたということがいえる。

天皇は、閑院宮に率直に疑問を質した。

「もしソヴィエトが後から立つたら、どうするか」

閑院宮は、「陸軍では立たんと思つてをります」と少々曖昧な答えを返している。天皇はためらいもなく、次のように質している。

「それは陸軍の独断であつて、もし万一ソヴィエトが立つたらどうするか」

「致し方ございません」

閑院宮は答えに窮してしまった。この一事を通して、西園寺は「陛下には非常に御不満の御様子であらせられた」と洩らしている。

天皇は、「北支事変」と称したこの戦争に、ある時期までは近衛首相や軍事指導者たちに「不拡大」という方針をくり返し伝えた。事変から三週間後の七月二十九日には、近衛首相に対して、「もうこの辺で外交交渉により問題を解決してはどうか」とも催促している。

だが戦火はしだいに中国の各地に広がった。ある時期から、天皇はこの事変が拡大防止にむかわないだろうと覚悟した節があった。それをもっとも正直に語った資料が『昭和天皇独白録』である。ここで天皇の考えは次のように明かされている。その部分はかなり長くなるのだが、天皇の真意と思われるので引用しておく必要がある。

「その中に事件は上海に飛火した。近衛は不拡大方針を主張してゐたが、私は上海に飛火した以上拡大防止は困難と思つた」

「私は威嚇すると同時に平和論を出せと云ふ事を、常に云つてゐたが、参謀本部は之に賛成するが、陸軍省は反対する。多分軍務局であらう。妥協の機会をこゝでも取り逃した」

「近衛の不拡大方針も、前途の見透《みとおし》も愈々《いよいよ》難しくなつて来たので、近衛は陸軍部内の強硬論を抑へさせる意味を以て第五師団長の板垣〔征四郎〕を陸軍大臣に起用した」

「近衛の肚では板垣が来たならば、陸軍部内は和平論が勝つだらうと思つたのであつたが、事実来て見ると案に相違して板垣は完全に軍の『ロボット』となつて終《しま》つたのみならず、陸軍省の態度は却て強硬となり支那事変は遂にのつ引きならぬ泥田に足を突込んで仕舞〔つ〕た」

〈支那事変泥沼化〉の推移を端的に語っていることになるのだが、こうした泥沼の背後にはつねに統帥権と統治権の確執や対立があった。とくにそれが顕著にあらわれたのは、昭和十二年秋にドイツの駐華大使トラウトマンの仲介によって行われた和平工作が暗礁にのりあげてからである。近衛は、軍事指導者の圧力も受けて、昭和十三年一月十六日に、「爾後《じご》国民政府を対手《あいて》とせず」の声明を発表してしまった。

これによって、和平の窓口はすべて閉じられ、軍事のみでの解決を模索する以外になくなった。近衛自身、戦後になって、自らの政治的失敗はこの声明を発したことであると後悔する手記を遺書としてのこしている。

昭和十二年秋に、天皇のもとに「御機嫌伺ひの為め参内」した牧野は、天皇の不安や懸念を肌で感じとった。「時局益々重大、聖上の御軫念《しんねん》恐察に堪へず」とその日記に書いているが、天皇は昭和十三年から十四年にかけて和平の道を模索するために、西園寺の言に耳を傾けつつ、近衛を励ますという具合に筋のある行動をとっていた。

昭和十三年の歌会始（御題は「神苑朝」）の御製は、

静かなる神のみそのの朝ぼらけ世のありさまもかかれとぞ思ふ

というものである。「神のみその」とは神社の境内をさすが、このような平穏、安寧、そして静寂が、社会にも時代にも、人びとの心にも宿ってほしいとの願いを込めている。天皇のこのような心境は、実は終始「北支事変」の和平を望んでいたことをよく示していた。

その天皇も、近衛声明以後はこの戦争が長期戦となるのを覚悟した。昭和十三年二月には、杉山元に対して、「長期戦、北方重視、海軍拡張の三つの政策を同時に進めることができるのか」とも尋ねている。陸軍や海軍の指導者が、つねに自分の都合のいいような案を説明にくることに苛立ちを感じつつも事態をどのようにとらえるべきかに頭を悩ましていたのである。

中国との戦争状態が長びくにつれ、そしてその解決も目処がたたない状態になると、陸軍は新たな方向を目ざし始めた。そのことについて、天皇は次のような懸念をもったことを正直に語っている（『昭和天皇独白録』）。

「かくしては支那事変処理に関する前途の見透しは全く立たぬ、国内与論はそろ〳〵怠の兆を示して来た、そこで国内人心転換策として新に日独伊三国同盟を締結し国民の敵愾心を英米に振り向け、支那の方はうやむやにして終はうといふ面白からぬ空気が陸軍部内に起つた」

陸軍を中心とする軍部、そしてその軍部が天皇から付与されている統帥権は、「支那事変」の収拾を意図する政治の側の統治権の上位に立ってしまったとの見方が、この証言のなかには示されていた。

統帥権が統治権を自在にふり回すためには、軍事的衝突、あるいは軍事的緊張感が必要であったが、軍部はこの衝突や緊張感を巧みに利用しながら、しだいに国民世論を動かすようになった。天皇が指摘しているのは、このような状態は「面白からぬ」ということだったが、それは統治権を付与されている政治指導者が自らの権限を十全に行使していないとの不満から発してもいた。

天皇は、湯浅内大臣に、「首相が戦争を終わりにしたい、なんとかしたい」と言ってくるかと思えば、参謀総長は「漢口《かんこう》までなんとしても攻撃します」と言ってくる有様だと不満を洩らし、両者の間に政策の調整を行う機関がまったくないのはなんとしても遺憾であると伝えている。

統治権と統帥権の連絡を密にし、調整をはかってほしい、そうでなければ私の前に報告されてくる事実のどれを信じるべきなのか、という天皇の怒りこそ、この時代の臣下の者への苛立ちだったというべきかもしれない。

独走する陸軍、制御できない政府

昭和十三年、十四年の日本は確かに羅針盤を見失いつつあった。しかし同時に、その方向を求めて道を模索していた。

日中戦争は和平の条件をめぐって妥協点が見つからずに、依然として参謀本部が主体になって軍事行動を続けていた。近衛内閣もまた軍事行動を抑制することができないために新たな政策を打ちだした。それが昭和十三年十一月に発表した「東亜永遠の安定を確保すべき新秩序の建設」であった。この新秩序には、「日満支提携」をもとに「国際正義の確立、防共体制の達成、新文化の創造、経済体制の協力」を実現させようとの狙いがあった。

この方針に沿ってというべきであったが、陸軍の政治将校は蔣介石《しょうかいせき》政府の一部勢力に働きかけて親日派政権の画策を進めた。のちに汪兆銘《おうちょうめい》工作といわれる工作である。さらに強固な軍事体制の確立をめざして、とくに陸軍が中心になってドイツ、イタリアとの防共協定を三国同盟に結びつけようとの動きも進んだ。

こうした方向は、イギリスやアメリカとの対立の芽をかかえこむことにもつながった。日本の進路は、しだいにひとつの道に傾きつつあったという意味にもなった。

こうしたときに近衛首相に課せられた役割は大きかった。とくに天皇は、近衛に対して強い指導力を期待していて、あらゆる方面でゴリ押ししてくる軍部のチェック役を望んでいた。元老の西園寺も、近衛こそ天皇の意に沿って政治力を発揮することができると励ましていた。

だが近衛は、日々の政策遂行にあたって、軍部との軋轢《あつれき》に心を痛め辞任を考えるようになった。防共協定を三国同盟にと軍事同盟を望む陸軍側の攻勢には音をあげるだけであった。昭和十三年春から辞任の意向をもっていたが、新東亜の建設という声明を発表したあとは、その気持は揺るぎないものとなったのである。

天皇は、初めは慰留の言葉を伝えた、とされているが、『西園寺公と政局』によれば、内大臣の湯浅は、「いかにももう堪へられない、といふやうな総理の様子を御覧になつてをるために、(陛下は) 無理に引止めようとされるやうな御様子はないやうだ」と近衛に話している。

天皇は、臣下の者のさまざまな争いを、それとなく知らされていたことになるだろう。

昭和十四年一月に入ると、近衛内閣は退陣し、新たに平沼騏一郎《ひらぬまきいちろう》が内閣を組閣することになった。

この年の歌会始の御題は、「朝陽映島」である。御製は次のようなさらに平穏や安寧を求める内容であった。

高殿のうへよりみればうつくしく朝日にはゆる沖のはつしま

はつしまとは、伊豆の初島であるとされている。海浜より眺めた風景を詠まれた歌である。鈴木正男著の『昭和天皇のおほみうた』には、「まことにかぎりなく美しい風景を詠まれたのであるが、この御歌の奥にはこのやうな平らぎの世を念じ給ふ御祈りを拝するのである」と書かれている。

天皇の胸中には、平穏な世に落ち着くためにはなにが求められているのか、という自問もくり返されていたと推測することができる。

天皇にとって、このころに比較的心を打ちとけた会話を交すことができたのは、内大臣の湯浅倉平であり、そして一時期の侍従武官長の宇佐美興屋《うさみおきおく》である。宇佐美は、本庄にかわって二・二六事件のあとこの職に就いたが、軍政、軍令の中心に座ったことはなく、政治的な発想や行動に傾く軍人ではなかった。円満な人柄だったためか、本庄のように陸軍の意向のみを強引に伝える軍人でもなかった。陸軍の指導部は、天皇の周辺にこうした温厚な人物を送って怒りを和らげようとしたとみることができる。

天皇は、当初は宇佐美のそうした性格を好み、宇佐美もまた天皇の側に立って、しばしば陸軍省や参謀本部に強い口調で忠告をくり返した。近衛が退陣するころには次のようなこともあった。

陸軍側は、近衛が退任するのは困る、としきりにさわいだのだが、それが天皇の耳にもはいった。天皇は、宇佐美を呼んで、「それほど困るなら、近衛総理を引きとめるかわりに、陸軍が主張している防共強化を当初の近衛らの考えのとおり、ソビエトのみに限定するようにしたらどうか」という意味のことを伝えて、「このことを参謀本部に行ってそう言うように」と命じている。

宇佐美はその言に従ったが、参謀本部は「それは困ります」といって従わなかった。

こうした事実は、宇佐美を恐懼させることになったが、一面で天皇の意向を無視して参謀本部が動きつつあることを物語っていた。天皇にとって不快な動きが少しずつ育っていたともいえる現実であった。それがまもなく宇佐美更迭と結びついた。

昭和十四年という年は、日本の選択肢が聖慮に反してさらに狭まる年として、歴史の年譜には刻まれることになった。国際社会の大きな変化がそのまま日本にもちこまれることになったし、日本もまた幾つかの軍事的冒険を試みる事態になったからである。

平沼内閣は、総理大臣、外務大臣、大蔵大臣、それに陸海軍の大臣による五相会議で国策の基本線を決める態勢を引き継いだ。近衛内閣のときに始まったこの五相会議は、主要閣僚をもって国策を決め、輔弼の責任を負うという建て前であったが、ここで陸軍大臣はつねに軍事主導体制を強調して、平沼や外務大臣の有田《ありた》八郎《はちろう》らと対立するという状況になる。

昭和十四年にもまだ日本は中国各地で軍事衝突を続けたうえに、五月には満蒙の国境をめぐってソ連との間でノモンハン事件が起こる。現地でのささいな衝突がしだいに拡大していったケースであった。本来なら、このような衝突は、参謀本部がすぐに中止を命じて、政治的な手を打つべきであった。しかしひとたび、軍事衝突が起こると、軍中央はこれを黙認するか、あるいはそれを拡大するかのような曖昧な態度をとるのが常であった。

このノモンハン事件の折に、ドイツがポーランドに侵駐して第二次世界大戦が始まった。これが九月一日であったが、この一週間前にドイツとソ連が突然、不可侵条約を結んで世界を驚かせた。この予想外の出来事に、平沼首相は「欧州情勢は複雑怪奇」との言をのこして退陣している。

日本との間でソ連の共産主義に対抗する軍事同盟を結ぼうと働きかけていたのに、そのドイツがソ連との間で一方的に不可侵条約を結ぶというのは、日本側から見ると背信行為に映ったのである。

この第二次世界大戦を受けて、日本の羅針盤は、なおのこと混乱状態になっていった。

平沼の後任には、陸軍を予備役になっていた阿部《あべ》信行《のぶゆき》が推挙された。

天皇は、めまぐるしく動く国際情勢に、日本はふり回されているとの不安を強めた。阿部が推されたとき、「陸軍のことをわかっているだろうから、やらせてみてもいい」とその指導力に期待をかけた。そのうえで阿部に対して、これまでの首相に与えていた「お言葉」とはまったく異なる注文をつけた。臣下の者の決定した事項について、直接に強い注文をつけることは控えていたが、このときはそうした前例を破っている。その事実は、この動乱の時代に、日本は国策の原則を明確にしなければならないとの懸念をもっていたからである。

このときに天皇が、阿部に伝えたその原則は、近衛がのちに著した『平和への努力』のなかに記述されている。それをもとに整理してみると、天皇は、二・二六事件のあと、歴代の首相に伝えてきた三ヵ条を改めて確認している。その三ヵ条とは、

㈠憲法を尊重し、憲法の条規に遵て政治を行うこと。
㈡国際連盟との関係で無理をして無用の摩擦を起こすべきでないこと。
㈢経済界に急激なる変動を与えないこと。

という点にあった。そのうえで、さらに「注意すべきこと」として、新たに三点を加えたのである。その三点とは、「米英に対しては協調しなくてはならぬ」「陸軍大臣は自分が指名する。梅津《うめづ》美治《よしじ》郎《ろう》か畑《はた》俊六《しゅんろく》にせよ。陸軍三長官の決定には捉われない」「内務、司法は治安上選任に注意せよ」であった。

天皇が、人事に直接口を挟むのは稀有のことであった。陸軍内部にいかに不満をもっていたかがわか

る。畑を挙げたのは、宇佐美のあと畑が侍従武官長に就任したが、その畑の沈着さと軍内に対しても率直に天皇の意を伝え、それを説得するという態度に信頼を置いたからであったし、梅津は二・二六事件当時は第二師団長であったが、終始軍中央に「討伐」を要求し続けたからである。

ノモンハン事件で現地軍に甘かったり、黙認をするような人物は決して陸軍大臣に据えてはならないとの怒りは、陸軍の暴走を抑えなければならないとの強い信念から発していた。外交も内政もこのままでは崩れてしまうとの天皇の懸念は、改めて重要な意味をもった。

この注文が生かされていれば、日本は動乱の時代に信念を明確にした国家になるはずであった。それが実らなかったのはなに故であったのだろうか。

III　日米戦争突入へ

東京・代々木練兵場で行われた新年の陸軍始観兵式で、「白雪」に騎乗して閲兵する昭和天皇（昭和15年1月8日、同盟通信）

〝最後の元老〟の死

昭和十五年は、日本にとって大きな変革を迫られる年となった。国際社会の動きと国内のめまぐるしい変化は、日本の政治、軍事指導者に不安と思惑を与える契機になった。

国策はしだいに現実に流されるだけになっていった。

この年、天皇は歌会始の御題「迎年祈世」に合わせて次の歌を詠まれた。

西ひがしむつみかはして栄ゆかむ世をこそ祈れとしのはじめに

この御製には時代への憂慮がにじんでいる。第二次世界大戦下にあってドイツは全ヨーロッパに、その覇権を及ばせている。戦乱はヨーロッパの各地を覆いつつあった。この御製にこめられている「世をこそ祈れ」は、「世界の平和を強く強く希求し給うた御作」(鈴木正男『昭和天皇のおほみうた』)という解釈ができた。「西ひがし」というのは、ヨーロッパとアジアを指していて、このふたつの大陸が、ともに手を結んでいく時代を祈ってという意味になる。

本来ならこの精神が国策の一本の芯として確立されるべきであった。しかしそれが現実の国策において、ほとんど生かされなかったところにこの期の日本の問題があったといえた。

まず一月に日本が中国に戦線を広げていくことに不快感をもっていたアメリカ政府は、条約期限が切れる日米通商航海条約の破棄を正式に伝えてきた。日本政府は新たな交渉を望んだが、駐日大使のグルーは本国から訓令を受けていない旨を伝えるだけだった。グルーは、「今や日本は中国における米国の権利と合法的な利益が、無差別待遇の基礎に立って尊重されるという保証に、具体的履行を与える時」(ジョゼフ・C・グルー『滞日十年』)とむしろ日本側に説得を試みていた。

日中戦争が泥沼化しているという話も語られたが、それは軍事だけでなく、政治上でもこうした動きが加速した。親日派のグルーはその日記の中で、日本はこのままでは国際社会で孤立するだけだ、と案じてもいた。

ドイツの軍事的な制圧に幻惑されたためもあるが、やはり陸軍を中心とした勢力は、いちどは立ち消えになっていた日独伊の三国同盟を浮上させた。この同盟が締結されることは、国策が親独に大きく傾くことを意味した。アメリカ、イギリスとは対決する事態になる。

加えて、ドイツに圧されているフランスやオランダがアジアにもっている植民地を失う事態になると、陸軍はこの機に仏印や蘭印への進駐を考えるようになった。東南アジアの資源を確保しようと画策するに至るのである。

天皇はこのときにしきりにアメリカ、イギリスと敵対関係になることを恐れた。その恐れを内大臣に就任した木戸幸一《きどこういち》にしばしば洩らしている。『木戸幸一日記』の六月二十日の記述には「我国は歴史にあるフリードリッヒ大王やナポレオンの様な行動、極端に云へばマキアベリズムの様なことはしたくないね、神代からの御方針である八紘一宇《はっこういちう》の真精神を忘れない様にしたいものだね」とあり、陸軍が仏印などで独自の行動をとらないようにと案じていた。さらに七月二十三日には、参謀次長の沢田茂《さわだしげる》に第五師団集結の允裁《いんさい》の折に「従来、日本軍は国境に集ると、とかく問題を引き起すので、その点はどうか」と釘をさしていた。

この年七月、米内内閣が陸軍の抵抗によって倒れ、再び近衛内閣（第二次）が誕生したが、天皇は近衛に対して、改めて憲法を遵守せよ、外務大臣や大蔵大臣の人選にはとくに注意するよう伝えた。外務大臣は国際法規に精通し、対イギリス、アメリカ関係にも配慮のできる人選をという意味であった。大蔵大臣は財界に衝撃を与えない人物が望ましいというのであった。

靖国神社に参拝した昭和天皇（昭和15年4月25日、同盟通信）

ところが外務大臣に松岡洋右の名を列ねた組閣名簿が届くと、「松岡外相は大丈夫か」と二度にわたって近衛に念を押した。天皇は、松岡には大言壮語の傾向があると見ぬいていたのである。いささか独善的な性格のゆえに陸軍をコントロールするよりも、陸軍にふり回されてしまうのではないかとの不安を隠さなかった。事実、松岡は外務大臣のポストに就くや、親独派の体質を顕わにして、「この時代は独伊と結ぶか、それとも米英の側に立って国策を進めるかの二者択一である」と高言し、露骨に三国同盟の側に舵とりを行うよう内閣の内と外とで圧力をかけた。

松岡は三国同盟の締結を国策の骨子に据えることで、むしろアメリカやイギリスは日本への政治的圧力を弱めることになるとの信念を披瀝した。その論で三国同盟を渋る海軍首脳を説得して歩いた。そのためもあって海軍も消極的にこの同盟に応じることになった。

『昭和天皇独白録』によると、天皇は、こうした松岡に対しての疑念を正直に告白している。

「吉田善吾《よしだぜんご》〔海相〕が松岡の日独同盟論に賛成したのはだまされたと云つては語弊があるが、まあだまされたのである。日独同盟を結んでも米国は立たぬと云ふのが松岡の肚である。松岡は米国には国民の半数に及ぶ独乙《ドイツ》種がゐるから之が時に応じて起つと信んじて居た、吉田は之を真に受けたのだ」

天皇のこのような感想は、自らも松岡にだまされたとの間接的な表現だとする見方もあるが、私もこれがあたっているように思う。この時期に、松岡への不安はもったとしてもそれに有効な対応策をとることができなかったのは、天皇にとって苦い記憶となって残ったにちがいなかった。

とはいえ天皇は、松岡の上奏時には「今しばらくは独ソの関係を見るなどしてから同盟の締結を考えたらどうか」とも伝えている。そうしたときの答えは近衛を通して返ってくるのであったが、近衛は松岡のアメリカ観の歪み（ときにアメリカが攻撃してくるといったり、アメリカは同盟国で日本に手をだせないといったりするのだが）にふり回されるだけで、天皇の満足を得る内容は返すことができなかったのである。

三国同盟は、九月十九日の御前会議で正式に締結が認められた。

この直前まで、天皇は近衛に対して、この条約が結ばれたらアメリカは石油を停止するかもしれない、日本のこれからはどうなるのか、と疑問を質している。近衛はその問いにも答えることはできなかった。

こうした一連の動きを見ていくと、天皇はこの年の御製にあるように「西ひがしむつみかはして栄ゆかむ」という精神に徹しようと努めていたことがわかる。それがひとつずつ裏切られる道筋を辿った。天皇はその道筋に深い憂慮をもったことはまちがいないが、自らが率先して政治的権力や軍事的大権をふるおうとはしなかった。もしそのような権力や大権を動かしたならば、立憲君主型の天皇ではなく、天皇親政の治政になってしまう。そのことを恐れたのである。

天皇のそのような自制が自らの意に反する臣下の行動を容認することになった。この期のこうした亀裂こそが近代日本の自省ともなる。『昭和天皇独白録』や天皇の戦後の発言にも、こうしたニュアンスが読みとれる。そのことを正確に理解しておくことが必要でもある。

日独伊の三国同盟が締結されることで、それまで国際社会で孤立していた日本が、再びその存在を国際社会に知らしめることになった。その一方で米英との間には、天皇が不安に感じていたとおり、しだいに重苦しい空気が流れた。駐日大使グルーはその日記に、この同盟の土台には「ドイツの勝利は、強い酒のように、彼ら（軍部その他の極端分子）を酩酊させた。彼らは最近まで、英国の敗北をかたく信じていた」との分析を書いている。

ただ天皇の周辺がこの同盟に不安をもっているとの情報も入ったと付記していた。

この年の国内のもっとも大きな行事は「皇紀二千六百年」の式典であった。この式典と符節を合わせて、近衛内閣の手によって大政翼賛会運動が起こり、「臣道実践」の名のもとに各政党は解党し、政党政治は一元化されることになった。十一月十日に行われた式典に合わせて勅語も発表された。そこには、国民にむけての、

「今ヤ世局ノ激変ハ実ニ国運隆替ノ由《よ》リテ以テ判カルル所ナリ爾臣民《なんじしんみん》其レ克《よ》ク嚮《さき》ニ降《くだ》タシシ宣諭ノ趣旨ヲ体シ我カ惟神《かんながら》ノ大道ヲ中外ニ顕揚《けんよう》シ以テ人類ノ福祉ト万邦ノ協和トニ寄与《きよ》スルアランコトヲ期セヨ」

の聖慮が示されていた。国民精神がしだいにひとつの意思となって形をつくっていくことになったのである。

天皇には、こうした国民精神の一体化が、人類の福祉と国際社会で一定の役割を果たす方向にむかうようにとの願いがあった。それが「栄ゆかむ世をこそ」の意味になった。ただ大政翼賛会運動の報告を近衛が上奏した折に、天皇は「これでは幕府と同じことになりかねない」との懸念も洩らした。実際にこの運動は一面でその危険性をもっていたのである。

この年十一月二十四日、最後の元老であった西園寺公望が死去した。享年九十一。時局が英米協調路線からはなれていくことの不安をその死の直前まで口にしていた。

天皇は誄《るい》を賜い、その生涯の軌跡を讃えた。その一節にある「三朝ノ輔弼《ほひつ》ニ膺《あた》リ、学識両《ふたつ》ナカラ優ニ、百揆《ひゃつき》ノ儀刑ニ協《かな》フ」という語には、天皇の思いがこめられていた。天皇にとって、祖父・明治天皇から

の側近が舞台から消えたことでもあった。

よもの海……

西園寺公望の死は歴史的にも天皇にとって不幸であった。というのは、祖父・明治天皇の幼年期の遊び相手、そして心の通いあう相談相手、学友であり、父・大正天皇の時代には元老として、そして政党政治の守護者として、もっとも天皇家に近い位置にいた助言者だったからである。

昭和十年代の早くから、西園寺は内大臣に有力な人物を据えなければと考えていた。湯浅倉平は健康がすぐれず「常侍輔弼」の役を果たせないことを案じていたのである。西園寺は内大臣の責務を「政治界に於ては次第に軍部及《および》極右が進出せるに対し、せめては内大臣に於て一に陛下を御守りし、他に之《これ》等《ら》独裁主義に対する防壁、又は匡正《きようせい》の働を為《な》さしめんとして其の人選に最も苦心」(「松平康昌宣誓供述書草稿」)していたのであった。

西園寺が元老の役を果たせなくなり、湯浅もまた辞任の意向を示したときに、天皇は松平恒雄宮内大臣にさまざまな人物の名を挙げて一長一短を論じたあと、「木戸は自分はいいと思うが、少し若いし、将来の政治的生命を失わせても可哀相だがどんなものだろうか」と木戸を推していた。近衛については、近衛自身はいいのだが、その周囲に「少しいろいろな者が大勢附き過ぎている」との不安も示していた。天皇は近衛の人脈を冷静に見つめていたのである。

こうした経緯もあって、木戸が内大臣に就任した（昭和十五年六月）。西園寺は「非常に満足で、決して異存のありよう筈はない」との意向を示した。

ここに西園寺、牧野伸顕、そして木戸の系譜ができあがったのだが、この系譜はイギリス型の立憲君主制を範とする流れでもあった。ところがそれが臣下の決定に異を唱えないという方向でしか理解されなくなり、天皇の意思と現実の国策に距離を生むことになった。

この期に天皇の侍従だった岡本愛祐の証言によるなら、陸軍の佐官クラスがしきりに宮内省の中堅幹部との会合を求め、そこで威圧的に天皇に彼らの意思を伝えるよう強要したという。陸軍は上層部から中堅幕僚まで天皇へ通じるルートをさがしては圧力をかけたということができた。昭和十六年四月から十一月までの日米交渉の期間、この圧力は陰に陽にくり返され、それが交渉挫折の因となったことは疑い得なかった。

日米交渉が正式に外交ルートに乗って始まったのは、昭和十六年四月であった。近衛内閣としてはぜがひでもこの交渉を成功させ、対米英との協調体制を成立させようとしていた。しかしこのころになると、日本は中国との戦争が泥沼化する状態であり、加えて三国同盟を結んでいたこともあって、交渉自体は難航が予想された。

さらに、外相の松岡はこの交渉に乗り気ではなかった。この交渉が外交ルートに乗るころ、松岡はベルリンに赴き三国同盟の交渉に臨んでいたが、その帰途モスクワに寄り、スターリンとの間で中立条約を結んでいた（四月十三日）。松岡はヒトラーやスターリンと会って、意気揚々と日本に戻ってきた。その間に日米交渉の土台案となる日米諒解案がまとまっていたのである。もっともこの諒解案は、正式にアメリカ政府が認めたものではなかったことがのちの交渉挫折の一因になっている。

松岡はこの交渉を潰しにかかる。近衛内閣はともかくも日米交渉によって、両国関係を円滑にと意図しているのに当の外交責任者がこのような態度だったために、その前途は明るいものではなかった。

松岡は四月から五月にかけてなんどか天皇に上奏にあらわれた。天皇は、松岡の演説を聞かされたと木戸に洩らしているほどで、一方的に自らの考えを披瀝していった節がある。五月十日のことだが、近衛が上奏した折に「陛下は極めて御憂慮の御面持にて前日外相の奏上内容を次の如く余に御話し遊ばされた」（近衛文麿『失はれし政治』）として、その内容を書きのこしている。

松岡は、第二次大戦に米国が参戦すれば日本はシンガポールを撃たなければならない、独ソ衝突の恐れもあるが、その場合は日本は中立条約を捨てドイツ側に立ってソ連のイルクーツクまで攻めるべきだ、と言ったという。近衛はあわてて、それは松岡一個人の考えで内閣としてはそのような考えをもっていないと説明している。

この一事は、この時期に内閣がまったく統一がとれていないことをあらわしていた。

くり返すことになるが、天皇は松岡をまったく信頼していなかった。『昭和天皇独白録』のなかでは、「一体松岡のやる事は不可解の事が多い、が彼の性格を呑み込めば了解がつく。彼は他人の立てた計画には常に反対する、又条約などは破棄しても別段苦にしない、特別な性格を持つてゐる」とまで酷評していた。

近衛内閣は松岡更迭だけを目的にした改造を行い、昭和十六年七月からは第三次近衛内閣を発足させている。

この第三次内閣発足前のことだが、六月二十二日にドイツはソ連に突然攻めいり、第二次世界大戦は全ヨーロッパに広がった。このことに浮き足だった陸軍指導部は新たな方針を示して近衛内閣に詰めよった。それが七月二日の御前会議で決定した「情勢ノ推移ニ伴フ帝国国策要綱」であった。

これはこの機を利用して、南方に進出し、あわせて北方にも態勢固めをするとの内容であった。「支那事変処理ニ邁進《まいしん》シ、自存自衛ノ基礎ヲ確立スルタメ南方進出ノ歩ヲススメマタ情勢ノ推移ニ応ジ北方問題ヲ解決ス」というのであったが、このために「対英米戦ヲ辞セズ」という文言も盛りこまれていた。この案文を練った陸軍省軍務局の将校は、「これは辞セズの断固たる意思」をもっての意味だったと述懐していたが、現実にはひとたび案文に盛りこんでしまうと、この語自体が独り歩きするようになったのである。

日本は双頭の鷲のように、ソ満国境へ関東軍特種演習の名目で関東軍の兵員、戦備を送り込むと同時に、南部仏印（ベトナム）進駐も決めた。こうした報告は参謀総長や軍令部総長からも天皇のもとに伝えられたが、天皇は顔をしかめながらも裁可をくだした。とくに「南部仏印進駐に際しては無血上陸に努めよ」との要望も伝えた。

こうした日本側の対応に、アメリカはすぐに対抗処置を講じてきた。実際に日本軍が南部仏印に進駐すると（七月二十八日）、八月一日に至ってついに石油の対日輸出を禁止すると発表したのである。石油の備蓄も限られている日本にあっては、これは国家の存立をゆるがす報復であった。

これ以後、参謀本部や軍令部など統帥部の幕僚を中心に、対米戦争必至論が高まっていく。これに抗する近衛は、強硬論者を代弁する東条英機陸軍大臣との間でつねに衝突を引き起こすことになっていく。近衛はこのような強硬論に抗する道として、ルーズベルト米大統領との頂上会談で一気に解決を図ろうと試みるのである。ワシントンでの日米交渉では頂上会談の具体案が話し合われたりもした。

天皇はこのような状態に困惑していた。正直にいえば、天皇は〈なぜこのようになってしまったのだろうか〉と事態を飲みこめないようでさえあった。八月五日に東久邇宮《ひがしくにのみや》が拝謁に訪れたときに、正直にそのとまどいを口にしていた。それは東久邇宮の著した『一皇族の戦争日記』に記されているのだが、「軍部は統帥権の独立ということをいつて、勝手なことを言つて困る」としたうえで、参謀総長の杉山元の報告がつねに曖昧であるとの不満と不安を洩らしている。

南部仏印の進駐にしても作戦上必要だというだけだったようで、東久邇宮に「進駐後、英米は資産凍結令を下し、国際関係は杉山の話と反対に、非常に日本に不利になつた。陸軍は作戦、作戦とばかりいつて、どうもほんとうのことを自分にいわないので困る」と洩らしている。総合的な報告をせずに、ある断面だけを上奏してくるとの怒りの言ということができた。その不満は現実の政治、軍事には生かされなかった。

このころ（昭和十六年八月）、参謀本部の将校のなかには「もう対米戦しかない」との声が充満していて、冷静な意見はなかなか口にできない空気ができあがっていた。

天皇は、現実のアメリカの動きを見て、統帥部の報告に不安をもっただけでなく、内心ではこうした将校たちは自らの思うとおりにならなければクーデターさえ起こしかねないとの懸念をもった節があった。『昭和天皇独白録』に書かれている次の一節は、このことからの不安と考えることができた。

「私が主戦論を抑へたらば、陸海に多年錬磨の精鋭なる軍を持ち乍ら、ムザ〳〵米国に屈伏すると云ふので、国内の与論は必ず沸騰し、クーデタが起つたであらう」

天皇は統帥部を抑えるために近衛をとくに呼んで、ルーズベルトとの会談を早く進めるよう督促していた。だが最終的にアメリカはこの案を断ってきた。天皇はこのときを交渉がまとまるときと考えていただけに強い衝撃を受けた。それでも避戦の姿勢を崩さず、九月六日の御前会議で明治天皇の御製をあえて口にした。

よもの海みなはらからと思ふ世になど波風のたちさわぐらむ

この御製を二度詠みあげた。それは天皇の統帥部への警告といえたし、軍部に抗している近衛への激励でもあった。日米交渉の妥結に邁進せよとのこの意思は、本来なら根本から国策を練り直さなければならないという意味がこもっていたのである。

太平洋戦争開戦へ

九月六日の御前会議は、この年二回目の国策決定の重要な会議であった。ゆきづまっている日米交渉打開のために、三つの案が検討され、そのうちのどの案にするかを決めるというのである。統帥部の側はどうあれ対米英戦を行いたいとの姿勢を崩さず、十月下旬を目処に「戦争準備ヲ完整」する点に比重を置き、それを第一案としていた。

近衛首相も一方的に軍部からこの案を示されていた。前日の夕方に近衛はこの案を天皇のもとに説明に訪れたが、こうした動き自体にすでに軍部は聖慮を考慮していないといえた。近衛もまたふり回されていた。近衛の説明を聞いて、天皇は驚いた。以下に少々長くなるが、『昭和天皇独白録』に収められている天皇の証言を紹介したい。

「九月五日午後五時頃近衛が来て明日開かれる御前会議の案を見せた。之《これ》を見ると意外にも第一に戦争の決意、第二に対米交渉の継続、第三に十月上旬頃に至るも交渉の纏《まとま》らざる場合は開戦を決意すとなつてゐる。之では戦争が主で交渉は従であるから、私は近衛に対し、交渉に重点を置く案に改めんことを要求したが、近衛はそれは不可能ですと云つて承知しなかつた。

私は軍が斯様《かよう》に出師《すいし》準備を進めてゐるとは思つて居なかつた。近衛はそれでは、両総長を呼んで納得の行く迄尋ねたら、と云ふので、急に両人を呼んで、近衛も同席して一時間許り話した。この事は朝日新聞の近衛の手記（『失はれし政治』）に書いてある事が大体正確で、この時も近衛は、案の第一と第二との順序を取替へる事は絶対に不可能ですと云つた」

ここに語られている事実は、あまりにも重要である。政府も統帥部もいきなり戦争を選択する案を示してきて、この案で結論をだしますと伝えてきたことになる。天皇は怒りの感情で、外交交渉を第一の案にせよと強く命じているのに、近衛は「絶対にそれはできない」と受けいれないというのである。天皇の意思は根本から無視されていたことになった。

確かにここからは、近衛もまた杉山も軍令部総長の永野修身《ながのおさみ》も、強硬派の幕僚たちに強い威圧を受けていることが窺えた。

このとき天皇は、杉山に対して強い口調で「日米事起らば、陸軍としては幾許《いくばく》の期間に片付ける確信ありや」と尋ねている。杉山は、「南洋方面だけは三ケ月ぐらいにて片付けるつもりであります」と奉答している。天皇は怒りを抑えられなかったのだろう、近衛の手記（『失はれし政治』）によるなら、次のように激しく叱責した。

「汝は支那事変勃発当時の陸相なり。其時陸相として、『事変は一ケ月位にて片付く』と申せしことを記憶す。然《しか》るに四ケ年の長きにわたり未《いま》だ片付かんではないか」

杉山はくどくどと弁解をくり返した。

九月六日の御前会議は聖慮に国策を押しつける儀式としていることに、天皇は心底からの怒りをもったということになるだろう。この怒りは深い。むしろ天皇はこのとき臣下の者の大半に不信感をもったと断言していいのではないかと思う。『昭和天皇独白録』の行間からはそのことが充分に浮かんでくる。心理的に孤立感を味わうことになったとみることもできる。

天皇が、九月六日の御前会議で明治天皇の御製を詠んだことは、単に平和を望んでいたというだけではない。この国がどのような形で成りたっているか、そのことを伝えたかったと解することができる。御前会議で天皇は決して発言しないのが慣例なのに、それを破ったのはあまりにも深刻な意味があった。

御前会議に出席していた東条や陸軍省軍務局長の武藤章は、この御製に強い衝撃を受けた。武藤は陸軍省に戻るや、すぐに強硬派の部下を集めて「聖慮は和平を望んでおられるぞ」と厳命し、その方向にむかって努力を続けなければと諭した。しかし、武藤も含めて陸軍の進めてきた強硬路線の軌道修正は無理な状態になりつつあった。

御前会議は、天皇の意思を受け入れるべきなのに第一案と第二案を入れかえることにならなかった。つまりは原案どおりに決定したが、本来ならそれは天皇の意思ではないという事実も確かめるべきであった。

こうして「十月上旬」までに外交交渉の目処が立たなければ、対米開戦に踏み切るとの案にもとづいてひたすら日米交渉の推移が見守られた。しかし、交渉ははかどらないまま十月中旬に至った。この段階で、東条陸相は近衛に、約束の「十月上旬」もすぎた、御前会議の決定に従えと執拗につめよった。近衛は戦争という事態を受けいれることはできないと結局は内閣を投げだすのだが、このころになると軍事指導者の間では、御前会議で天皇が詠じた明治天皇の御製の精神はすっかり忘れられていた。

もし天皇に忠誠を誓い、統帥権を担っているとの責任感があったなら、軍事指導者は「外交交渉によって懸案事項を解決する」との意思を固めて、大胆に国策の誤りを正すべきであった。しかし現実には、そのような推移を辿らなかったところに当時の指導者たちの政治的責任があったのである。

十月十六日、第三次近衛内閣は総辞職した。十八日に陸軍大臣だった東条英機に大命が降下となった。もっとも強硬に軍部の意向を代弁していた東条に政権が託されたために、日本は戦争政策を選んだと海外では報じられた。事実、アメリカ政府は一時的に警戒態勢をとったほどである。

強硬派の東条になぜ首班指名がなされたのか。これについては木戸が自らの日記に詳細に書いているが、要は強硬派の東条に従来の政策の「白紙還元」を命じて、軍内をコントロールさせるという点にあった。もとよりこの首班は、木戸を始めとして重臣会議で決定したが、木戸が発案した形になっている。しかしそこには天皇の意思も働いていた。天皇は、この時期の平和論者を見抜いていたが、東条をその系譜に含めていなかった。だが平和論者は政権の周辺やその内部にいなかったために、ひとまず東条の決断力と統率に信頼を置いたのである。『昭和天皇独白録』には、「この男ならば、組閣の際に、条件をさへ付けて置けば、陸軍を抑へて順調に事を運んで行くだらうと思つた。それで東条に組閣の大命を下すに当り、憲法を遵守すべき事、陸海軍は協力を一層密にする事及時局は極めて重大なる事態に直面せるものと思ふと云ふ事を特に付け加へた」と書かれている。

まさに、天皇が木戸にいみじくも洩らしたように「虎穴に入らずんば虎児を得ずと云ふことだね」という人事であった。

東条は組閣の折に、白紙還元に伴う政策の変更で不穏な動きがあるのを恐れ、自らが内務大臣にも就任した。首相、陸相、そして内相の主要ポストをにぎることで一気に外交交渉による現状打開を目ざしたのである。

確かに東条は、十月二十二日から十一月一日まで大本営政府連絡会議を開いて国策の練り直しを進めた。この点で、天皇と木戸の期待は成功するかに見えた。しかし、国策を詰めていくと、結局三つの問題が残った。ひとつは石油をどう確保するか、ふたつはアメリカが日米交渉に今後どのように対応してくるか、そして三つがこれまでの日本の国策を大胆に変えて妥協点を見出せるかということであった。

この三つを論議したあとにだされた結論は、従来の要求をまとめた甲案と一部譲歩する乙案によって交渉の打開を図るが、その交渉が不成立となった場合は、武力発動を十二月上旬としたうえで、外交交渉の期限を「十二月一日午前零時」と定めることにするということだった。統帥部はひたすら戦争に訴えることを要求し、外交交渉にこだわる東郷茂徳外務大臣との間に激しいやりとりが交されたが、つまりは統帥部の意見が前面にでてきた。

アメリカ政府はこの交渉を引きのばし、すぐにまとめる意思がないことを顕わにしつつあり、それが東郷の主張を弱めた。

それに加えて、大本営政府連絡会議では「政治（統治権）」の側が、「軍事（統帥権）」に疑問点を質しても、統帥部は「それは統帥権干犯にあたる」と答えなかった。まさに軍部の圧力が露骨に強まっていたのである。

天皇はこうした結論の報告を受けて、「交渉がうまくいかなければ米英と開戦しなければならないのか」とためらい、「このような事態になれば作戦準備も進めなければならないとは思うが、極力日米交渉の打開を図ってもらいたい」と東条や統帥部の代表たちに強く要望していた。とくに十一月十五日のことだが、交渉が成功したならば、すぐに作戦準備はやめるだろうな、と杉山に執拗に確かめてもいた。杉山はうなずいていた。

しかし事態は日一日と不幸な方向にむかった。

天皇に届く報告は、外交交渉が思う形で進まないとの内容に終始することになった。やがて十一月二十六日に、アメリカ政府からハル・ノートが示された。日本の提示していた甲案、乙案とも拒否したうえに、改めて日本政府に十項目の要求がつきつけられた。外交交渉での解決は困難となり、自動的に武力発動の路線が明確になっていった。

天皇もこうした路線を認めることになったが、政府が開戦に傾いてもさらに閣僚の考えや軍事参議官の見解を確かめるべきと主張した。天皇自身、十一月二十九日に七人の重臣を宮中に招いて木戸に意見を聞かせている。その詳細な報告を受けたあとの感想として、「戦争に反対する者の意見は抽象的であるが、内閣の方は数字を挙げて戦争を主張するのだから、遺憾乍ら戦争論を抑へる力がなかつた」（『昭和天皇独白録』）と述べている。

戦時下の透視図

対米戦が国策として最終的に決定したのは、昭和十六年十二月一日の御前会議においてであった。昭和に入って八回目、この年五回目の御前会議である。東条首相をはじめ統帥部の決意が次々に述べられたが、枢密院議長の原嘉道《はらよしみち》が天皇の意思を代弁する形で統帥部と内閣に質問を行った。

このときもまだ天皇は戦争という国策に不安をもっていた。前日（十一月三十日）に高松宮が、できれば海軍は戦争を避けたいと望んでいると申し出てきたために、あえて嶋田繁太郎海軍大臣と永野を呼んで確かめている。「時機は切迫し矢は弓を放れんとしている。ひとたび矢が放れれば長期の戦争になるが、それでもやるのか」「ドイツがヨーロッパで戦争を辞めたときはどうするのか」と下問すると、ふたりはすべての準備が整っていますので、あとは大命降下を待つだけですと自信ありげに答えた。

御前会議での原の質問は、対アメリカとの軍事力の差異が中心であった。だが永野の説明は充分に根拠をあげての答弁ではなかった。臣下の者の決意は並々ならぬものがあったにせよ、その根拠は必ずしもそれを裏づけるものではなかった。現実には、まず戦争ありきという説明でもあった。

こうして日米交渉が成功しなかったために、十一月五日の御前会議に則って、「帝国ハ米英蘭ニ対シ開戦ス」の方針が決定し、出席者一六人が署名した。会議終了と同時に、統帥部は作戦行動のための命令を下達していった。

天皇はこの決定に従うことになったが、東条には二つの注文をつけた。ひとつは、開戦の詔書に「国際法の遵守」を入れるべきだという指摘であった。しかし、東条は第二十五軍のマレー半島攻撃は中立国タイの主権を侵す懸念もあるので、その一項を入れることはできないと答えた。もうひとつは、アメリカ、イギリス、オランダなどには攻撃の通告を事前に行ってほしいとの注文であった。東条も、東郷もこの点では、ワシントンの日本大使館に正確に指示していると答えている。

こうしたふたつの懸念は、結果的にすべて裏切られることになった。天皇の歴史観と輔翼、輔弼の任にある政治、軍事指導者の歴史観は、あまりにも大きな差となって歴史に刻まれることになったのである。

東条は、十一月から十二月初めにかけて、連日のように天皇のもとに上奏にあらわれた。そのくり返しのなかで、天皇の真意を知った。それゆえに御前会議の終わった日から開戦の日（十二月八日）までは、自らの秘書や陸軍省の将校を相手に「この際、戦争に突入しなければならぬとの結論に、天子様は御不満であろう」と天皇のお気持を推しはかる会話を続けた。

六日の夜、東条は首相官邸の寝室でただひとり宮城にむかって正座し、自らに課せられた役割を果たせなかったと詫びて号泣している。そして東条は、戦争に勝つという一事のみが自らの責任と考えるに至ったのである。戦争を政治とどのように有機的に結びつけるか、戦争をおさめるときはどの段階か、国民にどのように説明するか、という冷静な判断を欠くことになったのであった。

十二月八日の早朝、大本営は「帝国陸海軍は本八日未明、南太平洋において米英軍と戦闘状態に入れり」と発表し、国民に戦争が始まったことを告げた。

この日から三年八ヵ月にわたって、日本はアメリカを中心とする連合国との間で戦争状態が続くことになる。開戦の日、天皇の様子について、木戸は自らの日記に次のように書いた。

「十一時四十分より十二時迄、拝謁す。国運を賭《と》しての戦争に入るに当りても、恐れながら、聖上の御態度は誠に自若として些《いささか》の御動揺を拝せざりしは真に有難き極なりき」

天皇はひとまず臣下の者を信頼して事態に対応していくことを決めたのである。政治を担う東条や統帥の責任者である杉山や永野が、緒戦の華々しい戦果を克明に上奏にあらわれる。そのたびに天皇はうなずきながらも、ときに軍事的な質問も口にした。飛行機の損傷は少ないというが、燃料の心配はないのかとか、マレー方面では、わが国の輸送船に相当被害があるようだが大丈夫か、といった内容の質問であった。

こうした質問をもとにして、天皇が積極的な戦争指導を行ったと説く論者もいるが、それは決して正しくない。なぜなら天皇の態度は一貫していて、〈対米英戦には反対〉〈三国同盟に反対〉〈明治天皇の遺徳を継承する〉〈大日本帝国憲法の遵守〉〈日中戦争の早期終結〉などがすぐに指摘できる。実はこの一貫した態度がどうして国策に反映しなかったのか、というのが最大の問題であった。私見を言えば、日本の政治・軍事上のシステムは、戦争を国策として選択するにはあまりにも曖昧でありすぎたということだった。この曖昧さの因はどこにあったのか、むろん当時の政治・軍事指導者の憲法理解の不透明さや責任感の欠如にも求められる。

同時に次のことも指摘していいだろう。

天皇は、近代日本にあってどのようにありうべきかの定まった姿をもっていない。明治天皇は近代日本の礎《いしずえ》をつくり、大正天皇は文人肌の君主として軍事より精神文化や芸術を忠実に守った。しかしそれぞれの天皇は、同じ時代に生きたわけではなかった。

昭和天皇はいかに君主としてこの国の主権者の像をつくるべきか呻吟《しんぎん》したと思われる。その意味では東宮御学問所での帝王教育、そして皇太子時代のヨーロッパ訪問で学んだ立憲君主制をどう具現化するかに心を痛めたに違いなかった。そうした天皇の努力は、結果的にその一部しか形づくることができなかったということになるであろう。とくに大元帥としての軍事的な存在が、一方で国民には現人神として、もう一方で政治、軍事の総攬者として、その上位に位置するというところに天皇自身の困惑もあったように見受けられる。

その一例として、昭和十六年一月の歌会始での御題「漁村曙」をもとに詠んだ次の歌が挙げられる。


あけがたの寒きはまべに年おいしあまも運べり網のえものを

この歌の意味は、それぞれ自由に受けとめることができるのだが、海女の姿に仮託して庶民の逞しさを信じているという見方が正しいのではないか。あるいは、日中戦争で働き手が戦線に送られている今、海女に託しつつある悲しさを詠んだという見方も決して的外れではあるまい。

この御製を詠んでから一年も経ずして日本は戦争への道に入っていったのだから、この期の日本はあまりにもあわただしく動いたという言い方もできた。

緒戦の戦果を受け継ぐ形で昭和十七年にはいった。この年の御題は、「連峰雲」であった。天皇の御製は次のような内容である。

峰つづきおほふむら雲ふく風のはやくはらへとただいのるなり

この意味は、「日本の前途に立ちはだかる密雲を一日も早くはらつて活路を見出せといふ御製」（鈴木正男『昭和天皇のおほみうた』）という見方が正しいように思われる。

天皇はこの歌になにを託したのであろうか。

日本海軍が真珠湾でアメリカ軍を叩いてからしばらくは、日本の軍事力は明らかに優勢を保っていた。もとよりその軍事力、工業力、それに国家としての総合力では日本はアメリカの比ではない。緒戦の戦果に酔って、この戦争はなんのためになぜ戦っているか、戦争目的はなにか、など指導者たちはしだいに忘れてしまった。政治、軍事指導層のなかには、東条に対して「あなたこそこの国の英雄だ」と追従を述べる者が続出したのである。

もし天皇が、緒戦の戦果に有頂天になっていたと仮定するなら、昭和十七年の御製でもっと違った内容を詠んだであろう。だがこの御製については、天皇の意を忖度《そんたく》して解釈する鈴木書の解説を以下に引用しておくことにしたい。

「この御製には大方の歌人が歌ひ上げたやうな戦捷《せんしょう》の喜びなど微塵《みじん》も感じられない。戦ひの行末を深く凝視し給ひ『ただいのるなり』と結ばれてゐるところに心をひそめて拝誦《はいしょう》申し上げなければならぬ。世を挙げて勝つた勝つたと浮き足立つて緒戦の勝利に酔ふ国民をよそに、陛下は御一人、九重《ここのへ》の奥に静かに国の前途をただ祈り給うてましましたのである」

こうした表現を簡潔にいうなら、日本をとりまく状況の悪さを一刻も早くとり払うときがくればと「祈っている」ということになるのであろう。さらに理解を進めれば、この御製は前述の昭和十六年の御製と「対」をなしているとも考えられる。

つまり、天皇は国民の安寧があって、君主としてのやすらぎが得られるという理解――これが御学問所での帝王学の骨格でもあったが――は、この期の雲を払いのけることによって守っていくことができるとの意味につながっていった。

天皇は確かに国民に詔書と勅語、さらには感状などでその心情を明かしていた。だが直接に心情を訴えるのは御製しかない。詔書、勅語と御製にひそんでいる違いは、毎年の御製を丹念に追いかけていくと窺えるのではないかと思える。

昭和十七年の春まで、戦況は戦果で彩られていた。この間に、牧野伸顕の女婿で駐英大使をつとめた吉田茂のように、木戸のもとに来て「和平工作」を考えるべきではないかと説く論もあった。かつての米内内閣のもとで外務大臣をつとめた有田八郎のように、日本の今の道は誤っていると説く者もいた。

天皇側近の宮廷官僚のなかにもそのような考えをもつ者も少なくなかった。しかし、それが正面から論じられる空気は薄かったというべきである。

加えて、天皇のもとにはそのような情報は届かなかったともいえた。

昭和十七年四月から五月、日本の軍事力はしだいにアメリカに対しての劣位が示されていった。それはミッドウェー海戦、ガダルカナル戦での敗戦によってより顕著になった。

敗報に揺れる軍事と政治

緒戦は確かに日本に都合よく回転した。しかし、昭和十七年六月のミッドウェー海戦、八月から続いたガダルカナルの戦い、そして昭和十八年に入るとアメリカを中心とする連合軍の反攻作戦が始まり、日本はしだいに苦境に立つことになった。四月に連合艦隊司令長官の山本五十六が戦死することによって、日本は有力な戦時指導者を失うことになった。

南方に延びた戦域は時とともに日本の国力に見合わない無謀な策であることも明らかになっていく。日本軍は兵站《へいたん》や補給を軽視していたために南方各地で将兵が飢えや病いに苦しみ、戦死や戦病死をふやしていく。昭和十九年に入ると、統帥と政治が分離していることの矛盾が深刻になり、首相で陸相でもあった東条英機は参謀総長も兼ねて作戦や戦略の権力もにぎることになったのである。

こうした戦争の期間、天皇はどのような考えをもっていたのだろうか。この間の天皇の心情を見るとき、忘れてならないのは二つの側面から分析していかなければならないということだった。ともすればその一面からしか見ない分析によって、天皇は平和主義者ではなかった、いや平和主義者だったという論のみが交されてきた。そのためにその心情が適確にえがかれてこなかった。

二つの側面とは、天皇が現実に統帥権の総攬者として、政治や軍事の指導者にどのような感想を洩らしていたかという面と、もうひとつは側近たちに洩らしていた真の気持を分析することである。この二つの根底にあるのは、天皇は終始この戦争に懐疑的であり、機があれば和平工作を行いたいとの考えをもっていたことである。しかし、同時に自らは臣下の者の決定や行動に異を唱えないという統治の型を守っていた。いわば立憲君主制の枠を逸脱しないとの責任を自らに課していた。この面の矛盾を天皇はどのように受け止めていたかを確認することである。

この二つの側面を見ることで「戦争指導」の現実を知ることができる。

昭和十八年の歌会始の御題は「農村新年」であった。天皇は次のように詠んだ。

ゆたかなるみのりつづけと田人らも神にいのらむ年をむかへて

この意味は、農民もまた私と同じようにこの国の豊かな実りを祈っているという意味に解すべきであろう。戦時下にあってもことさらに戦争を謳歌する内容でない点が注目される。

実際に戦況が悪化していくにつれ、天皇と軍事指導者との間の亀裂は深まっていった。そのことが

『昭和天皇独白録』のなかから窺える。その部分を抜きだしてみる。

「戦時中国民を鼓舞激励する意味で詔書を出して頂き度いと云ふ事を、東条内閣の末期、それから小磯〔国昭〕、鈴木〔貫太郎〕と引続き各総理から要望があつた。が、出すとなると、速かに平和に還れとも云へぬからどうしても、戦争を謳歌し、侵略に賛成する言葉しか使へない、そうなると皇室の伝統に反する事になるから断り続けた。木戸も同意見であつた」

政治、軍事指導者は、戦況が悪化していくにつれ、国民を鼓舞する詔書をだしてほしいとなんども要望してきたが、それには応じなかったとの告白であった。軍内には勅語を発しているが、国民にむけては詔書をだしていない――そのことに天皇は大元帥と天皇を使い分けているということがいえた。

もし内閣の要望に応じていたら、平和に還れ、戦争をやめなければならないといわざるを得なくなる。それはとうていこの期には認められないだろうとの苦衷ともいえた。

天皇の戦時下の言動は、二つの面で見ていく必要があるという意味は、政治、軍事指導者の上奏の折に、戦況に深くかかわる下問をしばしば試みている事実と対比して見る必要がある。たとえば、昭和十七年六月のミッドウェー海戦の敗戦時は、木戸幸一に「今回の損害は誠に残念であるが、軍令部総長には之により士気の沮喪を来さゞる様に注意せよ、尚、今後の作戦消極退嬰とならざる様にせよと命じて置いた」と洩らしている。

やはり昭和十八年三月三十日の木戸幸一の日記には、「戦争の前途、見透其他《みとおしそのた》につき珍らしく長時間に亙《わた》り御話あり」ともある。戦争の前途に暗雲がただよっていると案じていた。四月には山本五十六戦死の報に接してその死を悼みながら、「有効ナル航空戦ヲ連続行ヒ得ル如ク準備」をしてはどうか、と嶋田繁太郎海軍大臣に述べている。

昭和十八年十月十日には、軍令部総長の上奏を聞いて、日本軍の守備は必ずしも万全ではないとの申し出に、「両総長ノ考ニ相違カアルトスレバ、今迄ヤッタ会議ハ何カト云フ意見カ」と陸軍と海軍との連携に不安も洩らしている。その一方で、十二月六日にはギルバート方面航空戦の戦果について、古賀峯一連合艦隊司令長官に勅語を発している。「聯合艦隊航空部隊ハ、今次『ギルバート』方面海域ニ於テ、寡勢克《よ》ク連日ニ亘リ悪天候ヲ冒シ、勇戦奮闘、大ニ敵艦隊ヲ撃破セリ。朕深ク之ヲ嘉ス。惟《おも》フニ戦局ハ益《ますます》多端ヲ加フ。汝等愈《いよいよ》奮励努力、以テ朕カ信倚《しんい》ニ副ハムコトヲ期セヨ」というのがその内容である。連合艦隊にはしばしば勅語を発しているが、こうした勅語は大体が大本営海軍部がまとめたもので、天皇はそれを追認していた。しかし勅語そのものに天皇の感情はよくあらわれていた。

昭和十九年七月のサイパン陥落時には参謀総長であった東条に「海軍カ十分成果ヲ挙ケナカッタカラ斯ク情勢ニクルイガ来タト云フ様ナ印象ヲ与ヘテハナラヌ、陸軍トシテハ『サイパン』ノ防衛戦闘ダラシナシ」とも伝えている。

こうした発言や勅語を確かめると、天皇は作戦行動に次々と口を挟んだように思える。実際に、天皇が具体的に指摘をして作戦を変えさせたと説く研究者もいる。しかし、戦時下の天皇の発言は驚くほど少ないのが現実で、このことは中尾裕次編集の『昭和天皇発言記録集成』を読んでいくと充分に確かめることができる。

天皇はひとたびはじまった戦争に内心では〈この国は大丈夫だろうか〉との思いをもちながら、実際には政治、軍事指導者の上奏にはうなずき、そしてときに励まし、ときに不安の念を間接的に語っていたことになる。

その姿勢は立憲君主制の枠内にとどまっていようとする努力だったとみることができる。天皇は自らの不安や焦慮を、内大臣の木戸にはしばしば洩らしている。そのために、『木戸幸一日記』に書かれている天皇の発言と、とくに軍事指導者にむけての発言とには大きな開きがある。

この開きが戦時下の天皇を見つめるときのひとつの尺度になるのではないかと思う。

天皇は実際は、心中の悩みを誰にも明かすことなく、ひとりで困惑のなかにいた。もとより木戸にも明かせない悩みがあり、それはもっぱら独り言となってあらわれた。そうした独り言を耳にするのは、オクで天皇に仕える侍従たちであった。

良子皇后もそのような天皇の姿を見つめることがあった。

昭和十一年に侍従職に就いた岡部長章《おかべながあきら》は、その著（『ある侍従の回想記』）のなかで次のように書いている。

「大東亜戦争の期間、陛下のお独り言を耳にすることがありました。（中略）昭和十七年の終わりのガダルカナル島を撤退したあたりから、陛下は統帥部のご説明に対し、なにか不合理な点をお気づきになったらしいのです。それよりも以前から、満州事変、さらに支那事変以来の陸軍の在り方にご不満だったことは、よく知られていました。（中略）要するに陸軍からの報告というのは希望的観測で、嘘が多かったように思えてなりませんでした」

岡部からの直話では、天皇は政務室で「どうしてこういうことになったのか」とか「誰が真に信じられる忠臣なのか」といった独り言を吐いているのを耳にしたという。陸軍に対する不信の念を口にしていることもあったと証言している。

良子皇后は、昭和十九年の終わりになると、天皇の独り言が多くなったと侍従たちに訴える機会がふえたと岡部は回想記にも書きのこしている。

昭和十九年の歌会始の御題は「海上日出」であったが、天皇は次のように詠んだ。


つはものは舟にとりでにをろがまむ大海の原に日はのぼるなり

この歌について、「この〈とりで〉とは、〈舟〉と並べて大海原の唯中にあるものとして歌われているのだから太平洋の島々を守る守備隊のことを念頭におかれているのであろう」（小堀桂一郎『昭和天皇』）との解釈がある。すでに日本軍守備隊は昭和十八年五月のアッツ島の玉砕、十一月にはマキン・タラワ両島でやはり玉砕という状態にある。制海権を失っている日本軍は、南方の島々で守備隊が孤立状態にあるのだが、確かにその心中を歌ったというように解釈できる。

天皇の御製は、戦時下であるにもかかわらずつねに「戦争を謳歌」する内容ではない。

そのことに思いを馳せたときに、天皇の心中はこの期に臣下の者には理解されていなかったのではないかと考えられる。もとよりそれは天皇の側にもいえることで、ときには臣下の者に厳しく終戦工作を命じることがあってもよかった。

昭和十九年の戦況はさらに悪化し、レイテ決戦が天王山という小磯首相の言も具体的な内容が伴っていなかった。昭和二十年一月四日に、天皇は木戸に対して、政府はレイテ決戦をいうが現実には戦況は楽観を許さず、それを政府は国民にどのように説明するのかと問い質したら、小磯はその実情を充分に知らなかったと嘆息の口調で洩らしたりもしていた。

軍事と政治がまったく混乱状態にあることを知って、天皇は愕然としたのである。とにかくフィリピン諸島の戦況は日本には分がないようだが、「其の結果如何によりては重臣等の意向を聴く要もあらんと思ふが如何」と木戸に質してもいる。天皇のこの発言は、明らかに和平工作の方向を打ちだした内容であった。このときは木戸も、ともかく「数日の推移を御覧願ひたく存じます」と奉答している。

天皇は、その後も木戸に重臣たちの意見を聞きたいとなんども洩らしている。そして小磯には、大本営の作戦用兵をよく見つめて正確な情報をつかむようにと命じてもいた。立憲君主という枠から逸脱してもとの伏線であった。

戦時下の「祈り」

戦時下で、天皇は国民との接点をほとんどもっていなかった。昭和十五年には、伊勢神宮や神武天皇陵、橿原《かしはら》神宮、伏見桃山陵を参拝するために京都、奈良、三重などを巡幸している。沿道にはこまかく定められた奉迎の規程（敬礼の角度まで決められていた）が適用され、国民は臣民としての意識で、天皇を見つめることもあった。しかし戦時下では、天皇はこうした巡幸は行わなかった。

もとよりそれは宮中の官僚や軍事指導者の政治的意思でもあったろうが、天皇にもまた国民を直接に鼓舞することを避けたいとの考えがあったのだろう。

その例外ともいえる接点が、昭和十七年二月十八日に行われた「戦捷《せんしょう》第一次祝賀国民大会」である。シンガポール陥落を祝して、と東条内閣主導で行われたこの国民大会には、宮城前広場に十数万人の人びとが集まったが、天皇は白馬に乗ってあらわれ、二重橋鉄橋上に十分間姿を見せただけであった。

「人々は自発的に万歳を叫び、君が代を斉唱した。（中略）天皇は、自然的身体をはっきりと見せながら、白馬に乗った『現人神』と化している。天皇に続いて、皇后や皇太子も二重橋上に姿を見せたが、三人がそろって人々の前に現れるのは、戦前ではこれが最初にして最後であった」（原武史『可視化された帝国――近代日本の行幸啓』）

天皇の戦時下の「祈り」をよく分析していくと、そこに幾つかの配慮が窺える。

昭和十七年十二月に、天皇は伊勢神宮の参拝を行っている。戦勝祈願が目的とされた。この行幸は短期間に決定し、そしてその計画の一部が宮内省から発表されたが、奉迎は行わないようにとも内示されていた。したがって宇治山田などを除いて、国民と接することはなかった。原武史の前述の書によると、「天皇が『臣民』を含めた『臣』の代表として、真の『君』であるアマテラスの前に一人頭を下げることの方が重視されたのである」とあり、天皇は戦勝祈願といいつつも、その胸中には余人に窺いえない心情をもっているとも窺えたのであった。

これは戦後のことだが、昭和二十年の終わりに侍従次長の木下道雄に、日本の戦況が悪化し、大本営の作戦がことごとく失敗するのは、皇祖皇宗が一刻も早く戦争をやめるようお怒りになっていたのかもしれないとの感想を洩らしている。そういう心情は側近にもわからない天皇独自の「祈り」の意味であったと思われる。

宮中祭祀は、もともと「戦争」とは異質の儀式であり、そのことに天皇自身が困惑しながら祭祀王としての役割を守っていたといっていいのではないか。宮中祭祀は明治四十一年に公布された皇室祭祀令によって定まっていて、そこには大祭と小祭とがある。大祭とは、『増補皇室事典』によれば、元始祭（一月三日）、紀元節祭（二月十一日）、春季皇霊祭、春季神殿祭（ともに春分日）、神武天皇祭（四月三日）、秋季皇霊祭、秋季神殿祭（ともに秋分日）、神嘗祭《かんなめさい》（十月十七日）、新嘗祭《にいなめさい》（十一月二十三日より二十四日に亙る）のほか、先帝祭（毎年崩御日に相当する日）や先帝以前三代の式年祭（崩御日に相当する日）などがある。こうした大祭は、天皇が皇族や官僚を率いて祭典を主催し、そして御告文を奏することになっていた。

小祭とは、天皇が皇族や官僚を率いて拝礼する祭祀で、式典は掌典長が行うことになっている。ただし御告文はない。これには歳旦祭（一月一日）、祈年祭（二月十七日）、明治節祭（十一月三日）、賢所御神楽（十二月中旬）、天長節祭（四月二十九日）のほか先帝以前三代の例祭や歴代天皇の式年祭などが含まれる。

大祭と小祭の間に、準大祭といわれる祭祀があり、「皇室又は国家の大事を神宮、宮中三殿、神武天皇山陵、先帝の山陵に親告遊ばされるをいふ。所謂臨時大祭である」（『増補皇室事典』）という。戦勝祈念についてはまさにこの準大祭といわれる祭祀にはいるのかもしれないが、しかし天皇は戦争への祈りを祭祀のなかにいれまいとしていた節もあり、むしろ皇祖皇宗に「御救を御祈願」（『徳川義寛終戦日記』昭和十九年二月十一日）していたと考えられる。

天皇は宮中祭祀にきわめて熱心であり、『昭和を語る』（昭和聖徳記念財団編）のなかで、侍従だった卜部亮吾は、天皇は祭祀では黄櫨染御袍《こうろぜんのごほう》を身につけることが多かったと証言している。黄櫨染というのは、黄櫨で染めた上に蘇芳《すおう》を重ねた特殊な染色で、この染色の衣裳は天皇だけが身につけるといわれている。もとより装束は祭祀によって異なるが、御袍を召して祭典を行い、そして宮中三殿にも拝礼する。そのことは天皇は、宮中祭祀を伝統のままに受け継ぎ、それを忠実に守ることでこの国の祭祀王という自覚を常に強くもっていたという意味にもなった。

天皇は『昭和天皇独白録』で明かしているが、昭和二十年四月に、高松宮が「戦が困難となつたから、民心を一新する意味で、伊勢神宮に祈願されては如何、御都合悪ければ、自分が御名代として参拝しようと申出た」そうである。高松宮は、官僚独善の風潮があるので、「彼等に神罰を蒙らしむべきである」という。天皇は、このことを木戸幸一らにも相談している。官吏が悪いのは私が悪いのだから、「私が神に陳謝すべきで、官吏に神罰が降る様にと私が神に祈ることは筋違ひだと、断つた」と明かしている。ただ私の祈りは、「平和の日が早く来る様に御導きを願ひ度いと云ふ事、現在の国家の困難は私の不徳の致す処であるから、今后国家が立ち直る様に御指導を願ひ度いと云ふ事を告文の内容」にして高松宮に名代を頼んだことがあるとも話している。こうした祈りが、一貫して宮中祭祀の中に含まれていたのである。

終戦前夜

天皇は昭和二十年一月二十一日の新年歌会始（御題「社頭寒梅」）で次の歌を詠んだ。

風さむき霜夜の月に世をいのるひろまへきよく梅かをるなり

この歌もまた戦時下であるにもかかわらず、戦意の昂揚《こうよう》を意図してはいない。むしろきわめて内省的である。「霜はしんしんと降りしき、寒月は皎々と冴えかへつてゐる。われはその神の御前に一人立ち、国家万民の安全をただ祈りに祈つてをる、といふ御製」（鈴木正男『昭和天皇のおほみうた』）という解釈があるが、それはあたっているように思う。

天皇の真情は、戦争そのものを超えていたということなのかもしれない。天皇は、昭和二十年二月から三月にかけて、この戦争をどのように終わらせるか、そのことについて、ひとりで悩み、考え、そして結論をだそうとしていたと解することができる。

昭和十九年八月に侍従長に就任していた藤田《ふじた》尚徳《ひさのり》は、その著（『侍従長の回想』）のなかで「実は戦争の終結について、陛下は二十年の初頭から、軍部にも内閣にも隠密のうちに、ある工作を進めておられたのである」と明かし、二月七日から二十六日にかけて重臣をひとりずつ宮中に招いて「戦局の見通しとその対策を一人一人に質された」と書いている。七人の重臣たちの意見を聞いたうえで、現実に和平工作を進めようと考えておられたと藤田は推測している。

重臣のひとり近衛文麿の話を聞いたのは、二月十四日のことだった。近衛は、このままの状態で敗戦になると日本には共産主義革命が起こるとの懸念を述べて、自らの考えを文書にして提出している。これが近衛上奏文である。ここで天皇と近衛の間には、次のようなやりとりが行われた（『木戸幸一関係文書』）。

「我国体ニツイテハ近衛ノ考ヘトハ異リ、軍部ハ、米国ハ我国体ノ変革迄モ考ヘ居ル様観測シ居ルガ、其ノ点ハ如何」

近衛は以下のように答えた。

「軍部ハ国民ノ戦意ヲ昂揚セシムル為メニモ強ク云ヘルナラント考ヘラルル。グルー〔開戦時の駐日米国大使。このころ国務次官〕ノ本心ハ左ニアラズト信ズ。（以下略）」

天皇のもとには、参謀総長の梅津美治郎が上奏した折に、「今日日本が和を乞ふが如きことがあれば米国は必ずや天皇制廃止を要求して来るが故に国体も危い。結局和を乞ふとも国体の存続は危く、戦って行けば万一の活路が見出されるかも知れぬ」との強硬意見が伝えられている。天皇はこの言について、近衛にどのように思うか、と尋ねたことがあった（二月四日）。近衛は、この梅津発言を本土決戦のために天皇を欺《あざむ》いているのではないかと懸念したのである。それが重臣として天皇の前に進みでたときの上奏文となってあらわれたと思われる。

近衛を除く他の重臣は、具体的な情報から途絶されていることもあって、充分に天皇を納得させる論を口にできない。侍立して上奏内容を聞くことの多かった藤田は、先の書に「誰が陛下の心に近く、誰が隔《へだた》りがあったか。陛下は判然と識別になったに違いない。天皇は、国の政治へ直接の発言はなさらない。しかし陛下の心中深く、戦争終結の御決心がついたのも、この頃であったと拝察する」と書いている。

大本営はこの期にはいかなることがあっても和平交渉は行うべきでないと考えて、「本土決戦」を呼号していた。そのために政治指導者にもなにかと圧力をかけた。もとより天皇にはその圧力をかけてくることはなかったが、それでも梅津の発言は天皇に講和を行わせないような意味を含んでいた。ここで推測をするならば、天皇は開戦に至るまでに感じた軍部の強引さを、終戦に至るまでのプロセスでも感じていたというべきであろう。

三月の硫黄島での玉砕、三月十日には東京大空襲、そして十二日には名古屋大空襲、十五日には大阪が爆撃を受け、「全市いっせいに火の海」となった。天皇は東京の被害状況を侍従長の藤田とともに視察したが、「戦争の惨状を、つぶさにご覧になって、国民の不安と苦しみが、陛下の御心をうった。自然をそのままに感じとられる陛下は、それだけに直感力にすぐれ、その理解の正確さは驚くほどだったが、この日も戦争終結の必要を感じとられたのであったろう」と藤田は回想記に書きのこした。

藤田のこの回想記や『木戸幸一日記』を詳細に読むと、天皇はなんとしても終戦に導く道筋を固めようと覚悟していたことがわかる。「天皇のお気持」は、そしてその立ち場は決して余人にはわからない。天皇という存在はただひとりであり、皇統を担う重さは自らにしかわからない。一月、二月、そして三月、天皇は「国体」に対するアメリカ側の出方がわからないにしても、自らの身はどうあれ、とにかく戦争を止めることをひとりで決心したことがわかってくる。したがって、四月からの天皇の戦いは、真に信頼できる臣下の者に終戦までの道を歩ませる戦いとなっていったのである。

小磯内閣は中国との戦いを終わらせる工作（繆斌《みようひん》工作）に失敗し総辞職する。後任を決める重臣会議では、木戸が枢密院議長の鈴木貫太郎を強硬に推した。東条は陸軍から首相を推すべきであると反対したが、他の重臣は鈴木首班に傾いた。この会議に出席していた鈴木自身は「軍人が政治に関与するのは亡国の基だとしてローマ、カイザー、ロマノフ王朝の例をあげて反対した」という。しかし、木戸を始めとする重臣の説得は執拗であった。

出席者でもあった若槻礼次郎の回想録に「戦局がここまできてしまっては、誰が出るにしても、平和に向って進むより仕方がない。それには枢密院議長の鈴木貫太郎君がよかろう」というのでまとまったともある。木戸の発言のニュアンスには、鈴木は陛下の御信頼も篤いとの響きがあり、天皇もこの人事を望んでいるとわかる響きがこもっていた。

鈴木はこのとき七十七歳、辞退する気持が強いことを知って、天皇はとくに宮中に招き、「気の毒だ

東京大空襲で焼け野原になった下町を視察する昭和天皇（昭和20年3月18日）

が、この際お前よりほかにない。是非ひとつやれ」と命じている。あるいは、「鈴木頼んだぞ」という語を口にしたともいわれている。

鈴木は、天皇の胸中を正確に理解した。終戦の翌年に著した冊子『終戦の表情』のなかで、鈴木はこのときの「陛下の思召」は次のようなものだったと語っている。

「それは唯一言にして言へば、すみやかに大局の決した戦争を終結して、国民大衆に無用の苦しみを与へることなく、又彼我《ひが》共にこれ以上の犠牲を出すことなきやう、和の機会を摑むべし」

むろんこのことを天皇は鈴木に直接口にして命じたわけではない。だが鈴木は、天皇の「お前よりほかにない」という言に「それは陛下に対する余の以心伝心として、自ら確信した所」とも語っている。天皇の本来の気持を具体的に政策として固めること、その覚悟によって〈天皇・鈴木〉のコンビで終戦をという布陣がこうして密かにできあがった。

四月七日に組閣を終えた鈴木は、それからの四〇日間余を本土決戦を叫ぶ大本営参謀や陸海軍の強硬派との戦いに費していくことになった。日本の政治・軍事は確かに天皇の大権のもとにあったが、それを改めて天皇に取り返すための戦いともいえた。明治期のこの国が近代国家としてスタートしたときの原形に戻る戦いともいえた。

鈴木内閣は和平内閣であってはいけないとの大本営側の圧力を受けて、改めて鈴木はこの内閣は〈聖戦完遂・陸海軍の連携強化・本土決戦遂行〉を三本柱とするとの政策を公けにした。このような政策を掲げなければ、鈴木内閣は事実上、組閣することさえできなかったからである。

しかし現実の国際情勢は大本営の意図とは逆に進む。五月七日にドイツは連合国に降伏する事態になる。無条件降伏であった。すでにイタリアは敗北していたから枢軸側でのこされたのは日本だけとなった。日本はどのような方向に進むべきか。六月二十二日に開かれた最高戦争指導会議で、天皇はすでに決まっている本土決戦作戦についての不満をはっきりと口にした。

「戦争指導については、先の御前会議で決定しているが、他面戦争の終結についても、この際従来の観念にとらわれることなく、速《すみ》やかに具体的研究をとげ、これを実現するよう努めよ」

政治、軍事指導者へ公然と意思表示をしたことになる。言葉を変えれば〈鈴木の方針に従ってほしい〉との意味にもなった。これを機に広田弘毅元首相とソ連のマリク駐日大使との間で和平の仲介をめぐる動きも始まった。天皇もまた近衛を特派大使にしてモスクワに送り、ソ連政府の意向をさぐる動きに同調した。だが陸軍はそうした動きとは別に本土決戦の姿勢を容易には崩さなかった。

七月二十六日にはアメリカ、イギリス、中国の指導者によってポツダム宣言が発表される。ソ連もまたアメリカ、イギリスと対日戦をめぐる協議を続けていた。軍部の意向をいれて鈴木内閣はポツダム宣言を「黙殺」という表現で語ったが、天皇は東郷茂徳外相に「このまま受諾せずとも交渉の基礎とすべきと思う」と伝えていた。だが軍部はこのような方針を認めなかった。その間にも戦況は悪化の一途を辿るだけであった。

八月六日に広島、そして九日には長崎に原爆が投下された。九日未明にはソ連による対日参戦と続き、日本をとりまく政治、軍事の状況はより一層深刻になった。もう猶予がならなかった。最高戦争指導会議、それに続く御前会議で〈天皇と鈴木〉の決断が本格的に動き、軍部を抑えられるか否かが問われることになった。

Ⅳ　終戦、国民とともに

神奈川県川崎市の昭和電工で女子工員に話しかける昭和天皇。
戦後巡幸の最初の訪問先となった（昭和21年２月）

八月十五日

昭和二十年八月九日午前十一時から皇居地下壕で始まった最高戦争指導会議は、六人の出席者（鈴木首相、東郷外相、阿《あ》南惟幾《なみこれちか》陸相、米内光政海相、梅津参謀総長、豊田副武《そえむ》軍令部総長）によってポツダム宣言を受諾するか否かの会議となった。国体護持を前提とした無条件での受諾派と占領軍の日本本土への進駐拒否など幾つかの条件を認めなければ受諾すべきでないとの側の対立が続いた。激論は三時間余にわたり、結論がでない。

次に閣議が開かれた。阿南陸相は戦局の好転も可能と力説したが、米内海相はそれは不可能とはねつけた。他の閣僚もまた米内の言に賛成し、受諾派に傾いていった。この閣議は、午後二時半から、途中一時間の休憩をはさんで午後十時すぎまで続いたが、その間阿南は自説を譲らなかった。それは阿南個人の考えというより陸軍強硬派の意見を代弁することでもあった。無条件受諾派と条件付き受諾派は三対三となった。

天皇はこの間、政務室で「陸軍の軍装を召されたまま、指導会議、閣議の成り行きをお待ちになっていた」（藤田尚徳『侍従長の回想』）が、ときに木戸を呼んで会議の状況を確かめていた。藤田によれば、無条件受諾の方向が報告されたという。

鈴木首相は、こうした指導会議でいたずらに時間を空費するときではないとして、次のように事態をおさめることにしたと証言している（『終戦の表情』）。

「かくなる上は、陛下の御聖断を仰ぎ奉らうと決意したのである。かやうなわけで、再び戦争指導会議を御前に於いて開催することに決まり、平沼枢相をも混へて、八月九日午後十一時三十分から、宮城防空壕内で第一回の終戦御前会議が開かれたのである」

この事態こそ、実は〈天皇・鈴木〉ラインでの終戦工作の最終段階でもあった。侍従長として、藤田はこういう段階に及んだことの興奮と緊張が頂点に達していた。鈴木首相が、聖断を仰ごうとしていることが内々にわかったからである。

この御前会議は、やはり最高戦争指導会議と同じような経過を辿り、東郷、米内、そして平沼の無条件受諾派、梅津、豊田の両総長と阿南の「死中に活を求めての戦争継続派」の三対三になった。誰もが鈴木が自らの意思をどちらに傾けるかに注目した。すると鈴木は、自らの意見を述べずに起立した。そして次のように述べたと自らの書にはある。

「議を尽すことすでに数時間、なほ論議はかくの如き有様で議尚《なお》決せず、しかも事態は瞬刻をも遷延し得ない状態となつて居ります。かくなる上は誠に以て畏《おそれ》多い極みではありますが、これより私が御前に出て、思召を御伺ひし、聖慮を以て、本会議の決定と致したいと存じます」

そして天皇の前に進みでた。天皇は御前会議でも自らの意見は述べない。それが立憲君主制のルールとされていたが、鈴木の言にはあえてそのルールを破るという意味もあったのである。

天皇は、「もう意見は出つくしたか」と言い、それから「それでは、自分の意見を言ふが、自分は外務大臣の意見に賛成する」と明言している。

このときの状況については、『木戸幸一日記』や藤田の書が紹介しているが、鈴木の証言とは少しずつ違いがある。そこで鈴木自身の書から引用する。「御聖断は下つたのである。しかも陛下には更に御言葉を続けられ、『各々の意見はそれぞれ皆尤《もつと》もなことと思ふ、だが自分が外務大臣の意見に賛成する理由は……』と仰せられ、諄々《じゆんじゆん》と現下の情勢について御諭しの言葉をのべられたのである」

一方で、『木戸幸一日記』には、鈴木のいう「御諭しの言葉」も紹介されている。そこには、「本土決戦ト云フケレド、一番大事ナ九十九里浜ノ防備モ出来テ居ラズ、又決戦師団ノ武装スラ不十分ニテ、之ガ充実ハ九月中旬以降トナルト云フ。（中略）実ニ忍ビ難イモノガアル。而《しか》シ今日ハ忍ビ難キヲ忍バネバナラヌ時ト思フ。（以下略）」という一節があった。

天皇の発言の折、出席者は嗚咽《おえつ》をもらしていたともいわれている。鈴木は、「会議は終りました。ただいまの思召しを拝しまして、会議の結論といたします」と述べ、天皇にむかって出席者全員が一礼している。

十日午前七時、鈴木は連合国に国体護持を前提としてポツダム宣言受諾の意思がある旨を打電させている。この電文には、「天皇の国家統治の大権を変更する要求を含まないものと諒解する旨」を盛りこんだと書きのこしている。

こうして聖断はくだった。だがこの十日から十五日までの間、事態は円滑に進んだわけではない。陸軍の指導者はむしろ「聖戦完遂」の檄を軍内に示達したほどである。加えて連合国からは鈴木の電報に回答が届き、そこには六項があり、「国体護持」を明確に約束していなかった。しかも第二項では「国家統治ノ権限ハ」として「連合国軍最高司令官ノ制限ノ下ニ置カルルモノトス」とあった。この解釈が問題になったのである。

受諾反対派は、改めて天皇に翻意を迫った。閣僚のなかにも態度を変える者があらわれた。国民にはこの経緯は知らされていなかったが、アメリカ軍の飛行機は、ポツダム宣言を受諾した日本への回答を書いた宣伝ビラを日本上空から撒いた。指導者の間でも国民の動揺を恐れる空気が広まった。これに抗するように、陸軍内部では強硬論が声高になってきた。

天皇はこうした事態に不満をもち、十四日朝に再度御前会議を開くよう鈴木に促した。そして午前十時四十五分に、最高戦争指導会議の出席者、閣僚全員が加わっての御前会議が開かれた。阿南や梅津、豊田らは、この条件では受けいれられないので、「国家百年のために玉砕戦法に出で死中に活を求めよ」と檄をとばした。こうした強硬論に、天皇は、「自分の意見は去る九日の会議に示した所と何ら変らない。先方の回答もあれで満足してよいと思ふ」と言い、その理由を述べていった。

藤田は出席者たちの記憶とメモをもとに、その理由を書きのこしている。そこには次のような表現があった。

「自分はいかになろうとも、万民の生命を助けたい。この上戦争をつづけては結局、我国がまったく焦土となり、万民にこれ以上苦悩をなめさせることは、私として実に忍び難い。祖宗の霊にお応えできない」「この際私としてなすべき事があれば何でもいとわない。国民に呼びかけることがよければ、私はいつでもマイクの前に立つ」

天皇もなんども絶句しながら説明したという。出席者も泣き伏したというし、「中には身をもだえ号泣する者もあつたのである……」と鈴木は記録している。

つけ加えておきたいことだが、天皇はこの二回目の御前会議で、阿南に対して「自分には国体護持に自信がある」と発言したとされる。実際に、大本営陸軍部戦争指導班の『機密戦争日誌（下）』の八月十四日の記述には、「皇国保持ノ確信ニ就テハ、本日モ、『確信アリ』ト云ハレ、又元帥会議ニ際シテモ、元帥ニ対シ、朕ハ『確信ヲ有ス』ト仰セラレアリ（以下略）」とも書かれている。

天皇の「自信」の根拠はどこにあったのだろうか。このころ天皇のもとにとくべつの情報ルートがあったとは思えないが、しかし天皇をしてこのような自信とは何だったのかはきわめて関心がもたれる。

十四日の夜、天皇は国民にむけてのラジオ放送の録音を行う。その録音盤を奪取しようとして、陸軍の将校の反乱などがあったが、それは陸軍全体に広がることはなかった。

一貫してポツダム宣言受諾反対派であった阿南は十五日朝、陸軍大臣室で自決している。「一死以テ大罪ヲ謝シ奉ル」という遺書がのこされた。

八月十五日正午、ポツダム宣言の受諾、つまり日本が敗戦を認めるという玉音放送が全国に流された。ここに日本は三年八ヵ月に及ぶ戦争に終止符を打つことになったのである。

天皇は政務室でひとりでこの放送を聞いている。その天皇に最初に会ったのは侍従の岡部長章《おかべながあきら》であった。岡部の回想記（『ある侍従の回想記』）には、そのときの様子が記されている。

「放送を聞きながら、涙が流れて止まりませんでした。その涙を拭って、常侍官候所に戻ると、すぐにお召しのベルが鳴りました。御政務室に出て、陛下のお顔をうかがうと、ご機嫌のいいときのお顔です。すでに陛下はお気持ちの整理をされていたのです。それで私もほっとしました。（中略）『今の、どうであったろう』との仰せです。玉音放送の国民への反響を心配されていたのです」

岡部の兄は、朝日新聞社社長村山長挙《むらやまながたか》である。朝日新聞社に行って、国民の反応を確かめ、それを天皇に報告に上ると、「ふつうは報告の場合、ご苦労と仰せになるのですが、このときは『あっ、そう、よろしい』と答えて、そして『そうすると……』という独り言を発して、なにか考えごとを始められました」（岡部からの直話）という様子であった。

十五日から十六日、天皇は終戦への対応と新たな状況への備えを機敏に進めていた。十五日の午後には、鈴木が辞表を届けに天皇の前に出ると、天皇は優しい口調で「ご苦労をかけた」とねぎらった。鈴木は涙を流し、自宅に戻ってからも天皇の一言を口にしては家族の前で泣き続けた。天皇の態度は慈父を労る息子のようだったと書く書もある。

十六日には、各皇族を宮中に呼び、「まことにご苦労だが、すぐに各方面の派遣軍へ行き、停戦を伝えてもらいたい」と命じているし、東久邇宮に新しい状況下での内閣の組閣を命じるときには、とくに「時局の収拾に努力せよ」とも伝えている。東久邇内閣は、参謀次長の河辺《かわべ》虎四郎《とらしろう》を団長とする使節団をマニラに送り、マッカーサー司令部の幕僚との間で日本軍の降伏の儀式をどのようにするかの交渉も始めている。

天皇はそのような報告を受けながら、事態を冷静に見つめていた。

そして十七日には、「戦争終結ニツキ陸海軍人ニ賜リタル勅語」を発している。戦争の期間の労を慰めたあとに、「汝等軍人、克《よ》ク朕《ちん》カ意ヲ体《たい》シ、鞏固ナル団結ヲ堅持シ、出処進止ヲ厳明ニシ、千辛万苦ニ克《か》チ、忍ヒ難キヲ忍ヒテ国家永年ノ礎ヲ遺サムコトヲ期セヨ」という内容である。

さらに二十五日には、「帝国陸海軍ヲ復員スルニ方《あた》リ陸海軍人ニ賜リタル勅諭」を発して、「茲《ここ》ニ兵ヲ解クニ方リ、一糸紊《みだ》レサル統制ノ下、整斉迅速ナル復員ヲ実施シ、以テ皇軍有終ノ美ヲ済スハ朕ノ深ク庶幾スル所ナリ。汝等軍人、其《そ》レ克ク朕カ意ヲ体シ、忠良ナル臣民トシテ各民業ニ就キ、艱苦《かんく》ニ耐ヘ荊《けい》棘《きょく》ヲ拓《ひら》キ、以テ戦後復興ニ力ヲ致サムコトヲ期セヨ」と伝えた。

天皇は着実に新生日本の道を築くよう臣下の者に呼びかけていたといっていい。

マッカーサー上陸、占領下へ

戦争終結の手続きがこうしてひとつずつ始まった。その重要な手続きは、九月二日に東京湾に入ったアメリカの戦艦ミズーリ号上で行われた降伏文書への調印であった。この日をもって、日本は正式に敗戦という事態を受けいれることになったのである。

連合国代表は最高司令官のダグラス・マッカーサー元帥であり、日本側代表は重光葵《しげみつまもる》外相と梅津美治郎参謀総長のふたりである。この調印の模様は各国の記者たちの筆で世界につぶさに報道され、第二次世界大戦そのものの終結として伝えられた。

天皇は、この全権代表である重光が事前に「このポツダム宣言を忠実に実行することで国際信用を回復し、新日本の建設に新たな決意を示したい」と上奏したときに力強い言葉で「外務大臣の言葉は完全に朕の意に叶うものである。その精神で使命を果たしてもらいたい」と励ましている。重光はその言葉に新たな決意をもったのである。

一方で、天皇は梅津がこの調印式に出席するのをためらっていると聞くと、「愉快《ゆかい》ナラサル大任、心中ノ苦衷ヲ察ス」と伝え、これからも自分を輔《たす》けてほしいとの言葉を送っている。

九月二日の調印式を終えたあと、重光と梅津は自分たちが署名した降伏文書の報告文を奏上しているが、重光はその手記に「陛下も御安心の御様子であって、慰労の御言葉があった」と書きのこしている。すべての儀式がとどこおりなく終わったのである。この日、天皇は「ポツダム宣言受諾誓約履行の詔書」を発表している。

こうして日本は、アメリカを中心とする連合国の占領支配を受けることになった。それは戦争という行為の代償ということがいえた。

天皇は、「敗戦」に至るまでの経緯について、幾つかの自省や反省すべき点も感じていた。それは『昭和天皇独白録』のなかにも、あえて「敗戦の原因」として四点を挙げていることでも窺えた。その四点とは、第一点が「兵法の研究が不充分であつた事」といい、日本の軍事指導者が己れの実際を知らなかった点にあるとしている。以下、第二点として、「余りに精神に重きを置き過ぎて科学の力を軽視した事」、第三点は「陸海軍の不一致」、第四点は「常識ある主脳者の存在しなかつた事」となっている。天皇の立ち場から見る限りでは、こうした自省をもつことで新たな日本の道を示したいとの思いがあった。作家の半藤一利は、こうした原因についてこの書の注で、「天皇のいわば不動の太平洋戦争観が、この二つ（保阪注・後述）の文書からはっきりとみてとれる」と書いているが、太平洋戦争に対する考えが凝縮しているということになる。

半藤の指摘したもうひとつの文書とは、九月九日に日光に疎開していた皇太子明仁《あきひと》親王にあてて書いた書翰である。天皇は皇太子から書翰を受けとっていて、それに返書を認《したた》めた。そこには、今次の戦争についての自らの考えをやはりはっきりと示されていた。この手紙は、「手紙をありがたう　しつかりした精神をもつて　元気で居ることを聞いて　喜んで居ます」で始まっている。

そのうえで、皇太子が先生から聞いていたこととはちがったことになってしまったと思う、ともいい、敗因についてこまかく述べている。この内容は、先の「独白録」の内容とも重なるのだが、以下に原文のまま引用しておきたい。

「我が国人が　あまりに皇国を信じ過ぎて　英米をあなどつたことである
我が軍人は　精神に重きをおきすぎて　科学を忘れたことである
明治天皇の時には　山県　大山　山本等の如き陸海軍の名将があつたが　今度の時は　あたかも第一次世界大戦の独国の如く　軍人がバツコして大局を考へず　進むを知つて退くことを知らなかつたからです」

もしこのまま戦争が進むならば、国民の犠牲もふえると考えたという一節も書かれている。皇太子にあてたこの書翰は、天皇が三つの考えをもっていたことを示している。そしてこの三つの考えこそが新しい時代への教訓であると述懐しているといっていいであろう。

そのひとつは、統治権、統帥権の総攬者として、臣下の者の考えの視野の狭さに気づいていたことである。そのことについて立憲君主制のもとでは直接には制御することができなかったという事実が明かされている。このことを皇太子にはっきりと意思表示をしておきたかったと解すべきである。

もうひとつは、日本国民は科学を軽視する傾向があるという指摘である。天皇は生物学のレベルの高い研究者でもあった。それだけに「科学を軽視」するようなことがあってはならないと伝えていたのである。これも重要な指摘ということができた。そして三点目としては、皇統の存在意義はつねに国民に結びつくことにあり、国民とともにあるという心構えが必要であると強調していることである。臣下の代表者を超えて国民の精神を理解すべきであるとの伝言を託していると解釈できる。

皇太子はこのとき十一歳であった。

天皇が皇太子にわかりやすく自らの思いを伝えたのが、この歴史的書翰だったのである。同時に次のこともいえた。皇室では、皇太子が満十歳に達したときに陸軍の少尉に任官するという決まりがあった。皇太子も昭和十九年十二月二十三日の誕生日を機にとくべつの軍服を着服してほしいとの要望が陸軍から出されていたが、天皇はそれを認めなかった。つまり皇太子には軍服を着服させなかったと解釈できるのである。この挿話をもっとくわしく分析するならば、天皇はこの戦争がどのような形になるにせよ、皇太子には関わりのないことにしておきたい、と考えていたともいえる。

天皇はこの戦争について、自らの御代のこととして考えていたことは、このころの発言や動きを見ていると充分に理解できる。そのことがもっともよくあらわれているのは、九月二十七日にアメリカ大使館にマッカーサー元帥を訪ねた折といっていいであろう。

天皇とマッカーサーの会見は、外相の吉田茂が内々に「もし天皇陛下が、あなたを訪問したいと言われたらどうなさるか」とマッカーサーに打診したところから始まった。マッカーサーは「喜んで歓迎申し上げる」と答えたというので実現することになった。侍従長の藤田尚徳も、吉田とは別に天皇の使者という形でマッカーサーのもとを訪ねていた。

藤田は不安な気持でマッカーサーに会ったが、「マ元帥は非常に丁重な応対であった。私は内心ほっとした」とその書（『侍従長の回想』）に書きのこしている。

九月二十七日午前十時から四〇分間、この歴史的会見はアメリカ大使館の二階で行われた。このときの様子について、私はかつて「マッカーサーは会見室の前に立っていて、天皇が近寄ると握手をした。マッカーサーはできるだけ表情をくずすまいとしていて、その握手にはそれほど温かさはこもっていなかった、と目撃した者の証言は共通している。マッカーサーは会見室に天皇と通訳の奥村勝蔵《おくむらかつぞう》（外務省）だけを招き入れた」（『敗戦前後の日本人』）と書いた。

ところが四〇分間の会見を終えたあと、天皇とマッカーサーの間には親密な空気が流れているのを誰もが感じた。藤田は、先の書に「会見を終えた陛下とマ元帥は、親しそうに次室に出てこられた。（中略）元帥は私に先日の訪問の礼を述べて、いかにも自然に友情をみせた。部屋のなかが和やかになり、お互いの随員たちも、改めて挨拶を交わす。陛下のマ元帥訪問は、成功のうちに終った」と冷静な筆調で書いている。

四〇分の間にどのような話し合いが行われたか。

天皇はこの会見の内容について一切語らなかった。マッカーサーが副官に「天皇との会話はすべて極秘にする」と伝えたように、ふたりの間には他言しないとの約束が交されていた。とはいえ、マッカーサーはその回想記に、次のように書いている。

「天皇の口から出たのは次のような言葉だった。『私は、国民が戦争遂行にあたって政治、軍事両面で行なったすべての決定と行動に対する全責任を負う者として、私自身をあなたの代表する諸国の裁決にゆだねるためにおたずねした』、私は大きい感動にゆすぶられた」

天皇は、戦争にかかわる責任について自らの意思を率直に示したことになる。この勇気にあふれた言葉に、マッカーサーは感激したといい、その瞬間に、「日本の最上の紳士であることを感じとった」とも書いている。

日本側の記録は、平成十四年十月十七日に外務省から公開された。通訳にあたった奥村がまとめた文書だが、ここにはマッカーサーの回想記にあった内容は書かれていない。しかし、天皇とマッカーサーの間に初めは緊張があり、やがて親しみの感情が流れるようになったことは疑いえない。奥村の作成した文書には「此ノ戦争ニ付テハ、自分トシテハ極力之ヲ避ケ度イ考デアリマシタガ戦争トナルノ結果ヲ見マシタコトハ自分ノ最モ遺憾トスル所デアリマス」とあって、この部分がマッカーサーの回想記に書かれていると思われる。

こうして始まった日本の新しい歩みは、天皇の素直な所信の披瀝と国民とともにあるという姿勢によって形づくられていくことになった。

歴史とむきあう

昭和二十年九月から十二月までの間、天皇は正面から〈歴史〉とむきあった。

この場合の〈歴史〉とは、かつて日本が体験したことのない試練ともいえた。日本は連合国による占領期にはいったために、国家主権は大幅に制限された。アメリカの政治指導者や国民は、当初は必ずしも日本の指導者に甘くはなかった。天皇の戦争に対する責任を問うという論も多かったのである。

そのような空気のなかで、連合国軍最高司令官のマッカーサーは、天皇の立ち場やその考えを理解し、天皇の責任を問うことはできないと本国政府に少しずつ伝えていった。マッカーサーは、天皇に対する国民の感情を見るなら、占領統治は天皇を中心とする国家体制のほうが良いと判断したのである。

一方で、天皇は自らの立ち場にかかわらず、この国を新しいレールに乗せたいと考えていた。この国を軍事とは異なる道で建て直したいと考えていたともいえる。その天皇が、この期にしばしば相談をもちかけたり、新しい事態に対応するよう命じたのは、内大臣であった木戸幸一と、侍従次長の木下道雄であった。そして、政治面ではつねに政府の側にいることになった吉田茂である。

木戸とは、マッカーサーとの会見の二日後（九月二十九日）に、とくに呼んでこの期の対応策について話し合っていた。『木戸幸一日記』には、天皇の正直な気持がそのままに綴られている。以下に引用する。

「（アメリカではいろいろな論があるようだが）自分の真意を新聞記者を通して明にするか或《あるい》はマ元帥に話すと云ふことも考へらるゝが如何、との御下問あり。余は之に対し、（中略）御憤懣は充分御察し申上るところなるが、此際は陰忍（ママ）して沈黙被遊《あそばされ》ることが肝要と存ずる旨奉答す。其際、自分が恰《あたか》もファシズムを信奉するが如く思はるゝことが、最も堪《た》へ難きところなり、実際余りに立憲的に処置し来りし為めに如斯《かくのごとき》事態となりたりとも云ふべく、戦争の途中に於て今少し陛下は進んで御命令ありたしとの希望を聞かざるには非ざりしも、努めて立憲的に運用したる積りなり、（以下略）」

天皇は、木戸に対して国の内外に私への誤解がある、それを私は解きたい、と強く熱望していることを告げたのである。そのうえで、満州事変や日中戦争の折には統帥部に話し合いで解決するよう命じたことなどを明かしている。天皇にとっては、立憲君主に徹した姿勢が批判されるのは納得できないとの感情が強かったことがわかる。

木戸は、自分に余命があるならば満州事変以来の「陛下の御執《と》り被遊《あそばされ》し御処置、御考へ」はぜひ書きのこしておきたいと奉答している。

アメリカを始めとする連合国の動きを見ている限りでは、戦時の政治、軍事指導者が連合国軍司令部

（GHQ）から次々と出頭を命じられており、木戸にも出頭命令があるかもしれないと噂されていたときだった。それに連合国側が軍事裁判を起こして日本の指導者たちを裁くという動きも公然化していた。それに対抗して幣原内閣のもとでは、日本側が自主的に裁判を開いたらどうか、という案も練られていて、それが天皇のもとにも届けられていた。天皇は、この案に対して「朕の名において裁くことはできない」と拒んだ。

こうした時代の空気のなかで、天皇はあらゆる面に目をくばっていた。第一点は、新しい国づくりのために国民を激励すること、第二点は、皇族に対してときに名代として役目を果たしてほしいとの要望、第三点は、日本が自主的に連合国の改革要求に対し是は是、非は非と主張するための研究であった。

第一点は、昭和二十一年二月から始まる全国行幸であった。この年一月一日に発した「人間宣言」にもそのような心づもりが盛られていた。第二点は、昭和二十年十月十一日に、天皇が伊勢神宮を親拝《しんぱい》したいがどうだろうか、と木戸に相談したことから始まる。木戸は松平慶民《まつだいらよしたみ》宮内大臣と相談し、急遽GHQ側の意向を確かめたうえで、十一月十二日から十七日まで伊勢神宮、畝傍山陵《うねびやまりょう》、伏見桃山陵、多摩御陵と天皇の行幸が実現した。このときに侍従のひとり筧素彦《かけいもとひこ》も随行していたが、その著（『今上陛下と母宮貞明皇后』）のなかで次のように書いている。

「陛下の御服装は、新しく制定されたばかりの天皇御服制により、終戦後僅《わず》かな期間のみ御使用になったものであった。それは当時の宮内官の供奉服《ぐぶふく》に似た、海軍型の、黒色笹縁の詰め襟服で、襟や袖口に刺繡のあるもの、それに勲章や記章を佩用《はいよう》され、御帽子も前面中央には、陛下独得の金繡の徽章がついていた」

昭和二十年十月、十一月、十二月の天皇の行幸（臨時議会開院式も含めて）はすべてこの服装を着用した。それは新しい時代を示す外見の変化でもあった。しかし、昭和二十一年二月からの全国行幸では、平服の背広を着用している。

天皇は皇族男子全員を宮中に招いて、「終戦という、わが国未曽有《みぞう》の大事を、ご先祖である歴代天皇の御陵に報告し、これからの日本を守っていただく誓願をしたい」と伝えた。そのうえで、三つの御陵には、「自分で報告をし、請願をするが、その他の御陵には、ご苦労だが、君たちが手分けをして、代参をしてくれ」と命じたという（竹田恒徳『雲の上、下 思い出話』）。

天皇は、こうして〈歴史〉とむきあうことでひとつひとつ着実に手を打っていった。

第三点は、連合国による日本への政策に対して、日本側も独自に対案を示すなどの研究を続けるよう、侍従次長の木下道雄に命じていた。侍従長は依然として藤田尚徳であったが、新体制下での改革については木下に命じるという形を採った。そのようなけじめが、天皇の日常の政務には重要だったのである。木下は、大正十三年に東宮侍従として宮内省にはいった内務官僚であった。その後、東宮が天皇として即位してからの六年間、天皇の側近として仕えた。従って心の内を自在に明かすことができたのである。木下が侍従次長のポストに就任したのは、昭和二十年十月二十三日のことである。この日、木下は天皇から「時局重大の際、任務を完遂せよ」と命じられた。

この日から木下は、日誌を書き残しているが、その『側近日誌』によるなら、この二十三日以後、天皇は木下に次つぎと研究テーマを与えたり、独自に案をつくるよう命じている。そしてときには、木戸にかわって相談事をもちかけてもいた。とくに昭和十年代の天皇の置かれていた状況について、改めて木下に苦衷を洩らすこともあった。

就任した翌日（十月二十四日）の木下の日記には、一時間一五分にわたって、「聖上に御政務室にて拝謁」とあり、五項目が記載されている。宮内省改革についての見解、あるいはマッカーサーとの会見についての国民の反応、そして増産のための肥料研究の必要性にまじって、「近衛公の人物評」「万一御退位の必要に迫られたる場合の、其の後の生物学御研究の助手のこと」などが話し合われている。天皇は、連合国内部にある退位説にも気をくばっていたことがわかる。

こうした退位説については、ときに天皇も木戸などに相談しているが、しかしマッカーサーと幣原内閣の外相の吉田茂（その後、長期にわたって政権を担当する）との強いつながりによって、この説はしだいに弱まっていったのである。

木下は、天皇の意を受けて政府や外務省、それに宮内省の戦後処理に関わる責任者と連日のように交渉を重ねた。その折に木下は、天皇からさまざまな知識を与えられた。ときには天皇自身のこれまでの生活をふり返っての感想も聞かされている。たとえば十一月十一日の記述を読むなら、行政機関の部局長がどのような事務を執っているかを知るために、彼らにも上奏の機会を与えたいと申し出た木下に対して、「大臣がそれを可とするならばよし」と伝えている。その後、会話が進んだとして、天皇は次のような話をされたと記している。

「御幼少の頃、両陛下との御交り、即ちお膝許の御生活はなかりし。御親しみも従って薄し。渡英のとき、Prince of Walesから毎日両陛下に逢わるるかと尋ねられて困ったとのお話あり」

このような心情には、天皇のこれからは皇太子や皇子、皇女と親密に会う機会をつくりたいとの思いがこめられていた。事実、皇太子も皇子、皇女もしばしば天皇のもとを訪ねる機会がふえるよう配慮されることになった。戦争が終わったあと、天皇は幾つかの御製を詠んでいる。とくにポツダム宣言受諾を決定した御前会議のあとに詠んだ和歌には次のような内容があった。

みはいかになるともいくさとゞめけりたゞたふれゆく民をおもひて

外国と離れ小島にのこる民のうへやすかれとたゞいのるなり

こうした歌は一般には公開されなかったが、木下はあえて「宣伝的にならぬ方法にて世上に洩らすこと」にしたいと申しでている。その説得に天皇もやっと応じたのである（十二月十五日）。

その木下の日誌の十二月二十三日に、「ダイク―ブライス―山梨―石渡―○―幣原―鈴木」と謎めいた記述があった。これは昭和二十一年一月一日に発せられた「新日本建設に関する詔書」（いわゆる人間宣言）作成のプロセスをあらわしていた。

新日本建設に関する詔書

侍従次長の木下道雄の日誌（昭和二十年十二月二十三日）に書かれた人脈図は、新しい時代の天皇像をつくるための動きを示していた。

ダイクとは、GHQの民間情報教育局長のケン・R・ダイク大佐をあらわしていた。ブライスは学習院の英語教師（イギリス人）で、このころ皇太子の英語の授業を受けもつことになっていた。ダイクもブライスも日本の政治機構をこれまでの時代とは異なった形にしたいとの考えをもっていた。

マッカーサーの考えに則って天皇と国民の関係を新しくつくりあげたいというのであった。そのことについて、木下道雄の『側近日誌』に解説を書いている高橋紘は、民間情報教育局は「天皇から神聖さを除去」することで、「即ち天皇自らが人間であることの詔《みことのり》（お言葉）を天下に発布する必要があった」と書いている。それを日本側が独自に示したという形を採りたかったとも指摘している。

ダイクとブライスは、まずその趣旨をまとめた。そこには、「天皇と国民とは非常に強く結ばれている。（中略）幾千年の献身と熱愛により練出された信頼の絆《きずな》であり、愛情の絆である」との一節もあった。こうした案文が宮内省や幣原内閣にも回された。ダイクは、できれば政府と側近とでこの案文を発表してほしいというのが本音だったのである。

政府がまずダイクとブライスのまとめた案の検討にはいった。具体的には、幣原首相が私邸にこもって手直しに専念した。幣原はＧＨＱの押しつけという形を嫌い、自らが英文で新たな文案をつくった。その冒頭には、「茲《ここ》に新年を迎ふ。朕は茲に誓を新にして、旧来の陋習を去り、民意を暢達《ちょうたつ》し、官民挙げて平和主義に徹し、教養豊かに文化を築き、以て民生の向上を図り、新日本を建設すべし」と書かれていた。

幣原はこの作業に没頭したため、高熱をだして倒れてしまった。それを知った外相の吉田茂は、マッカーサーに要請してペニシリンの提供を受け、一命をとりとめる事態にもなった。

幣原のまとめた草案（日本語訳）は、木下のもとに届けられ、そして天皇が目を通すことになった。木下自身は、この文体が英語の翻訳調であるのに不満だったし、天皇家の伝統や国民の臣民意識をもっと強調すべきとの考えをもち、政府側となんどかのやりとりを行った。その一部は天皇の諒解を得たのに幣原内閣にはねかえされると怒りのあまり、このような内閣はつぶれてもかまわないとも記述しているほどであった（十二月三十一日）。

天皇は、木下と政府側とのやりとりのなかで、もっとも大きな注文として、幣原にあてて次のように伝えている。

「日本における民主的な思想は、何も戦後になってはじめて生まれたものではなく、明治天皇の時代からあった五箇条の御誓文も加えてほしい」

そこで幣原は改めて草案を練り直した。こうして文書の冒頭は、「茲ニ新年ヲ迎フ。顧《かえり》ミレバ明治天皇明治ノ初国是《はじめこくぜ》トシテ五箇条ノ御誓文ヲ下シ給ヘリ。曰ク」として、五箇条を列記し、そして「叡旨《えいし》公明正大、又何ヲカ加ヘン。朕ハ茲ニ誓ヲ新ニシテ国運ヲ開カント欲ス」と続いた。

さらに天皇の意思として、文中には「人類愛ノ完成ニ向ヒ、献身的努力ヲ効《いた》スベキノ秋《とき》ナリ」という一節も加えられた。

こうした経緯でまとまった最終文書は、マッカーサーのもとにも届けられて諒解を得ることになった。昭和二十一年一月一日の各紙にこの文書（「新日本建設に関する詔書」）は、天皇の年頭の詔書として発表された。この日の新聞には、皇居を散策する背広姿の天皇の写真も掲載されたが、国民にとってはこのような平服の写真を見るのは初めてのことであり、日本が新しい時代にはいったことを直接に目で確かめる契機にもなったのである。

この詔書は、一般には天皇の「人間宣言」と語られ、それは現在に至るも歴史の年譜に刻まれている。「人間宣言」といわれるのは、この詔書のなかにある次の一節によってであった。

「朕ト爾等《なんじら》国民トノ間ノ紐帯《ちゅうたい》ハ、終始相互ノ信頼ト敬愛トニ依リテ結バレ、単ナル神話ト伝説トニ依リテ生ゼルモノニ非ズ。天皇ヲ以テ現御神《あきつみかみ》トシ、且《かつ》日本国民ヲ以テ他ノ民族ニ優越セル民族ニシテ、延《ひい》テ世界ヲ支配スベキ運命ヲ有ストノ架空ナル観念ニ基クモノニ非ズ」

この文面には、かつての時代にはこのような認識が失われていたとの思いが凝縮していた。

この「人間宣言」に呼応する形で、マッカーサーも声明を発表した。「天皇の新年の声明は、私の非常に欣快とするところである」という内容であった。天皇の「人間宣言」とマッカーサーの声明は、外国でも詳細に報じられた。その報道内容について、吉田が天皇に上奏している。そのことを木下は、やはり日記に書きのこしている。

「詔書の米国世論に与えたる影響につき、吉田外相の奏上の内容を承る。概して良好」

もとより皮肉にみちた報道とてなかったわけではない。しかし国際社会は好意をもってこの宣言を受け止めたことはまちがいなかった。こうした動きを確かめながら、GHQの民間情報教育局は「日本天皇の存続確立」を確信したし「いかなる場合にも天皇の存続は絶対必要」という方針を固めていったのである。

そうした内部の動きは、木下のもとに届いていた。

この「人間宣言」は、改めて歴史のなかに位置づけるならば、天皇は木下とどこまで意思を通じ合っていたかは不明であったが、「天皇制下の軍国主義」から「天皇制下の民主主義」に移行する宣言のように考えていた節があった。それは天皇自身の歴史的な闘いともいえるが、民主主義を「五箇条の御誓文」に求めることで、天皇は自らの立脚点はこの点にあると改めて宣言した。しかし、このことは歴史的にはいまなお明確に理解されていないように思う。

昭和二十一年一月二十二日に行われた「新年歌会始」は、御題が「松上雪」であったが、天皇の詠んだ歌は、胸中の複雑な心情をあらわしていた。

ふりつもるみ雪にたへていろかへぬ松ぞををしき人もかくあれ

この御製はどのような意味をあらわしていると解すべきだろうか。

実際にさまざまな解釈がされているが、苦難なこの時代に合わせて変わっていく光景がみられるにしても、そうあってはならないという意味に解するのがあたっているだろう。「松」には、人間の生き方、姿勢、識見や思想といったさまざまな思いが仮託されていると理解すれば、この歌は重い意味をもつのではないかと思える。

同時に、「人もかくあれ」と厳しい句でしめくくっているのは、天皇自身の自らへの戒めという意味にも解することができた。私の立ち場は変わっていない、改めてそのことを国民に正確に伝えたいとの心境につながっていることもまちがいなかった。これが天皇行幸のきっかけになったのである。

こうして天皇行幸は、GHQ内部からも、そして天皇自身も考えた案として登場した。宮内省は早くからこのような機会を考えて外務省、内務省に打診を行っていたが、その反応は芳しいものではなかった。だが「人間宣言」が発せられたあとは、天皇の気持もなおのこと行幸に傾いたし、マッカーサーもまた警備などの面で協力することを約束し、全国を広く行幸するようにと勧めた。

宮内省の行幸責任者は、宮内次官の大金益次郎《おおがねますじろう》と総務課長の加藤進であった。ふたりは、精力的に関係機関を歩いて、行幸の案づくりに励んだ。加藤の私への直話によると、「陛下の御意向を受けて、宮内省を中心に話を進めました。私はなんどもGHQに行って、どのような形の行幸にするかを話し合ったものです」ということだった。

GHQ側からは、幾つかの制約が命じられた。日本の国旗を振ってはいけない、お迎えの儀式もいけない、陛下が神社にお参りするときはＧＨＱの諒解を求める、との内容だったという。ＧＨＱ側は神経質なほど、こまかい注文をつけたのである。

さらにこのころは、皇室予算も凍結されていた。ＧＨＱに行幸の予算案を提出しなければならなかった。そのような事務をひとつずつ消化しながら、加藤はそのつど「なんとしても行幸を成功させたい」と励ましの言葉を発する天皇の姿勢に感銘を受けた。

「私たちは、まずお膝元の東京ではなく、近県から訪ねる案を考え、日程も午前八時ごろに皇居を出て日暮れまでには東京に帰ることにしたのです」

加藤は、初の行幸の経緯について平成元年に私に語ったのだが、その記憶は正確であった。

「陛下にとって、あのころは心の休まる日はなかった。でも国民と接する、国民に話しかけるという意欲をおもちで、この国を国民とともに復興させるのだという話のときは、潑剌《はつらつ》となさっていました」

と加藤は証言している。

第一回の行幸は、二月十九日と二十日の二日間行われた。十九日は川崎、鶴見、横浜を歩いた。昭和電工川崎工場や伊勢佐木町通《いせざきちようどおり》、横浜市復興局などを視察したが、天皇はどこに行っても国民に接するという姿勢で気軽に声をかけた。視察先の責任者から、詳細な説明を受けるたびに「あっ、そう」と答えるのが常だった。この語は、しだいに国民のなかに広まっていった。

川崎工場を出るときに、工場の前で一〇〇人ほどの社員が並んで見送りすることになった。ところが天皇は、列の端にいた一社員のところに歩み寄り、「何年ぐらいいるのか」と尋ねている。この社員は、行幸で初めて会話を交した庶民ということになるが、天皇の質問にとまどってしまった。辛うじて「昭和六年から一五年勤めております」と答えている。

「住宅などに不自由はないか」

との質問には「おかげさまで何とかやっております」と答えている。

すると天皇は「ああ、そう」と喜びの表情となった。

行幸する天皇

昭和二十一年二月十九日と二十日の神奈川行幸は、関係者以外には知らされていなかった。戦争が終わったあとの初めての行幸であり、GHQの指示もあって大仰に行ってはいけないとされていた。加えて、宮内省の随行者たちも国民がどのような反応で迎えるかを案じていたのである。

さらにこの行幸を皮切りに全国巡幸を進めたいと計画していたが、そのために大日本帝国時代とは異なった行幸のスタイルを確立するきっかけにしたいと考えてもいた。

十九日、天皇と随行者たちは昭和電工川崎工場から、日産重工業横浜工場へ回った。午前十一時十分にこの工場に着き、十一時五十分には離れたが、この四〇分の間に、天皇は国民と会話を交すことに馴れていった。

この工場では、すでに貨物トラックの生産が始まっていた。ここにはアメリカ軍の兵士も詰めていた。

彼らはカメラを手に天皇とその随行者たちを取り巻いては、シャッターを押した。なかには握手を求める兵士もいて、MPたちがあわてて制したほどだった。

とはいえ、天皇は工場のなかでは、生産現場のあちこちで足を止め、工員たちに気軽に話しかけた。「ここにはどのくらいいるの」という質問に、工員たちも緊張を隠さずに「五年です」とか「十年です」と答えた。そのたびに、天皇は「ああ、そう」とうなずいた。

高熱の現場で汗まみれになって働く工員の姿にはとくに強い関心を示した。

天皇は、彼らを励ましたいと思っている様子だったが、そうした折にどのような言葉がふさわしいのか、さがしあぐねているようだった。工場の管理者には、「工員の健康状態はどうだろうか」と案じている。こうした現実社会を見るのは、天皇にとっては初めてのことであり、それだけに改めて国民の素顔を知ることにもなったのである。同時に、そのことは国民の側にもいえた。天皇の質問にどのように答えていいのか、視線はあわせるべきか、などいくつもの困惑があった。多くの者は、視線を伏せて答えたが、天皇の「ああ、そう」という語に緊張がほぐれ視線をあげた。

日産の横浜工場のあと、県庁にむかった。予定よりも大幅に遅れて午後零時三十分の到着であった。そして貴賓室で食事をとることになった。当時、日本では食糧不足のときでもあった。食事どきには、他人の家を訪れないとの暗黙のルールもできていた。天皇もまたそのルールに従った。侍従が宮中からもってきたのは、のり弁当であった。そして魔法びんにいれてあるお茶を飲んだ。天皇は静かにのり弁当を口にはこんでいた。

そのあと県庁の屋上から、焼け野原となっている横浜の街を一望したが、天皇はその間ひとことも口を開かず、黙したままその荒れた光景を見つめているだけだった。

県庁を出たあと、稲荷台共同宿舎に回った。この地の周辺の人びとには、すでに「天皇が行幸で訪れる」という話が伝わっていて、人波ができていた。なかにはゴザに正座したまま、天皇の到着を待っている老人もいたほどである。そういう人波のなかに、天皇が到着したのは午後二時をすぎていた。天皇は車から降りると、帽子を振って軽く会釈をくり返した。人波のわずか一メートル前を天皇は歩み、笑顔でなんどか軽い会釈をしては、人びとの緊張した表情にこたえた。この交流のなかに、新しい時代の到来が確かに窺えたのである。

この稲荷台共同宿舎には、引き揚げ者が住んでいた。急造の宿舎のためか、粗末なバラック建てといってもよかった。天皇は、住宅営団の支所長の案内を受けて、この宿舎のなかに入ったが、一室ずつ丁寧にのぞき、そして正座をして待っていた家族たちに、声をかけていった。復員兵もなんにんか、仮りの住宅として住んでいた。そういう復員兵には、「ご苦労だったね」と声をかけた。そのような声をかけられると、大半の者は泣きだしてしまった。

夫が傷病兵だという夫婦の部屋では、「ずいぶん働いてくれたんだね」と声をかけた。その妻は大声で泣いた。天皇もまたその姿を無言で見つめていた。沈黙が流れた。ある随行者の証言では、「陛下もまた目をうるませておられた」というのであった。

侍従に促されるまで、天皇はその場から動かなかった。

「陛下は私たちの苦しみをわかってくださり、そして励ましてくださった」

そのような声が共同宿舎のなかに広まり、それがやがて人づてに語られていくようにもなった。実際に、天皇は共同宿舎の前でつぎのあたった服を着て並んでいる小学生の列に近づき、「学校の道具は焼けなかったの」と尋ね、「焼けませんでした」という答えを聞くと、

「それはよかったね」

と一段と大きい声で叫んだ。

稲荷台共同宿舎のあとは、横浜市復興局屋上、そして神奈川区の大口商店街に行った。この商店街は、当時、横浜ではもっともにぎわっていた。神奈川県の内山岩太郎知事が、「焼け跡ばかりではなく、市民の起ちあがっているその姿をお見せしたい」との考えをもって選んだコースであった。

この商店街の入り口に、天皇が着いたときはすでに午後三時近くになっていた。予定より一時間以上も遅れていたのである。天皇はすでに一般国民二〇人以上と会話を交していた。即位してからこれほど多くの国民と会話を交したのは、むろん初めてのことだった。そのため車のなかでは、侍従長の藤田尚徳とむかいあって座っていても、ほとんど口を開かなかった。疲労が激しかったのである。

天皇は、大口商店街の活気にふれることになったが、ここでは押し寄せる人波を警官だけで制止することはむずかしく、そのために商店街の有志が自警団役を買ってでていた。全国巡幸の予行演習ともいうべき意味をもった神奈川行幸は、天皇を歓迎する国民の波をどのように制御するかがむずかしいとの教訓を示唆することになった。

こうして天皇は、夕方になって皇居に戻った。この間、およそ七時間余、天皇にとっては初めての体験であり、国民との間に、戦後の新しい関係をつくる始まりでもあった。GHQ内部には、天皇と国民の関係は戦争をはさんで決して良好な関係は成りたたないだろうと予測する声もあったが、その声はまったくの予想外れであった。

天皇が初めて国民の前に姿をあらわしたこの神奈川行幸について、海外のメディアも大きく伝えている。もとより好意的な論調と批判的な論調があったが、アメリカの代表的な週刊誌『ニューズウィーク』は、天皇の「工場巡りはひどく真剣なものだった。(中略)天皇は、朝方からの緊張にもかかわらず、GIたちのカメラにも動ずる風はなかった」と書いている。

日本に駐留するアメリカ軍の兵士たちが、ときに天皇に非礼な態度をとっても、天皇は少しも動揺することはなかったと伝えたのである。実際に、天皇は行く先々でGIたちに取り囲まれることがあったが、そうした好奇心だけのふるまいにも毅然とした態度をとり、へりくだったり、威圧的になったり、あるいはその好奇心に神経質に反応することはなかった。そういう態度が、逆にGHQ側にも認められていくことになったのである。

二十日の日程は、前日よりもゆるやかではあったが、それでもこの日一日で、幾つかの重要なスケジュールをこなさなければならなかった。この二日間のスケジュールは主に宮内次官の大金益次郎や総務課長の加藤進らが中心となって練ったが、午前中には三浦半島の突端にある久里浜の引き揚げ援護局の寮を視察することになっていた。

この引き揚げ寮は、海外からの復員軍人や軍属、それに身体ひとつで帰ってきた民間人がひとまず身を落ち着ける場であった。そして健康診断を受けたあとに、列車の切符をもらって故郷に帰ることになっていた。こうした帰国者のなかには、発疹チフスや赤痢、それにペストなどに罹っている者もいると予想された。加藤の話では、しかしこうした病いを恐れていては、行幸それ自体が成りたたなくなるとの覚悟もあったというのである。

侍従の筧基彦の書によれば、十九日の夜に、県知事の内山から筧のもとに電話が入り、「困ったことになった。明日行幸予定の久里浜の復員寮でチフスが発生した」との連絡がはいったという。以下に筧の決断をこの書から引用しておく。

「宮内伝染予防令に準拠すれば、伝染病流行地への行幸はできないことになるが、今この非常時にそんなことを言っていては全く話にならぬ。（中略）私は言下に差し支えなしと答え、あちこち言えば杓子定規に平時的感覚で物を言う者の出るおそれもあるから一切を呑み込んでしまった」

こうした不安をかかえながら二十日の行幸は行われた。この日に、天皇は初めて加藤に対して心情の一部を口にしている。

孤高から「国民とともに」へ

久里浜の引き揚げ援護局寮が行幸先として選ばれたのは、復員兵の再出発を励ますためであった。侍従次長の木下道雄の日誌には、「昨日及び本日の行幸は」歴史的なこととしつつ「庶民と御接触を主眼とす」とも書かれている。

昭和二十一年二月二十日の午前十時三十分にお召列車は久里浜駅に着いた。東京駅を出発してから一時間半がすぎていた。この日の天皇の服装は、前日と同じようにグレーの外套と背広である。援護局の幹部から、外地からの復員状況がどうなっているかの説明を受けたが、兵士たちの話になると、天皇は直立し不動の姿勢をとった。そして視線を伏し目がちにして、その説明に耳を傾けていた。

たとえば幹部の話は、「東部ニューギニアからの引き揚げ者はその健康状態がもっとも不良でございまして総数七千七百三十三名中、入院患者は三千七百二十七名に達し……」と具体的であったが、その数字の部分では、なおのこと不動の姿勢になったのである。誰もがその姿勢にならって不動の姿勢をとった。

そのような説明のあとに、天皇は懸念を隠さずに早口で尋ねている。

「引き揚げてまいる軍人並びに一般の人びとはどういう気持で帰ってくるか」

その問いに幹部は、「戦火に見舞われたる地より引き揚げてまいりましたるもののうちにはあまりにも大いなる打撃にむしろ茫然、今後の方向に迷い居るものも相当にございます」と答えている。こうした説明にあたる幹部は、すべて援護局の官僚であり、旧軍人はその任から外されていた。

このような引き揚げ寮や病人が身体を休めている援護所を、天皇は丹念に回っている。そのときの様子については、浦賀引揚援護局が昭和二十一年に『行幸を仰ぎ奉りて』という冊子にまとめている。省内の資料として保存されているが、この冊子をもとに天皇と復員兵や民間人が交した会話、さらにはそのときの状況について書き進めていくことにしたい。

南方から帰ったばかりの復員兵の一団が、天皇を迎えていた。天皇はひとりの一等兵曹に声をかけた。

「戦争中食糧は如何だったか」

「はい。食糧は昭和十八年の末から殆どなく野菜、甘藷等をつくって食べておりました」

「そうか。戦争中はご苦労様でした」

そして戦況についても短い言葉で質した。援護局側は激戦地の模様は、天皇には伝えたくないと考えていたのか、初めは戦場のひどさは語られずにいた。しかし病床に横たわっている元兵士たちのなかには、苦痛と闘っている者もいた。痩せ細り目だけを光らせているマラリア患者がいた。身体を起こすのも大儀そうだ。天皇の質問には、なにひとつ答えることができない状態だった。天皇は、「苦しくないの」となんども尋ねた。この元兵士はベッドにうつぶせになり、声をあげて泣いていた。

天皇は元兵士たちに次つぎと声をかけて励ましたが、彼らは天皇の励ましを受けると、堰を切ったように泣いた。随行の一団も誰もが涙をふいた。その光景を護衛のアメリカ兵たちは、不思議そうに見つめていた。

天皇の予定は大幅に遅れることになった。それは復員兵のすべてに声をかけようとする天皇の熱意からであった。粗末な援護局次長室で、天皇と随行の者は弁当を広げたが、この日もまた天皇はのり弁当であった。天皇は食事の間、ひとことも言葉を発しなかった。

食事が終わるとすぐに国立久里浜病院にむかった。この病院にはマラリアやチフスの患者も多い。病院側は、そのすべてを天皇の目にふれさせようとしたわけではなかったが、天皇はそういう思惑にもかまわずに起きあがることもできない患者に近づいていったのである。

私はこの二月十九日、二十日の二日間の様子を調べて「占領下、初の『神奈川巡幸』二日間」と題した稿を書いたことがある（拙著『さまざまなる戦後』に収録）。そこには次のように書いた。

「天皇は、マラリアやチフスの患者にも近づき、『身体の具合は？』『気をつけてね』とくり返した。兵士たちのある者は泣き、またある者は、うつむいたままだった」

この取材に同行した新聞記者からの直話では、「陛下のお気持がこれほど優しいということは、われわれも初めて知らされました。私たちも職員も皆泣いていたのが正直な姿でした」と話していた。天皇がもっとも行幸を望んでいた理由は、こうして国民と直接に会い、会話を交し、そして励ましていきたい、という点にあったのだろう。天皇のほうから護衛を無視して復員兵や帰国したばかりの民間人に近づいていって話しかけていたのである。県知事の内山岩太郎は、この日の未明にも新しい棟からチフス患者が発生したが、それも伏せて天皇をなるべくそうした棟に近づけないようにと配慮した。真性患者には近づけなかったが、疑似患者には天皇はなんども近づいて励ました。

内山はこのことを伏せておくのは心苦しく思ったらしく、この行幸の二週間後のことだが、東京で開かれた地方長官会議に出席したあと、皇居で単独拝謁を願いでている。そして天皇にこの話を伝えた。天皇は苦笑しながら聞いていたが、この事実は天皇と内山の二人だけの秘密となったと自伝に書いている。

国立久里浜病院視察のあと、天皇の車は三浦半島の突端にある鴨居収容所にむかった。ここは浦賀造船所の元工員宿舎で、三五〇〇名を収容できる広さがあった。このころは連日のように南方からの引き揚げ者が続いていて、二月二十日にはパラオやテニアンなどからの引き揚げ者一九〇〇名近くが仮の宿としていた。復員兵だけでなく、民間人や家族連れもまた多かった。

天皇はここでも次つぎと部屋のなかにはいった。入り口に立って質問するのではなく、まるで肩に手をかけるように話しかけたりもした。三十四歳の国民学校教員とその一行には、「テニアンから皆さん来たんだね」と尋ね、「食糧には困らなかったか」と念を押している。

この教員は声をつまらせながら、「はい」と答えている。

「今まで皆さんはテニアンで働いてきたんだね」と言い、そして「ご苦労様でした」と声をかけた。老人や子供、それに女性には、とくに「寒くはないか」「戦争はひどかった?」と尋ねている。サイパンから帰ってきた元兵士には、「戦争は激しかったかね」と尋ね、「はい、激しくありました」と確かめている。天皇は「ご苦労様」と言って、うつむきつづけるこの元兵士の姿に目をやっていた。

この収容所から、こんどは車で一五分ほどの馬堀収容所にむかった。ここは横須賀に入港した陸軍の復員兵が一晩か二晩泊まって故郷へ帰る安息所のような施設だった。ここでも天皇は、食糧不足で困っただろう、戦争は大変だったと思うと声をかけ、そして最後は「ご苦労様」とねぎらうのが常だった。

現役の将校のなかには、「米英に敗れてまことに申しわけございません」と涙声で絶叫する者もいた。

異様な光景だった。護衛の者がすぐにこの将校を別室に連れていった。天皇は随行の者の案内ですぐに次の部屋に移った。天皇はひたすら復員兵に励ましの言葉を与え続けた。

この収容所の一階に貴賓室があった。天皇はここで休息をとったが、そこには随行者を代表するかたちで加藤進だけがとどまった。二人だけになったのである。天皇は静かにソファに座り、黙していた。

その貴賓室からは庭が見えた。整列をして天皇を迎えた部隊の何人かが国旗を掲揚しているポールの周りをなんども回りながら軍歌を歌っていた。敗戦という事態を理解していない光景だというのは、誰にもわかることだった。窓越しにその姿が貴賓室にはいってくる。

天皇とふたりになったときの様子を、加藤は私に次のように話したことがある。

「兵隊さんたちは上陸したばかりだったのでしょう。激戦をくぐり抜けてきたという気持の昂ぶりがあったと思いました。まるでこれからまた戦をするのだといわんばかりの光景でした。陛下はこの光景を非常に心配されておりましたよ」

そして加藤は、このときか、それとも東京への帰りの車中であったかは記憶が定かではないが、としつつ、陛下は次のような言葉を口にされたと証言した。

「主務官、ああいうことはいけない。ああいうわけにはいかない。彼らを起ちあがらせるようなことをしてはいけない。こういうことをしていてはだめだ」

この言を収容所に伝えるようにとも言葉を足したというのである。

そのうえで、加藤は次のように証言していた。

「陛下は、これからは考え方を変えなければいけない、行幸の意味をきちんと諭してほしい、これを地方長官会議で伝えておいてほしい、とおっしゃいました。国民にまず陛下のお気持をわかってほしいというのが、行幸主務官の役目だと、私も改めて感じいりました」

こうして二日間の行幸は、これから始める全国巡幸に多くの教訓を与えた。加藤は、天皇が国民との対話を求めていることも知ったし、そして心から国民を案じていることを伝えなければならないと思った。

加藤と同様に、天皇の信頼の篤かった宮内次官の大金益次郎は、自著『巡幸余芳』に「（戦争の）道義的責任感、これが、陛下を駆つて全国巡幸の悲願を発起せしめた根源」とも書いていた。

新時代のふたつの顔

神奈川行幸の主務官だった加藤進は、この行幸に要した費用やその内容をくわしくGHQの経済科学局に報告した。それが義務づけられていたからでもあった。この正確な報告が認められたのか、それともGHQ側は、天皇の行幸によって日本の国民が反連合国という動きを示すことがないと判断したためか、とにかく昭和二十一年四月からは行幸予算が計上されることになった。

しかしいくつかの制限はつけられた。どこを訪問するか、その予算は、といったことは経済科学局のサインをもらわなければならない。それに戦前であれば、剣璽《けんじ》を供奉員が必ずもって随行するのであったが、それは認められなかった。

神奈川行幸を範にした形で、全国巡幸が始められることになったが、その初めは東京、そして群馬、埼玉、千葉、次いで静岡、愛知、岐阜という具合に東海道を西下し、そしてときに茨城など関東地方を挟むことにした。大阪まで行幸したあとは、東北地方にという日程が組まれた。西に北に、そして東にと放射線状に行幸を続けるのである。

むろん行幸ばかりを続けるわけにはいかないので、一ヵ月に二県から三県、そして三ヵ月から六ヵ月休んでまた続けるという日程がつくられた。主務官や随行者には、天皇は早めに全国を訪問したいとの希望をもっておられることが伝えられてもいた。天皇の側近たちは、天皇がなぜこれほど強い意志を示すか内々には理解していたが、そのことを決して宮中の外には明かさなかった。

ある事実を紹介しておきたいと思う。天皇が病いの床に伏している昭和六十三年秋、私は昭和二十年代に侍従をつとめていたある人物（匿名を絶対条件としていた）から、次のような話を聞いた。これを初めて明かしておきたいと思う。

「戦後しばらくの間、陛下はお独りで御自分を責める言葉をお吐きになっていらっしゃった。表現はきついいい方になりますが、私たちにはうめいておられるようにも聞こえました。あれ、陛下は誰かと議論なさっているのかな、と思ったこともございました」

なぜあのときあのようになってしまったのか、という意味の言葉がくり返されていたというのである。それを耳にしていた側近たちは、陛下がどのような気持で全国巡幸を続けようとしていたかはよく理解できるとも言葉を足していた。

このとき宮内次官だった大金益次郎（昭和二十一年五月に藤田尚徳にかわって侍従長に就任）が、自らの著に、陛下は道義的責任感から全国巡幸の悲願を発起せしめたと書いているのは、こういうことであったのだ。

神奈川行幸から八日目の二月二十八日には東京都内を回り、三月一日には日野、八王子、府中などを回った。都内では街の復興を、郡部では国民学校寮を視察し、次々と人びとに声をかけた。

新宿のデパートでは、「平和産業転換製品展示会」を視察した。このデパートの入り口には多くの人びとが幾重もの輪になっていた。こうした群衆のなかからは、「天皇陛下万歳」の声がなんどもあがった。その声は新宿一帯に広がった。なかには涙を流しながら車に駆け寄る人びともいた。当時の週刊誌の報道は、次のような内容であった（木下道雄『側近日誌』「解説」）。

「民衆はどっと電車線路になだれ込み、お召車を包み、万歳、万歳と叫んだ。そしてすぐ目の前で会釈される陛下のお顔を見た群衆の万歳を叫ぶ声は、いつしかおろおろ声となった」

天皇に対する国民の感情は、この期の苛酷な生活や心理状態からの脱出を期待してのものでもあった。たしかに国民の一部には、「巡幸反対」を唱えるグループもいないわけではなかったが、それは主に特定の思想団体や政治組織に属する人たちであった。しかし、そうした声は大体が歓迎の声につぶされてしまったのである。

三月二十五日には、群馬県の高崎、富岡、前橋などを行幸して、国立病院や製糸所、それに市内の商

千葉県香取郡東大戸村の水田を訪れ、ぬかるんだあぜ道から田植を視察する昭和天皇（昭和21年6月6日）

店街を回った。元兵士や工員、それに商店の人びとに声をかけた。前橋の商店街では、随行の者と街の中を歩いた。市民に取り囲まれて「万歳」の声があがった。警備にあたるMPや警官が人びとの波をかき分けて、天皇の通路をつくらなければならなかった。三月二十八日には、埼玉県の熊谷、行田、鴻巣などの農村地帯を視察する一方、熊谷では郵便局の屋上から戦火に荒れた市内を見回した。熊谷中学の視察の折には、県下の教職員、それに近くの農業学校の教員、生徒などが校庭に集まっていたが、天皇はそういう人たちにもソフト帽を振って笑顔でこたえている。

国民にとっては、「人間宣言」をしたばかりの天皇の、それも背広姿を実際に見つめることで「新時代」を自覚することになったのである。

三月までは、いわば日帰りの行幸であった。しかしこのあと二ヵ月置いて六月六日から始まった千葉県への行幸は宿泊をしての視察となった。

天皇は、国民との間にとにかく新たな紐帯を求めているといえた。そのことを直接口にはだされなかったが、その姿を示すことによって、理解をしてほしいとの意思があった。国民の側は、天皇の姿を直接に目にすることで、これまでの昭和という時代の〈臣下の者による支配〉という枠組みを変えていかなければならないとの新たな息吹きを感じとることになった。お互いにどのような関係をつくるかが巡幸では練りあげられていったのである。

こうして始まった全国巡幸に対して、連合国側の反応は二分されていた。GHQの総司令官であるマッカーサーは、巡幸を勧めていたし、それをアメリカ政府にも納得させていた。しかし同じ連合国のなかでも、ソ連やオーストラリア、それにニュージーランドの代表などは、「巡幸は旧体制の天皇制護持を図る計画」として反対していた。連合国側の極東委員会では、その反対論を強硬に主張し続けていたのである。

このような対立があったため、日本側でもとくに外務省首脳の間には、そのような対立にわざわざ巻きこまれることはないとの消極的な声もあった。

したがって、天皇巡幸は宮内省の新しい感覚をもつ側近たちが、天皇の意を受けて、ときに批判を浴びながらも実施したというのが歴史的な流れだったのである。前述の大金も、「この巡幸に関しては、マッカーサー元帥の考え方が我々の唯一の力でした」と発言している（『内務省史』「座談会」）。

昭和二十一年初期には、極東国際軍事裁判の開始が予想されていたし、戦前、戦時下の指導者は次々と検事団に呼びだされては尋問を受けている。天皇がこの裁判の法廷に被告として出廷を命じられるのか、それとも証人として呼びだされるのか、あるいは免責になるのか、さまざまな憶測も飛んでいた。しかし、極東国際軍事裁判所条例の布告がマッカーサー元帥の名でだされているのを見てもわかるとおり、ＧＨＱ、ひいてはマッカーサー主導の裁判であることはまちがいなかった。

そのマッカーサーは、この年一月二十五日に本国政府に最終的な書簡を送り、天皇を戦犯指名から除外することを伝えていた。むろんこれは極秘であり、内々に天皇には伝えられていたとの説もあるが、この点は今も詳細は明らかにされていない。

しかし全国巡幸とは別に、天皇の戦争時の率直な感想について、なんらかの資料をつくっておくことは必要だとの考えが、宮中の官僚たちにはあった。マッカーサーの示唆があったのか、あるいは極東国際軍事裁判の検事団に提出するためだったのか、それとも太平洋戦争が終わってから六ヵ月後のこと、日本側も資料を作成しておく必要があると考えたのか、とにかく理由は定かでないにしても、天皇の直話をまとめるための仕事にはいっている。

木下道雄の『側近日誌』には、三月十八日の項に次のように書かれている。少し長くなるが引用しておこう。

「10時30分〜12時、陛下、御風邪未だ御全快に至らざるも、かねての吾々の研究事項進捗すべき御熱意あり。よって御政務室に御寝台を入れ、御仮床のまま、大臣（松平慶民宮内大臣）、予、松平（松平康昌《やすまさ》宗秩寮）総裁、稲田（周一）内記部長、寺崎（英成）御用掛の五人侍して、田中内閣よりの政変其の他、今般の戦犯裁判に関係ある問題につき御記憶をたどりて事柄を承わる」

天皇はこのころに風邪で伏していた。それでもなおこのときに側近たちがなんらかの記録をまとめなければならなかったというのだから、やはりアメリカ側に「天皇免責」の資料を届ける必要があったという見方もできるであろう。

外交官出身の寺崎英成は、妻グエンがマッカーサーの副官であったフェラーズ准将と縁戚にあたるため、マッカーサーと宮中との間に立って、「天皇制の護持」のために積極的に動いた人物である。寺崎を宮内省御用掛に推したのは、外相の吉田茂であったが、吉田がこうした記録づくりの軸になっていたとも推測することができる。

天皇は、三月十八日は昼休みを挟んで終日五人の質問者に当時の心境や政治状況を丹念に話している。二十日、二十二日と数時間にわたって、天皇の述懐は続いた。このときの内容は『側近日誌』にも書かれているが、平成二年の『文藝春秋』に寺崎がまとめた記録として「昭和天皇独白録」と題して発表された。

ここで天皇は、冷静に昭和前期の実相を語っていたのである。

新憲法制定

天皇の全国への巡幸、そして宮中にあって五人の側近による太平洋戦争時の記録づくり、それに併行するかのようにGHQ内部では極東国際軍事裁判の舞台づくりが進んでいた。さらにもうひとつ、幣原内閣に対して憲法改正の動きがＧＨＱ側から要求されていた。

天皇は極東国際軍事裁判にはかかわりをもたないとのマッカーサーの意向は、そのまま憲法問題とも不可分に結びついていたのである。マッカーサーはすでに昭和二十年十月四日に、司令部を訪ねてきた近衛文麿元首相に対し、「憲法改正は必要である」と伝えていたが、近衛は自らがその任にあたることを意図して動き始めると、ＧＨＱ側は「近衛にそのような役割は与えていない」との公式声明を発表してもいたのである。

幣原内閣は閣内に憲法改正案を練る松本委員会（松本烝治《じょうじ》委員長）をつくり、草案を練ったのだが、それは憲法を改正するというより条文の手直しにとどめ、天皇の大権を認める方向にあった。ただ幣原首相は、この際大きく改正にふみきるべきという側にあって、閣内も必ずしも一枚岩ではなかった。

ＧＨＱ側は、こうした松本案に不満を隠さなかった。これでは連合国のソ連やオーストラリアなどを納得させることは不可能だというのであった。

そこでＧＨＱの民政局長であるホイットニーを中心に独自に案をまとめている。ホイットニーとそのスタッフは、二月三日からほぼ一週間で憲法草案（英文）をまとめたが、それは日本の民主化と非軍事化を徹底して求めた内容でもあった。

この案は、吉田外相とホイットニーが会った折（二月十三日）に提示された。吉田はその著『回想十年』のなかで次のように書いている。

「この時に、ホイットニー局長が、『日本政府から提出した憲法改正案は、総司令部にとっては、受け容れられない、そこで総司令部でモデルの案を作った。これを渡すから、その案に基いた日本案を至急起草してもらいたい』といって、英文でタイプしたものを何部か差し出した。そしてこの案は、米国政府にも、極東委員会にも承認されるべきものであること、マッカーサー元帥は、かねてから天皇の地位について深い考慮をめぐらしているが、この草案に基く憲法改正を行うことが、その目的にかなう所以《ゆえん》(以下略)」

この草案どおりでなくてもいいが、「基本原則及び根本形態」を同じとする改正案をつくるよう希望する、といわれたというのである。幣原首相がマッカーサー元帥に会って確かめると、天皇制護持の意思をもっていることを明らかにしたうえで、「この案の主眼とするところは、第一に天皇を国の象徴とする規定と、第二に戦争の放棄の規定の二つであること」を強調したというのだ。こうして改正案は、日本側の手にゆだねられることになった。

幣原平和財団刊行の『幣原喜重郎』によれば、ホイットニーから渡された草案は、英文で二八七語の前文と一一章九二条から成っていたといい、幣原は「天皇は『象徴』である。シンボルであるといふ言葉が使つてある。憲法に文学書のやうなことが書いてあると大いに吃驚した」とも書きのこしている。

三月二日になって、松本は日本側の案文をまとめ、ホイットニーのもとに届けた。GHQの案にあった前文を省き、天皇は政治的に助言と承認の権利をもつとしたのだが、これにはホイットニーらGHQ側が反発することになった。そこでGHQ側と日本側がともに互いの案をつきあわせて練ることになったが、「天皇の象徴化」(第一条)と「戦争放棄」(第九条)の二点は、GHQが譲れないとして、日本側は手をつけることはできなかった。

こうした条文は、むろん天皇のもとにも報告されていた。天皇は、「閣議の決定が遅れるのはよくない。天皇の地位については総司令部案でいいではないか」と発言していると伝えられると、幣原内閣の閣僚たちもそれに従うことになった。

当時の連合国内部の空気を分析する限り、この案でともかく連合国に対して「再軍備の放棄、徹底的民主化の完成という安心感を与える必要」があると、吉田外相は『回想十年』のなかに書いている。政治学者の猪木正道は、『評伝吉田茂』のなかで、天皇がこの案を認めたことを「第三の聖断」という表現で解説している。

GHQ主導でまとまった「憲法改正草案要綱」は、三月五日の夜に全面的に天皇の諒解を得ることになった。そのうえで六日午後五時に詔書が発表されたが、この詔書には、新しい憲法が国民の総意を代表し、基本的人権を守るものであるならば、これは望ましいことだとの一節もあった。

マッカーサーもまたこれを受ける形で声明を発表し、旧憲法の不透明と思われる部分を手直ししたうえで、新しい時代に即応する意味があるとして、この憲法草案は自らのスタッフと日本側との熱心な討議で生まれたとも自讃した。

この草案は、国会で論議されて承認を受け、発布されるという手続きを踏むことになった。

草案の内容は、新聞をつうじて国民にも知らされた。天皇の人間宣言、それに全国巡幸の延長線上にこの憲法が存在するというふうに解された。新聞はおおむね好意的にこの憲法草案を歓迎する論を披瀝している。

この憲法にある「象徴」とは、具体的にどういうことか、このことが国会や世論でも論じられることは充分に予想された。この点について、憲法担当大臣の金森徳次郎《かなもりとくじろう》はのちに衆議院本会議（昭和二十一年六月二十七日）で、「我々の心の奥深く根を張っている所の天皇との繋がりの心というものが基礎になって、日本国民の統合が出来て居ります。これによって天皇を憧れの中心として、それを基礎としてわが国体が出来て居る」「何等天皇の地位に根本的なる変更があった、詰り国体が変った、というような疑惑の起る余地は全然ないものと思って居るのであります」と答えている。

この答弁は、当時の憲法学者たちの意見をまとめた総意といえるものだったが、とくに憲法草案にかかわった佐藤達夫の考えが凝縮されていた。この点について高橋紘は『象徴天皇と皇室』のなかで次のような見解を示している。

「伝統的な天皇のあり方は、必ずしも統治大権を持ったものではなかった。明治憲法下のような国体観でいえば、今後の憲法改正は国体の変更になるが、これは、政体の面でのことであって、深く国体の真髄に徹したものではない。政体面で変更はあっても、それは国体の変更を意味するものではない、というのである」

考えようによれば、明治憲法のような統治権、統帥権の総攬者という考えは、天皇の歴史からいえば少々変則的であったという意味になるだろうか。政体上の天皇の統治大権には一歩距離を置く考え方ということにもなるだろう。

三月六日、七日の木下道雄の『側近日誌』を繙《ひもと》くと、六日の夜には天皇と木下が長時間にわたって話した旨の記述がある。詔書を発表した日である。ここで木下は、自らは次のような話をしたというのである。

「此の度の改正は文章上より見れば頗《すこぶ》る面白からぬも、従来天皇の大権と威厳をもって規定しあれど、事実は不本意ながら裁可をなさるる場合もあり、裁可なく拒否さるるは田中内閣倒壊の時の如き（重臣ブロック攻撃の火の手を挙げしめた――陛下はこれをお自身の失敗なりきと申さる）。むしろかかる虚器を捨てられて、かえって政治家及び国民の精神の指導に自由の天地を得らるることを好ましく考える旨を申上ぐ」

木下の言わんとすることは、次のような意味に解していいであろう。

〈今回の憲法草案には確かに不快と思われる表現がある。しかし考えようによれば、すべての大権を有していると、陛下が不本意でも裁可をしなければならない場合がある。裁可なく拒否することは昭和四年の田中内閣の倒壊のときのような失敗もあるかもしれません。ですからこれからはそういう大権をはなれて自由に国民精神と結びつくのがよいのではないか〉

これは先の金森憲法担当大臣とも共通している意見であった。大日本帝国憲法のように直接に統治権、統帥権をにぎる形にはならないほうがいいとの意思統一が関係閣僚と宮中の官僚との間で行われたとみることができる。

前述の天皇に対して五人の側近が、昭和という時代の証言を求め記録を作成しておこうと決めたのは、この憲法草案が発表されて一週間ほどあとのことだった。

昭和二十一年四月に行われた総選挙は、新憲法について国民がどのような判断をくだすかという意味もあったし、女性にも選挙権が与えられ、選挙運動もまた自由と、いわば新体制での初めての選挙であった。ここで第一党となったのは自由党で一四一議席を確保した。次いで進歩党九四、社会党九三となった。自由党が過半数に達していなかったために、進歩党の幣原が内閣を組閣すべきだとか、いや第一党の党首である鳩山一郎を、などとさまざまな声があがった。しかし鳩山が公職追放になることが明らかになり、結局は吉田茂が自由党と進歩党の連立のもとで組閣をすることになった。この第一次吉田内閣のもとで改正憲法案の審議が進められた。

この審議のなかで、吉田や金森は野党のどのような挑発にものらず、ひたすらこれは現在の日本にはふさわしいと主張し、「主権在民、基本的人権の尊重、民主政治の確立、戦争放棄を強調しているが、これは民主国家の基盤である」とくり返した。その主張にはこの期の苦衷があると受け止められた。

吉田や金森らのこうした苦衷とは別に、天皇は〈天皇制下の民主主義体制〉という枠の中で、憲法そのものにそれほど深い関心を寄せていなかった。むしろGHQに応じるような条文でもかまわないと考えていた。天皇にとって、この場合の民主主義は「臣民」という土台が固まっていればよかったともいえた。全国行幸はそのような意図をもっていたのである。

神奈川巡幸のあとに、天皇の詠んだ御製二首が宮内省から発表されている。次の二首である。

わざはひをわすれてわれを出むかふる民の心をうれしとぞ思ふ

国をおこすもとゐとみえてなりはひにいそしむ民の姿たのもし

この二首にひそんでいる天皇の真情は、なかなか示唆に富む。単に文字面だけを考えると、国民が天皇を快く受けいれてくれているという喜び、あるいは懸命に復興に起ちあがっている国民の姿に、心中からの嬉しさを感じるという意味になるのだが、それだけでは天皇の真の気持を理解しえたとはいえないのではないか。天皇は国民（臣民）のなかに「わざはひ」を忘れ、「なりはひにいそしむ」姿を積極的に見ようとしているのではないか。私の解釈では、過去を超えて将来にむかって起ちあがろうとする姿を見ようとしていると思われる。

そのことは、天皇自身は単に過去の戦争への謝罪（あるいはお詫びの気持）をあらわすというより、一歩先を見ているということになるのではないか、ということだ。天皇は自らの闘いがどのように受けいれられるか、そのことに気を配っているのではないかと思える御製である。

こうした天皇の真情を理解していたのは誰か。昭和二十年までの宮廷官僚といえば、牧野伸顕や西園寺公望、さらには木戸幸一といった人物をあげることができるにしろ、この戦後初の宮廷官僚がどのようなグループであるかを特定しておく必要がある。そうした人物の動きのなかに、天皇の意思を読みとることができるからだ。

『入江相政日記』の昭和二十一年八月十四日に興味がもたれる記述がある。入江は、昭和九年から天皇に仕えている侍従である。まずこの日の日記の一節を次に引用しておく。

「（略）午后七時より終戦一年に因んで当時以後の首相と現内閣の所謂経済閣僚等を召されて花蔭亭で御茶のお催し。召されたるものは鈴木貫太郎、稔彦王、幣原喜重郎、吉田茂、大村清一、石橋湛山、和田博雄、星島二郎、河合良成、石渡荘太郎、松平慶民、大金益次郎、広幡忠隆。出御になり先づ聖上より御言葉あり、隣室に於て漏れ承りたる所によれば、朝鮮半島に於ける敗戦の後国内体勢整備の為天智天皇は大化の改新を断行され、その際思ひ切つた唐制の採用があつた、これを範として今後大いに努力してもらひたしといふやうなお言葉であつた。誠に恐懼の極みである。（以下略）」

この日集められたのは閣僚であり、特別に天皇の側近というわけではない。もっとも鈴木貫太郎のように戦前の側近であったり、吉田茂のようにそのときがまさに宮廷官僚であったりする人物もまじっている。さらには侍従長の大金益次郎など、このときの側近に数えてもおかしくない人物も出席している。

天智天皇に馳せた思い

注目すべきことは、天皇がこうした政治、経済に影響力をもつ閣僚たちに対して、あえて天智天皇の大化の改新をとりあげていることだ。天智天皇と自らの時代の苦しみを重ね合わせているのである。それを実際に、日本の政治、経済を動かす要人に説いている。戦後の宮内記者会の長老ともいうべき藤樫《とがし》準二《じゅんじ》（毎日新聞記者）はその著（『天皇とともに五十年』）のなかで、天皇はこのとき次のように語ったと書き残している。

「終戦記念日にあたって、私はかつて（大正九年の春）太宰府を訪れたときに聞かされた、あの有名な白村江戦の故事を思い出した。あのときは百済の再興を援助するべく、日本軍が出動したが、唐と新羅との連合軍に完敗してしまった。そのあとで、当時の天智天皇がおとりになった国内整備の経綸を、文化国家建設の方策として偲びたい」

天智天皇のもとで唐の文化を受けいれたときの心境を自らも学びたいし、そのつもりで現実と向きあっているというのである。

天皇は、昭和二十年八月十五日の敗戦以後、歴代天皇の事績で、学ぶとすれば天智天皇であると考えたのだろう。天智天皇が国難のときに唐の文化や政治システムを導入して日本に新しい息吹きをもちこんだことを思えば、今私も占領軍が要求する政治システムや文化も受けいれなければならない。その決意を固めたのである。そのことによって、「わが国の中興の英主」と仰がれている天智天皇の姿勢に学ぼうとしたというべきである。そこで天皇は、天智天皇を祭神とする近江神宮（滋賀県大津市）に密かに元侍従次長の稲田周一を送っている節がある。稲田は戦後、内大臣だった木戸幸一の推挙によって宮内省に入ったが、昭和二十一年十一月には追放のため特別の肩書を失っていた。

稲田は、昭和二十一年十一月九日、十日の二日間にわたって、近江神宮を訪れている。近江神宮の「社務日誌」の十一月九日には、「午後八時　元奉賛会副会長稲田周一来社参籠宮司権宮司懇談の為出社

（以下略）」とあるし、翌十日午前九時からの月次祭には稲田周一も参列したとある。昭和天皇の名代として、稲田が参拝に来社したと推測されているのだが、もしこれが当たっていたら、昭和天皇がこの期にどのような役割を自らに課していたかがわかってくるように思う。

昭和天皇のこのような思いをさらに補完する事実をあげておかなければならない。

GHQによって神道指令が発せられたのは昭和二十年十二月十五日である。実質的に国家神道は解体されることになったのだが、それまで勅祭社《ちょくさいしゃ》は一一社あるとされた。勅祭社というのは、『神道大辞典』によるなら、「天皇の思食を以て特に勅使を差遣し、その祭祀に当つて奉幣せしめられる神社」をさすが、神道指令によってもこうした神社は、天皇の私的祭祀として勅使を差遣して祭祀にあたることは許されることになった。

この神道指令の発せられる直前に、近江神宮など幾つかの神社は、急遽勅祭社とされている。むろんこうした経緯には、GHQの監視が届かない範囲で日本側の配慮によってひそかに進められたと思われるのだが、そこには天皇の強い意思も働いたと思われる。こうした天皇の意思を受けて、天皇のひそかな闘いを支援したのが稲田周一のような新しい時代の宮廷官僚ではなかったかと考えられる。

天皇のひそかな闘い、という表現は必ずしも適切ではないが、しかし国民の前に姿を示し、声を発し、そして会話を交すというのは、天皇が少年期に受けてきた帝王教育やこの国の主権者の時代には考えられないほどの変化であった。あえて天皇がそのような、これまでは体験したことのない行動を自ら望むところにひそかに期するものがあったということになるだろう。

御製から読む

昭和二十二年の歌会始の御題は「あけぼの」であった。新しい日本の姿、とくに前年十一月三日に国会の審議を経て公布された日本国憲法は、この年五月三日から施行されることになっていたが、そこに生まれる新しい日本の姿を歌うというのがこの御題には示されていた。

天皇は次のように詠んだ。

たのもしく夜はあけそめぬ水戸の町うつ槌の音も高くきこえて

これは前年の十一月に、茨城県の水戸市を訪れたときの感慨を歌った内容であった。水戸では県の厚生寮などを訪ね、戦地から戻った軍人や民間人を励ましたのだが、県庁に一泊する日程を組んでいた。夜になっても、復興にかける庶民の働く姿があり、そして夜が明けるまえから槌音が天皇の宿泊している場所にも聞こえてきた。その音が、天皇には頼もしく思えたのである。

御製は、戦前、戦時下にあっては歌会始以外はほとんど国民には知らされなかった。そのために天皇と国民の間に、人間的な感情が交流することはなかったのである。当然のことながら心底からの温かみのある関係が生まれることはなかった。

しかし、天皇が全国行幸のたびに心に浮かぶ感情を歌に託していることを知った側近は、ぜひこれを公表すべきであると、天皇に伝え、天皇も諒解したのである。こうして昭和二十二年からは、御製は国民にも積極的に伝えられることになった。

昭和二十二年は、六月に京都や大阪、それに兵庫、和歌山を行幸されている。この二府二県では、新聞社、薬品工場、一般企業、教育機関、引き揚げ者の仮設住宅などあらゆるところを見て回った。大阪では文楽座の鑑賞も日程のなかに組み込まれていた。名匠の芸に感動の言葉を洩らされたと報じられている。

行く先々で、天皇は熱狂的な歓迎を受けた。各地で小学校を訪ねたが、そこでは必ず児童たちに、「御両親はどうしているの」と尋ね、「困っていることはないの」と案じた。行幸を重ねるにつれ、天皇の発する言葉もしだいにふえていき、それは天皇が国民のなかにごく自然にとけこんでいく事実を裏づけた。

八月からは行幸の日程は過密状態となって進められた。この行幸に終始寄りそい、スケジュールを立てるなどした宮内府次長の加藤進は、「国民の皆さんの歓迎があまりにも大きく、私たちはそれを喜ばしいことと思いながら、その半面でGHQがどのような反応を示すか、それを案じながらの行幸でした」と話していたが、GHQの将校もまた護衛の名目で随行していた。天皇と国民の結びつきが予想以上に強固なことを確かめる結果になり、しだいに占領政策に支障をきたすようになるのではと案じることになった。

八月に宮城、岩手、青森、秋田、山形、福島の東北六県を回った。福島では常磐炭鉱を訪ねて、炭鉱内に入り、汗だくになりながら、鉱夫の人たちに「出炭状況はどうなの」と尋ねた。天皇がつねに心からの感謝の言葉を口にしていることが誰にもわかり、それが改めて「天皇ブーム」のような現象をえがきだすことになった。

山形県の鶴岡、新庄を訪ねたときに、上ノ山温泉で日本式の旅館に宿泊した。旅館に泊まるのは、初めてのことだった。

九月には栃木県を行幸したのだが、このときは皇后も同行している。十月上旬は新潟、長野、山梨を、そして下旬には石川、福井、富山、岐阜を訪ねた。十月三十日からは、富山県で戦後二回目の国民体育大会が開かれ、天皇は貴賓席から入場式を見つめていた。確かにまだ栄養状態はよくなかったので、全国から集まった選手たちの身体は痩せてはいた。しかし、天皇は若人の新しい息吹きに新しい日本の姿を感じとったようでもあった。十一月から十二月にかけては、鳥取、島根、山口、広島、岡山を行幸した。十一月二十七日から十二月十一日までの二週間余の日程は、一刻も早く全国各地を回って国民を励ましたいとの熱意のあらわれでもあった。

天皇にとって、皇太子時代を含めて、これほど多くの地に、それも短期間に足をはこんだのは初めてのことだった。いかに天皇の気持のなかに、国民と接したい、そして戦争の傷跡を癒したい、新たな国づくりに励む姿を見守りたい、との感情が昂ぶっていたかを容易に窺うことができた。

この昭和二十二年の全国行幸でも、天皇は日々和歌を詠まれて自身の感情をあらわしていたが、御製は五〇首余に及ぶとされている。そのうちの幾つかを紹介しておきたい。

水のまがにくるしみぬきしみちのくの山田もる人をあはれと思ふ

東北行幸の直前に、東北地方には台風による水害があり、加藤たち随行者は、行幸の延期を申しでたが、天皇は「それだから行くのだ」と予定どおりに出発し、水害の地域を見舞った。そのときの御製である。

あつさつよき磐城の里の炭山にはたらく人ををしとぞ見し

これは前述の炭鉱を訪れたときの御製で、これまでこのような国民の姿を詠む歌はほとんどなかった。

浅間おろしつよき麓にかへりきていそしむ田人たふとくもあるか

旧満州に開拓団として出かけた人たちの帰郷した村（長野県）を訪ねたときの御製である。天皇はこの村を訪れるために二キロの道をいとわずに歩いたという。往復四キロの道になるが、天皇の胸中には開拓団の悲惨な運命について思うことが多々あったということになろう。開拓村の人びとは、天皇の励ましの言葉を受けてひたすら涙を流しつづけるだけであった。

ああ広島平和の鐘も鳴りはじめたちなほる見えてうれしかりけり

広島では異例のことが起こった。一〇万人近い歓迎の人波を前に、天皇はマイクの前に立ち、どうか新しい日本建設に励まれるようにと言葉を述べたのである。このことは、天皇にとって広島が人類初の原爆投下の地になったとの複雑な感情があり、なんとしても自身の言葉で励ましたかったという意味をもっている。

老人《おいびと》をわかき田子らのたすけあひていそしむすがたたふとしとみし

農作業にいそしむこの老人は二人の息子を戦争で失い、その老人を助けて働く若者たちの姿に、天皇は深い感動を覚えたということになるだろう。

こうして公表された御製の一首ずつについて、歌人の岡野弘彦は次のように書いている。

「今まで直接には接しあうことのなかった国民の生活の中に、天皇が身をもって入られるようになった。見るもの、聞くものの幅が広くなり、天皇の言葉が急速に豊富になっていった。ここから、今までの天皇には見られない自由でのびのびした歌の世界が開けはじめた」（「お歌とその時代」『昭和天皇　全記録』）

この素直な気持をどう読みとるかは国民ひとりひとりにゆだねられていた。天皇の真摯な気持をそのまま読みとれば、いずれの御製にも国民にむけてのメッセージが託されているのではないだろうか。

戦争によって、国民は多くの負担を強いられた。それに対する悲しみと痛みの感情を読みとるのがもっとも天皇の意に即しているのではないかと、私には思えるのである。

昭和二十二年五月三日に、新しい憲法は施行された。この施行によって、宮内省は廃止されて宮内府となった。天皇をとりまく環境もまたかわった。たとえば、「皇室典範」もこれからは国会での議決が必要となったし、宮内府の規模も縮小されることになった。当初は宮内府は、他の官庁のように内閣に従属するのではなく、ある程度独自の官庁としての位置づけがされた。

だがGHQはこれを認めなかったために、結局は内閣総理大臣の「管轄」にかわり、宮内府も二年後には宮内庁と改められることになった（昭和二十四年六月）。こうした機構上の変革だけでなく、新しい憲法が制定されたのだから、この際宮内府の人材もかえなければとの声も起こった。この声は、昭和二十二年五月からの片山哲内閣、二十三年三月からの芦田均内閣にも引き継がれた。

天皇の側近もまた交代すべきという声は、天皇の耳にもはいり、天皇は宮内府長官の松平慶民や侍従長の大金益次郎、宮内府次長である加藤進らの更迭には賛成しがたい旨の感想を遠回しに洩らすことにもなった。

新憲法が公布されたとき（昭和二十一年十一月三日）、天皇は勅語を発表している。この勅語の末尾には、「朕は、国民と共に、全力をあげ、相携《あいたずさ》へて、この憲法を正しく運用し節度と責任とを重んじ、自由と平和とを愛する文化国家を建設するやうに努めたいと思ふ」とあった。天皇にとっては、この憲法にしろ、大日本帝国憲法にしろ、自らの役割を果たすことにかわりはないとの信念が吐露されていた。

橋本明・元共同通信記者の書いた「敗戦をのりこえて」（山本七平ほか『昭和天皇　全記録』）には、「天皇は、戦前と戦後の役割を比較してほしいという記者からの質問に『精神的には何らの変化もなかったと思う。私はつねに憲法を厳格に守るよう行動してきた』と断言する」とあるが、実際に天皇は、どのような憲法であれ、その憲法に忠実でありたいとの気持はかわっていなかった。新憲法にかわることで、地位は確かに変化し、そして天皇の環境もかわるのはやむを得ないとの姿勢を崩さなかった。

ただ自らの信頼する側近が、つねにかわるようでは困るとの感想はしだいに隠さなくなった。全国行幸にも支障がでるとの不安があった。

宮中改革

新憲法が施行されたあと、日本の政治状況はしだいに変革の波にさらされることになった。

宮中内部もその変革のなかに組み込まれた。宮内省が宮内府に変わったように、天皇をとりまく環境もまた新しく変わらざるを得なかった。華族制度は廃止になり、華族の生活全般をみていた宗秩寮も廃止になった。宮内府の定員も一四五〇人とされたが、これは終戦時に比べると四分の一に減ったことを意味した。その後もＧＨＱの命令により一〇六一人にまで減らされた。

さらに帝室博物館は国へ移管されたし、帝室林野局もやはり国へ移された。天皇はこうした移管を知らされて幾つかの歌を詠んだが、帝室林野局の移管を聞いたあとは、次のように詠んでこれまで地道に働いてきた職員の労をねぎらった。

料の森にながくつかへし人々のいたつきをおもふ我はふかくも

こうした機構の縮小は、人事面にも及んだ。天皇が信頼を寄せていた侍従次長の木下道雄の退任に加え、侍従長の大金益次郎も交代をとの圧力がかかった。天皇にとっては、このような人事には不満であった。しかし、表向きはそうした言は積極的には口にしていない。ただしばらくは政治家や新しく赴任した宮廷官僚との間には、充分な感情の交流もなかったことも確かだった。

昭和二十二年九月二日と三日の二日間、天皇は那須の御用邸に滞在したが、あえて退任していた木下を呼んで片山内閣に伝えてほしいと幾つかの伝言を託した。

新憲法公布のあとの総選挙で自由党は多数派を占めることができなかったために、社会、民主、国民協同党の連立による内閣が成立し、首相には社会党の片山哲が就任していた。こうした事態はかつては考えられないことでもあった。片山自身は、共産党と一線を画する社会民主主義者で、加えてクリスチャンでもあった。当然、社会党内の容共派とも一線を画し、天皇に対する感情はむしろ保守派の人たちよりも強いものがあった。天皇と片山の間には、とくべつの感情が通いあってもいたのである。

しかしたとえそうであっても、天皇と片山の間で充分に意見がかわされたことはなかった。片山は、天皇は側近たちに囲まれて、充分に自らの意見を明かすことができなくなっているのではないかと案じている、天皇にはそう思えたのである。

天皇が木下に伝えた内容は、木下の『側近日誌』に関係文書としておさめられている。これはこの期の天皇の「お考え」を記した貴重な文献である。天皇は、まず木下に「片山は誠に良き人物と思うが、面識浅き為《ため》予の真意をいまだ良く呑み込みおらざるように思うから、木下から友人の間柄をもって良く諒解させよ」と伝えていた。そして、「予の信条は次の三点である」として、㈠公私の別を立てること、㈡公を先にし私を後にすること、㈢改革には緩急の順序があること、と述べられたうえで、その説明を具体的に行っている。とくに㈢については、含蓄深い言い方をしている。

「振り子が滑らかに動くのは静かにこれを動かす結果である。急激にこれを動かせば必ず狂う。この振り子の原理は予の深く常に留意する所である。改革しても反動が起こるようでは困る」

片山は、天皇御自身は改革に積極的なのに側近が妨害していると考えている。それは片山の誤解であり、改革するにしてもひとつずつ進めていくほうがよいとの天皇の信条を明かした内容である。片山たち政治指導者が、改革を性急に進めたいとして人員の削減なども急激に行うのであれば、「首切られても少しも恨まぬという様な人物は中々ない。淘汰もやはり振り子の原理によるを可と思う」ともつけ加えている。

木下は、この発言を忠実に片山に伝えた。片山は、天皇のこの信条は実は自らと同じと感じたらしく、その後は天皇の胸中を慮《おもんぱか》りながら、ＧＨＱの対応に熱をいれていった。

天皇の考え方の基本的な枠組みは初めて正確に木下に明かされたということになる。

昭和二十二年十月、十一月は北陸、中国地方を巡幸したが、そのときにも天皇は国民の息吹きが伝わるところならばと、それこそどのような場にも足をはこんだ。その熱意は、木下に語った信念をもとにしていたのである。公を先にし、私を後にする、という姿勢を忠実に守っていたというべきであった。

なかんずく片山は、皇太子をはじめ親王、内親王を御自身のお手許でお育てになりたいと思っているに違いないと推測したが、天皇はそうしたことに片山は気をつかわなくてもよいとも木下に伝えていた。もし共に暮らすのなら、新しい施設が必要になるだろうが、今は「国民が目下住居の欠乏に苦労しておる際」だから、こういうときに資材などを使ってはならないとの意向も示していた。

天皇のこの信念は、国民の間にもより幅広く知られるべき内容だったが、天皇はそれを喜ばずあえて自らの行動でその考えを示そうとしていた。

昭和二十三年は、天皇はどこにも巡幸は行わなかった。ＧＨＱ民政局が巡幸計画を認めなかったからである。民政局の将校たちは、天皇がこれほど国民と密接に結びついているとは思わなかったのである。国民の側が天皇に怒りを示したり、無視するような状態になったなら、退位を勧めたり、天皇制をなんらかの形で変えようと考えていた。ところがそうした計画はまったく無理だと知らされたともいえた。逆にこれ以上巡幸を続けると、国民の間に反ＧＨＱの感情が生まれかねないことを懸念したのである。しかし理由はそれだけではなかった。もうひとつ、大きな理由があった。

それは、昭和二十一年五月三日に始まった東京裁判（極東国際軍事裁判）の判決言いわたしがこの年には予定されていたからである。当然のことながら、A級戦犯への判決は厳しいことが予想されていた。もし極刑が科せられたときに、国民の間に不穏な感情が起こるのをGHQはなにより恐れた。それが天皇への強い感情と一体化したとき、具体的な行動に走る国民がいるのではと案じたのである。

昭和二十三年二月、片山内閣は社会党左派の抵抗にあい、総辞職した。かわってやはり三党連立内閣を担ったのは民主党の芦田均である。芦田内閣は、GHQの内々の命令もあったが、松平慶民宮内府長官と大金益次郎侍従長の更迭を天皇に伝えている。『芦田均日記』によるならば、天皇は芦田に対して、「政府の変る毎に宮内府の長官が交替するのは面白くないと思ふ。（中略）現在の長官、侍従長共によく気が合ふので」と答えたとある。天皇と芦田の間には、片山前首相と同じような感情の交流は生まれなかったのだが、それはこうした人事面の手直しに、天皇が抵抗したためということもできた。

天皇の要望も実らず、芦田首相はこの年五月に、田島道治《たじまみちじ》宮内府長官、三谷隆信《みたにたかのぶ》侍従長の人事を発令した。田島は芦田と東京帝大の同期生であり、実業界に身を置いていた。一方、三谷はかつては外務官僚として駐仏大使を務めた体験をもっていた。田島や芦田とも親しかったのである。このころは学習院次長を務めていた。田島も三谷もクリスチャンであり、その意味では宮中側近もまた時代とともに変化したといえるであろう。

天皇は、昭和二十三年は一歩も皇居を出ようとはしなかった。とくに目を引いたのは、毎年夏には避暑地に赴かれるのにこの年はそれもなかった。皇居のなかで、東京裁判の行方について案じていたのであった。この裁判のプロセスで、戦時下の日本軍の幾つかの無謀な行動も明かされた。それが天皇に強い衝撃を与えた。

元共同通信記者の橋本明は、やはり「敗戦をのりこえて」（『昭和天皇　全記録』）のなかで、天皇はあまりの衝撃に皇居で独り言を発しながら、困惑していたとの証言を紹介したうえで、もし「木戸内府が絞首刑になれば、天皇は退位するしかあるまい」との噂が流れたといい、それは宮中内部ではほぼ常識になっていたとも書いている。

A級戦犯に判決が言いわたされたのは、この年十一月十二日のことだった。そして七人の戦犯が処刑されたのは十二月二十三日の未明である。天皇はいずれの日も政務室にとじこもったままであった。侍従の村井長正《むらいながまさ》は、「この二日とも、陛下は目を真っ赤にされておられました」と証言している。

天皇にとって、自らが親任を与えた政治指導者や軍事指導者が、死刑の判決を受け、しかも処刑されたことに衝撃を受けたということになる。天皇はこのときに確かに一時的に退位の気持をもった。三谷はそのことを直接目にしながら、天皇のその苦衷を察して、「陛下が今もっとも苦しいとお思いになる方をお選びになるべきです」と助言したというのである（これは三谷の証言として各書で紹介されている）。

マッカーサーはこの判決前、首相だった吉田茂を通じて「天皇は退位されることがないように」と伝えている。田島の名によって十一月十二日にマッカーサーに宛てて書簡が届けられた。そこには「いまやわたくしは、一層の決意をもって、万難を排し日本の国家再建を速やかならしめるため、国民と力を合わせ最善を尽くす所存であります」という天皇の心中が書かれてあった。

昭和二十三年は、天皇にとっての歴史のなかで新たな覚悟を示すときとなったのである。

明仁親王への教育

天皇は自らの信念として、公と私の区別をつけることをかつて侍従次長であった木下道雄に伝えた。「私」とは戦後にあっては、皇族の内々のことも指していた。昭和二十年代の初めは、皇太子の情報については国民には積極的に語ろうとはしなかった。

まずは国民にむけて自身の気持を率直に伝えることに専念されていた。実際に天皇の胸中には、皇太子教育をはじめ親王教育は自らが受けたときの帝王教育とは異なった形にして時代に即応していかなければならないとの思いがあったようである。

そのことをよく示しているのは、昭和二十一年三月に日本の教育事情の視察に訪れた米国教育使節団を皇居に招き、団長のイリノイ大学名誉教授であるG・ストッダードに「皇太子教育にアメリカ人教師をお願いしたい」と依頼したことでもわかる。学習院では御学問所の準備を始めていたが、GHQからそのような教育システムは好ましくないとの伝言が寄せられていた。天皇もその意向を受けて、それではアメリカ人教師にとの思いをもったにちがいなかった。

天皇はこのときストッダード団長に四つの条件を示した。五十歳ぐらいのアメリカ婦人で、キリスト教徒であるにしても狂信的でなく、皇太子に広く国際感覚を身につけさせることができる——といった条件であった。こうした条件はアメリカ国内でも大きく報じられ、自薦他薦も相次いだ。そういう他薦のなかから、クエーカー教徒のヴァイニング夫人が選ばれたのである。

こうしてヴァイニング夫人は、日本に着任したのだが、その日（昭和二十一年十月十五日）から二日後に皇居を訪ねて、天皇と皇太子に会っている。ヴァイニング夫人の天皇についての第一印象は「はにかみやだが、感じの鋭い、しかし親しみのある方」というものだった。そして皇太子については「丸顔で、真面目で、それでいて目もとにちらっとユーモアの見える愛らしい少年」と回顧録（『天皇とわたし』）に書きのこしている。

天皇もまたヴァイニング夫人に安心感をもった。というのは、沈着冷静なタイプで派手な印象がなかったからだ。なによりヴァイニング夫人ともっとも会話を交したのは皇后であり、ふたりの間にはお互いが気にいって、「友情に近い感情」が通いあったというのであった。皇后は、皇太子だけではなく皇女たちにもいろいろ教育をしていただきたいと頼んでもいた。

ヴァイニング夫人が、当時東京・小金井にあった東宮の御仮寓所とよばれていた学習院の施設にかようことになると、事実上、皇太子教育の有力な教師のひとりとなった。それに学習院中等科の一年生全員にも英語を教えることになったのである。この中等科での英語の授業では、皇太子のクラス全員にアメリカ式の名前もつけ、その愛称をもとにして、お互いに気軽に話し合える環境づくりが行われた。皇太子はクラスでは「ジミー」と呼ばれて、ヴァイニング夫人との間にも英語によるコミュニケーションの回路ができあがった。

皇太子とヴァイニング夫人（昭和24年1月6日）

皇太子教育にあたったヴァイニング夫人が、天皇、皇后を始めとして、宮内府の内部から信頼を得たのは、その人間的な誠実さに加えて、皇太子教育にあたる自らの役割を鮮明にしていたからだった。工藤美代子著の『ジミーと呼ばれた日――若き日の明仁天皇』によるならば、次のような見方ができるというのであった。

「(夫人が信頼を得た) 大きな理由は、彼女の聡明さにあり、飾らない誠実な人柄が天皇、皇后の絶対的な信頼をかち得たからだろう。それとともに見逃してはならないのは、夫人が自分の任務をよく承知していた点である。彼女は、『私はただ皇太子殿下に英語をお教えすることを頼まれただけである』と、はっきり述べている」

ヴァイニング夫人は、宮内府長官から「皇太子のために国際社会への目を開いてくれまいか」と頼まれたときにも、それは自分の役割ではないと断っているし、天皇家を始めとして宮中にキリスト教を広めるのではないかとの声が耳に入ってきたときは、まったくそのつもりはないことを遠回しに語ってもいた。このことはのちに著したヴァイニング夫人の回顧録でも明らかにされていることなのだが、夫人は日本キリスト教団の婦人部などからさりげないプレッシャーを受けた、ともあった。

しかし夫人の考えはこの点では明確であった。「宗教というものは、他人から教え込まれる前に、まずみずから把握しなければならない」というのである。皇太子にも布教になるような会話は避けたという、クエーカー教徒として押しつけがましい信仰上の態度は決してとらないことを自らに課していたという。

天皇と皇后はときおり夫人を食事の席に招いた。そのような折に、夫人は、「皇室ご一家がバラバラに住まわれているのは気の毒です」と話すことがあった。天皇は、直接にこのことについては答えなかった。自分は戦争を阻止できなかったのだから、皇太子教育には資格がないのかもしれない、と答えられたとヴァイニング夫人は記しているのだが、その真意は天皇自身の戦争についての強い自省という意味を含んでいると解すべきであった。

天皇は、皇太子殿下や義宮殿下（常陸宮）の養育について、実は子育ては共に暮らすことで行いたいとの考えをもっていたことは、のちの記者会見（昭和五十五年九月）で明かしている。次のような発言をされていたのである。

「当時の情勢上〔自らが子育ての時期という意味〕、やむを得ず子供を離して暮らすことになりました。しかし、わたしの気持ちを継いで、皇太子同妃がいまなお子供と一緒に暮らして育てておることであります」

皇太子と美智子妃殿下が、親王、内親王と共に暮らしていることは、自分の気持を継いでいるからと明かしたのである。そして、次の言もつけ加えた。

「貞明皇后とは、始終一緒に暮らす機会がなかったのでありますから、一般の家庭の人が母親に対する感じとは異なることがあると思います」

こうした発言の中に、天皇の率直な気持があらわれていると解すべきであろう。

皇太子の中等科、高等科時代、月にいちど、ときには週にいちどの割合で、皇太子は天皇のもとを訪ねた。それはむろん親子の感情を確かめることでもあったが、同時に天皇が自らの歩まれた時代にどのような形で君主としてふるまったか、そのことを確認するという意味もあった。

天皇と皇太子の間でどのような会話が交されたかは、具体的には記録はのこされていない。初期のころの一部が、木下道雄の『側近日誌』に記されているていどにとどまっている。たとえば、共産党が有力になることはないかという皇太子の質問に、天皇が有力団体になることはないといった会話が交されていたとの記述があった。

私見をいうなら、天皇は皇太子に戦争に至る時代の臣下の者の態度や考え方、それに伴っての立憲君主制のあり方を説いたと推測されるし、皇太子はその時代の父・天皇の苦衷を理解していったとも思われる。新しい皇室像はいかにあるべきか、その意見を闊達に交していたとみることもできるであろう。

皇太子が中等科から高等科に進んだのは、昭和二十四年四月のことだった。どのような教育が、誰の手で行われるべきか、宮内庁関係者の間では真剣に論じられた。当然のことだが、従来のように帝王学を行うべきという考えと、一般の学生と共に勉学に打ちこむべきという考えがあった。ヴァイニング夫人は、後者の考えを主張した。結局、このふたつの考えを折衷させた案に決まった。前出の工藤書から引用すれば、

「一週間のうち四日間を皇太子は学習院で勉強し、残りの二日間は個人教授を受けることに決まった。（中略）さらに二日ある個人教授の日のうち一日は、学校でやることになった。そうすれば皇太子は昼休みの一時間と十分の休憩時間を他の生徒たちと一緒に過ごせる」

という案になったという。

皇太子が高等科に進む直前に、東宮職常時参与という肩書に小泉信三《こいずみしんぞう》が就任していた。本来は、東宮侍従長にという声があったのだが、小泉はなんども固辞したために、宮内庁長官の田島道治はとくべつにこのポストをつくり就任を要請したのである。小泉はその執拗な要請にやっとうなずいた。

小泉は明治二十一年の生まれで、慶応義塾の政治科を卒業したあとに、イギリスやドイツ、フランスに留学し、帰国して慶応で教鞭をとっていた。昭和八年に慶応の塾長に座った。その学問的業績はマルクス経済学批判という点にあった。太平洋戦争では子息（信吉）を喪っていた。日本のリベラリストの系譜に連なる知識人でもあった。

小泉はヴァイニング夫人の教育内容に感謝を伝え、ヴァイニング夫人もまた小泉の知識人としての風格に尊敬の念を抱いた。この連携の良さが皇太子やその周辺の人びとにも安心感を与えた。

ヴァイニング夫人は、昭和二十五年十二月に、日本を離れた。約束の教育期間（四年）が終了したためである。最後の授業で、ヴァイニング夫人は黒板に「自分で考えよ！」と書いて高等科の生徒たちへの励ましの言葉としている。その言葉は、皇太子に対する強力な応援の意味をもっていた。

こうして日本の皇室も新しい時代に対応する方向に歩を進めることになった。

研究者としての日々

天皇の御製は、昭和二十四年、二十五年、そして二十六年のころはある共通点があった。二十三年に一時中断された全国巡幸は、二十四年五月の九州一円を皮切りに再び始まったが、そうした体験を通じて詠む歌は、国民の生活感情をそのまま詠った内容であった。

昭和二十四年、二十五年の歌会始での御製はそれぞれ「朝雪」「若草」の御題のもとに次のように詠んだ。


庭のおもにつもる雪みてさむからむ人をいとどもおもふけさかな

もえいづる春の若草よろこびのいろをたたへて子らのつむみゆ

こうした御製の背景に、天皇の感性がしだいに国民と一体となっていくことが窺えた。歌人の岡野弘彦が「お歌とその時代」のなかで、このころから御製のなかには国民の悲しみや傷みに敏感になっておられる歌が多いとして、三首を紹介しているが、そのなかには次の一首があった。

かくのごと荒野が原に鋤《すき》をとる引揚びとをわれはわすれじ

こうした御製を紹介しつつ、岡野は「天皇のお心が非常に敏感」になられているとしたうえで、こういう歌は『万葉集』や『古事記』『日本書紀』の歌謡にもなく、「時を得ぬ悲しみの歌は、中世の後鳥羽院や後醍醐天皇、またその周辺の皇族の歌にわずかにうかがえるが、それはあくまで天皇家の内部の悲しみや憤りであって、こんな心の広がりはない。その点で昭和天皇はまったく新しい体験をされたのであった」と書いている。

天皇は、二十四年以後の行幸にあっても、ひたすら国民とともにありたいとの思いを自らに課していた。この期には、生物学者としての目よりも、かつての時代の君主として国民を思う気持を歌に詠み続けたということがいえるだろう。

生物学者、「研究者」としての学術上の歌を詠まれるのは、主に昭和三十年代にはいってからのことで、昭和二十年代にはこの国の復興と国民の安寧とをひたすら望んでいた。しかし昭和二十年代の天皇の感性を支えたのは、一面で生物学者としての目であることも事実であった。

天皇はその生涯において、生物に関わる著書を共著も含めると三〇冊刊行されている。それほど研究内容は幅広く、そしてその研究水準も高かったのである。著書の一部は、外国でも翻訳されていて、各国の研究者から高い評価を受けている。これは一般にはあまり知られていないことなのだが、天皇のもとには外国人研究者が訪ねてきて、学問上の話をすることも少なくなかったといわれている。

天皇の研究が初めて出版されたのは、昭和二十四年であった。『相模湾産後鰓《こうさい》類図譜』（岩波書店刊）である。相模湾での採集を学問的に分類した内容であった。

天皇の専門はヒドロゾアの分類学研究であったが、戦前からの研究をまとめた内容は、昭和四十年代に入って九冊に及んだ。昭和三年九月に開設された生物学御研究所の天皇のヒドロゾアの標本は約四〇〇〇種、五〇〇〇〇点余に達した。これが各国の研究者には貴重だとされていて、著書はその集大成ともいうべき意味をもっていた。

しかし天皇は、この専門研究のほかに、戦後は行幸などのたびに植物研究にも関心を示されることになった。昭和初年代や十年代にも、皇居内部の植物に関心を示されることはあった。昭和十年代に天皇の侍従であった岡部長章によると、天皇からしばしば植物の分類についての専門書を集めるよう命じられることがあったというし、専門家に意見を聞いてくるように命じられたりしたともいう。しかし、軍事指導者たちは、天皇がそのような研究に関心をもつことを嫌っていたために、侍従としても表だってはなかなかお手伝いできなかったことがあったと証言していた。

戦後にそうした束縛から解かれるようになって、少しずつその方面への研究も進められることになったのである。

天皇の学友として、学習院初等学科、御学問所で共に学び、東京帝国大学法学部を卒業したあとは天皇の侍従を務めることになった永積寅彦は、天皇の生物学研究を見つづけてきた。一般には、天皇は歴史を好んでいたが、それを大正時代の宮中の教育掛などがやめさせて生物学にむかわせたといわれている。永積は、それは違っていると前置きして、「生物学は、お小さい時から興味をもっていらしたから。(中略) 誰もお勧めしたわけじゃなくて、お気持ちだったと思いますね」と証言している(永積寅彦『昭和天皇と私』)。

幼年期から自然科学への関心が深かったというのである。ただ生物学のなかでも、あえて分類学を選んだのは、御学問所時代の教授服部広太郎の示唆によるものだったという。

「分類学ですと、標本をもってきておいて、そこに置いておける。天皇という立場はご公務がありますから、それならば分類学は、標本を置いておいて、ご公務のない好きな時間にできるということも加味されたでしょうね」

と話している。

吹上にある生物学御研究所は質素な木造の建物であった。天皇は自らの研究のために、とくべつに豪華な建物を建てることは認めなかった。そのためにこの建物は、もともとが畑を埋めて建てられたこともあって、水洩れすることが続いた。

天皇がせっかく集めた標本も水びたしになることがあり、そのために専門家を招いて洩れてくる地下

赤坂離宮内にできたばかりの生物学御研究所での摂政宮（大正14年末ごろ、宮内庁提供）

水の排水施設をつくったりもした。

天皇は、戦後はしばらく木曜日と土曜日の午後にこの研究所に入り、研究生活を続けた。この研究生活について、天皇は直接には研究者という姿勢はとらなかった。それは自分の「お楽しみ事」と考えていたのである。戦前には天皇の研究発表も服部広太郎の名を用いたり、あるいは天皇自身がそのような発表を好まないということで、研究者以外、外部にはそれほど知られることはなかった。これは永積書にも書いてあるのだが、天皇は研究所に入るのも遠慮していた節もあったという。次のように語っているのである。

「研究はお楽しみ事と考えておいでになるものですから、非常にご遠慮になっていらした。どこかで災害があったというような時は、御研究所にいらっしゃるのをお止めになったりなさいました」

世間にも目だたぬよう、国民にも研究など知られぬよう、そしてできるだけ公費を使わぬよう、天皇は心くばりをしていたのである。

葉山の御用邸に滞在するときは、海中生物を調べるために船をだすことがあった。戦後は、海軍の払い下げの船を改造してそれで海にでていた。この船についても、できるだけ公務とは一線を引きたいというので、地元の漁師二人を嘱託にして、船を操縦してもらうことになっていた。

海中生物を網であげ、それを金盥《かなだらい》に移し、天皇はひとつずつその生物を丁寧に区分けしていき、その学名を確かめるのであった。その場合の区分けも、侍従たちは学名など知らないから見守るだけであった。天皇はひとりで「これは珍しい。これはすでにある」とつぶやきながら分けて標本にしていく。そして採集したなかの不要な部分は、必ず採集したその場所で海中に戻すのであった。

そういうこまかい気くばりに侍従たちは改めて研究者の姿勢を見ることになったのである。

天皇は研究所に戻ると、そういう標本を丹念にカードに書きこんでいく。そうした仕事に打ちこんでいるときは、天皇はほとんど言葉を発せずもくもくとこまかな仕事を進めていった。これは昭和二十年代初めの侍従の証言なのだが、「陛下はもしそのようなお立ち場でなかったら、生物学者としては国際的に名の知られた研究者になられたのではないでしょうか。私たちもいつもそう噂しておりました」と話している。

植物に関する分類学の研究は、那須の御用邸でも熱心にとりくんだが、この研究は、昭和三十七年四月に『那須の植物』として刊行されることになる。この研究でも御用邸から出られて那須高原を歩きながら、天皇が目を留めた植物を侍従が画板をもち歩き、そのつど天皇が発する学名などをメモをして、それを改めて整理して天皇に提出し、天皇はまたカードにつくりあげていくという方法でできあがった書であった。

天皇は、昭和三十年代にはいって国民の生活も安寧のときを迎えたと判断してから、生物学者、あるいは植物学者の目で歌を詠んでいる。自然が破壊されていることを嘆くという意味もそこにはこめられていたのである。とくに昭和三十六年に詠まれた次の歌はそのように解釈することができた。

めづらしき海蝸牛《うみまひまひ》も海茸《うみたけ》もほろびゆく日のなかれといのる

この歌には、「有明海の干拓を憂へて」という詞書が添えられていた。歌人の岡野弘彦は、前出の稿で、「天皇はご自分の一言が与える影響の大きさを考えて、こうした類の発言にはきわめて慎重にしていられるのだが、ここではっきりと考えを出して言われた。これも学者としての信念からであろう」と書いている。

生物学者、植物学者として、天皇の思いは自然のなかに安らぎを見いだしていたといえるエピソードである。その思いからまとめられた研究成果は日本の学界のなかでも重要な位置を占めていた。

マッカーサー解任

日本の占領期も六年目にはいった昭和二十五年、日本は少しずつ復興の形を整えていった。国際社会は、自由主義陣営と社会主義陣営が対立、東西冷戦という冷たい戦争が続いていた。日本はアメリカを始めとする連合国の占領下で、自由主義陣営の有力な橋頭堡《きょうとうほ》の位置を占める状態にあった。

ただ日本国内には、社会主義陣営に共鳴する勢力も多く、そのためにときに国内は騒擾《そうじょう》状態になることがあった。占領初期の日本へのGHQ政策は、この期には手直しされていった。

東西冷戦が現実の武力の衝突となったのは、昭和二十五年六月二十五日に起こった朝鮮戦争であった。北朝鮮軍が突然韓国へ武力侵出を始めた。国民の間には日本も戦争にまきこまれることへの不安が広まった。その一方で朝鮮特需が起こり、日本経済にとっては景気が上向きになる徴候も見せた。

こうした日本近隣での新たな戦争によって、アメリカの対日政策は根本から見直されることになった。朝鮮戦争の直前に来日していたアメリカの国務省顧問A・ダレスは、日本は共産主義から自国を守るために再軍備が必要なことを訴えたし、朝鮮戦争が始まるや、マッカーサーは国連軍最高司令官のポストを兼任したが、その肩書で警察予備隊七万五〇〇〇人の創設を促してきた。このときの日本の政治指導者は吉田茂首相であったが、吉田はこの案には賛成の意を示し、国会でもこれは軍隊ではなく、文字どおり警察予備隊であるとしてその創設に踏み切ることを約束したのである。

天皇は朝鮮戦争の報に驚き、侍従長の三谷隆信は「陛下は火は既に門前に迫っている」と受け止めたと証言している。天皇にすれば、共産主義の本質がこの戦争にあらわれているというのである。

天皇はこうした不穏な動きに懸念をもったのか、ダレスに密かに書簡を送ったとの説も流された。その内容は、日本とアメリカが互いに自由に討論できる場をつくりたいとの申し出であった。天皇とマッカーサーの間には、吉田首相という政治的なパイプがあったし、GHQの政策については寺崎英成や松平康昌らの宮中グループがそのつど報告、その内容を伝えていた。彼らの間には共産主義に対する強い警戒心が共通していた。

ダレスは、日本を国際社会に復帰させるために、講和のための条件づくりを行っていて、しばしば日本を訪れるだけでなく、連合国の間を訪ねては日本に対して苛酷な賠償請求をしないよう求めるなど、いわば日本寄りの動きを示していた。もとよりアメリカにはアメリカ独自の国益についての考え方があったのだが、この期には吉田首相はその考えにほとんど一致する姿勢をとっていた。吉田は、天皇のもとを訪ねては、自らの姿勢を説明し、天皇にもその方向を諒解してほしい旨の意見をなんどか披瀝していた。

マッカーサーは、連合国軍総司令部の総責任者と、朝鮮戦争に参加することになった国連軍最高司令官のポストで対日政策を考えることになったのである。朝鮮戦争は国連軍と北朝鮮軍だけでなく、中国の義勇軍も参加してその様相はしだいに複雑になった。マッカーサーは北朝鮮のみならず中国領土にも攻撃を加えるべきとの戦略をもつに至ったが、トルーマン大統領はこれを認めなかった。そしてマッカーサーが強硬路線を撤回しないのを知ると、昭和二十六年四月十一日に罷免することを決めた。つまりマッカーサーはふたつのポストから突然解任されることになったのである。

マッカーサー解任の報は、日本国内に衝撃を与えた。

占領期という背景もあり、マッカーサーは日本の主権を自在に駆使する位置にいると思われていたが、そのマッカーサーが解任されるということ自体、日本国民には驚きだったのである。当時の朝日新聞（昭和二十六年四月十二日付）は、マッカーサーを惜しむという社説を掲げた。その内容は、確かに日本国民の気持を代弁していた。

「日本国民が敗戦という未だかつてない事態に直面し、虚脱状態に陥っていた時、われわれに民主主義、平和主義のよさを教え、日本国民をこの明るい道へ親切に導いてくれたのはマ元帥であった」

天皇にとっても、マッカーサーの解任に初めは驚きの感情をもった。天皇とマッカーサーの間には、余人が介入できない感情の交流も生まれていた。当初はマッカーサーは、天皇に対して敬称を用いなかったが、なんどか会ううちに「ユア・マジェスティ（陛下）」と通訳にも伝えるようになった。

天皇もまた何か気に懸かることがあると、侍従長の三谷に、「マッカーサー元帥にお会いしよう」と伝え、三谷と共に総司令部の建物を訪れた。マッカーサーは、日本の政治指導者とは、吉田を除いてほとんど面会することはなかった。しかし、天皇とはいつも自由に会った。ただその場合も、つねに天皇がマッカーサーを訪ねるという形をとり、マッカーサーが皇居を訪ねてくることはなかったのである。

マッカーサーは、もし自分が天皇を訪ねることになれば、占領する側とされている側の関係が曖昧になるとの懸念をもっていてその姿勢を崩すことはなかったからである。

もっとも天皇側近のなかには、せめて最後に皇居を訪問してほしいと願う者もいた。松平康昌はGHQを訪ねて「帰るときには、一友人として天皇を訪問してくれないか」とも要請していた。マッカーサーから伝えられた回答は、「私は誰にも会わない」というものだった。しかし、天皇には会ってもよいとの意向も伝えられてきた。

そこで、四月十五日、天皇はマッカーサーのもとを訪ねている。この六年近くの間に、天皇はマッカーサーを一〇回訪問しているが、このときが一一回目の訪問であった。この会見時にどのような会話が交されたかは正確にはわかっていない。しかし、天皇はこれまでの日本に対する思いやりのある対応に謝辞を伝えたといわれているし、別れぎわには、「お元気で」と握手をしたという。このときを最後に、天皇とマッカーサーは会うことがなかったのである。

マッカーサーは翌十六日に羽田からワシントンにむけて飛びたった。この折にGHQの将校が、「羽田に天皇が見送りにきてほしい」と要請してきた。しかし松平は、「日本いかに敗れたりといえども、天皇は天皇だよ。いまやマッカーサーは法的には一元帥に過ぎないではないか」と毅然と断ったという（岸田英夫『侍従長の昭和史』）。

ただ羽田空港には、天皇のご名代として三谷が見送った。

マッカーサーとその一行八人を乗せた車はアメリカ大使館を出て京浜国道を羽田空港にむかったが、沿道は星条旗と日の丸の旗を振る都民がぎっしりと埋めつくしていた。日本の新聞はその数は二〇万人に及ぶと報じた。見送りの人びとの胸中には、改めてひとつの時代が終わったとの感慨があっただろう。

この感慨は、吉田首相にとっても同じだった。吉田は、マッカーサー解任を聞いたときは身体をふるわせ、目には涙をためて「この衝撃はやがて日本人全体に及んでいくだろう」と洩らしたが、すぐにマッカーサーに書簡を認め、「日本国民はすべて、天皇陛下から路上の市民に至るまで貴官の離日を悲しんでいます」と伝えた。

マッカーサーの後任はリッジウェー中将であった。リッジウェーはまだ五十六歳と若く、加えてマッカーサーとは異なり自らの意見を強硬に主張する軍人ではなかった。側近たちからは、日本に赴任してもマッカーサーとは異なる流儀で日本側要人と接するように助言を受けていた。そこにはカリスマ性を誇示するのではなく、もっと実務的に接する時代にはいっているとの意味が含まれていた。

そのためかリッジウェーは着任するとすぐに皇居を訪問、天皇に着任の挨拶をしている。天皇は改めてリッジウェー夫妻を皇居に招き午餐会を開いた。新しい関係の始まりでもあった。

この年九月には、サンフランシスコで講和会議が開かれている。日本国内にはこの講和会議をめぐっても論争があったが、吉田は終始単独講和の方針で条約づくりを進めた。吉田からみれば、全面講和を主張する学者やジャーナリストの論は現実的ではなく、「とにかく占領体制から脱却するのが先決ではないか」との姿勢を崩さなかった。

吉田は、この講和条約の調印（九月八日）と共に天皇が退位するかもしれないとの意向を宮中内部から聞かされていた。それは当時巣鴨プリズンに収容されていたかつての内大臣木戸幸一が、講和の発効とともになんらかのけじめをつけるべきだと天皇側近に伝達していたことが噂になっていたのである。

吉田は当初その噂を信じたのであった。私は自著（『吉田茂という逆説』）のなかで次のように書いたことがある。

「吉田は講和条約の交渉プロセスをそのつど天皇に報告していたのだが、それは天皇が側近に講和条約が結ばれたあとに退位の意向を洩らしているとの情報が入っていたためで、天皇にその任にとどまるようそれとなく伝えることが、この期には何度かくり返されていたのである」

しかし天皇は、マッカーサー解任から講和条約締結、そして発効（昭和二十七年四月二十八日）の間に、自らそのような意思を直接に洩らしたことはなかった。

サンフランシスコ講和条約調印

吉田茂首相が、サンフランシスコでの講和会議を終え、帰国したのは、昭和二十六年九月十日のことである。

あの戦争が終結してから六年余になるが、とにかく日本は再び国際社会に復帰することになった。吉田がどのような報告を行ったのか、天皇がその報告にどういう感想を洩らしたのか、はっきりとした資料はないので不明であるが、ふたりの間に日本が独立を回復したことへの喜びがあり、マッカーサーやダレスの尽力に対して感謝の意が確かめられたことだけは疑いえなかった。

天皇は、十九日に吉田をはじめ全権団全員を皇居に招いてお茶の会を開いている。翌昭和二十七年四月二十八日に、正式にこの条約は発効するのであったが、それまでに独立にそなえての準備が吉田内閣にも、天皇にも必要であった。太平洋戦争前から戦時下、そして占領期と、日本の国務は戦争と終戦の処理が中心であったのに、これからは〈平和〉という時代の国務に中心を移す役割を誰もが負うことになったのである。

当時の侍従長である三谷隆信は、その回想録（『回顧録　侍従長の昭和史』）のなかで次のように書いている。

「九月半ばには吉田総理以下サンフランシスコ平和会議の全権が帰ったが、その後国会開会式、認証式、謁見その他の行事に御多忙であった。十一月には近畿四県に行幸になり、これをもって北海道を除いて地方行幸は一応完了した」

天皇は、講和条約の発効の前にできうるなら全国を巡幸しておきたいと側近に伝えていた。それは戦争によって被害を受けた国民への励ましを遍《あまね》く全国の人びとに及ぼしたいとの強い意志でもあった。十一月の行幸は、京都、奈良、三重の一府二県を中心に行われ、京都では大宮御所、府庁、鴨川母子寮などを回ったし、奈良では吉野に足をはこび、小学校や販農連加工場などを回っている。

こうした行幸でも、風景や自然にふれる機会はそれほど多くなく、戦争の傷が未だ癒えていない人びとや新日本の建設のために地道に働いている人びとへの激励が中心となった。このような視察先の選定は、もとより天皇の意思が大きかったのである。

前述の三谷書には、翌二十七年の講和条約発効について「平和条約が効力を発生し、七年にわたった占領体制が終了した」とあっさりと書かれている。しかしこの簡潔な一節のなかに、新しい時代に身を置く天皇とその側近たちの使命感が示されていた。とくに「占領体制が終了した」には、そのような感情がこめられていた。

この年の新年の歌会始は貞明皇后の崩御により中止になったが、翌昭和二十八年の歌会始の御題は「船出」であった。日本の国際社会への復帰二年目の新春である。御製は次のような一首である。

霜にけぶる相模の海の沖さして舟ぞいでゆく朝のさむきに

天皇の心中は、まさにこの舟にたとえられて国民に伝えられた。

昭和二十七年四月二十八日に講和条約は発効になったが、吉田首相は「この日をもって日本は主権を回復した」との声明を国民に向けて発した。しかし、すでに日本社会にはその心構えはできあがっていた。天皇の行幸や御製、そして天皇と国民の交流によって、時代の空気がかわっていることを誰もが理解する状態になっていた。そして天皇自身も、この発効の日を記念して、何首かの和歌を詠んだ。

そのなかから五首を紹介しておくことにしたい（『おほうなばら　昭和天皇御製集』）。

風さゆるみ冬は過ぎてまちにまちし八重桜咲く春となりけり

国の春と今こそはなれ霜こほる冬にたへこし民のちからに

花みづきむらさきはしどい咲きにほふわが庭見ても世を思ふなり

冬すぎて菊桜さく春になれど母のすがたをえ見ぬかなしさ

わが庭にあそぶ鳩見ておもふかな世の荒波はいかにあらむと

御製にこめられている「まちにまちし八重桜」とか「民のちからに」「世の荒波はいかにあらむ」といった表現には、天皇の素朴な気持があらわれていて、これからの日本の将来に希望と不安がまじりあっているように受け止めることができた。

新しい日本は、すぐにふたつの光景をえがいた。ひとつは、五月一日のメーデーで宮城前広場が使用禁止になったにもかかわらずデモ隊が侵入し、警官隊との間で衝突するさわぎが起こったことだ。流血のメーデーと称されたこの騒乱は、確かに国の内外で深刻に受け止められた。だが吉田首相は、このような騒乱の背後には共産主義者の策動があるとして、取締まりは厳重にするとの声明を発表した。日本にとっての試練のときだというのである。

この二日後の五月三日には、皇居前広場で憲法記念日記念式典が行われた。憲法が施行されてから五年、そして独立記念の祝いとふたつの意味をもったこの式典で、天皇はこれまでとは異なった比較的長い「お言葉」を述べられた。このお言葉には、重い意味がこめられているし、国民にむけてというだけでなく、人類社会に発したメッセージという強い決意が宿っていた。これは歴史的な文書ともいえるので、あえて全文を掲載しておく必要がある。

しかもこのお言葉のなかには天皇自身が退位問題をきっぱりと否定して、この問題にも明確に区切りをつける文書となった。

「さきに、万世のために、太平を開かんと決意し、四国共同宣言（ポツダム宣言）を受諾して以来、年をけみすること七歳、米国を始め連合国の好意と国民不屈の努力とによって、ついにこの喜びの日を迎うることを得ました。ここに、内外の協力と誠意とに対し、衷心感謝すると共に、戦争による無数の犠牲者に対しては、あらためて深甚なる哀悼と同情の意を表します。又特にこの際、既往の推移を深く省み、相共に戒慎し、過ちをふたたびせざることを堅く心に銘すべきであると信じます。

今や世局は非常の機に臨み、前途もとより多難ではありますが、いたずらに明日を憂うることなく深く人類の禍福と、これに対する現世代の責務とに思いを致し、同心協力、事に当るならばただに時難を克服するのみならず、新憲法の精神を発揮し、新日本建設の使命を達成し得ること期して待つべきであります。すべからく、民主主義の本旨に徹し、国際の信義を守るの覚悟を新たにし、東西の文化を総合して、国本につちかい、殖産通商を振興して、民力を養い、もって邦家の安栄を確保し、世界の協和を招来すべきであると思います。

この時に当り、身寡薄《かはく》なれども、過去を顧み、世論に察し、沈思熟慮、あえて自らを励まして、負荷の重きにたえんことを期し、日夜ただおよばざることを恐れるのみであります。こいねがわくば、共に分を尽し事に勉め、相たずさえて国家再建の志業を大成し、もって永くその慶福を共にせんことを切望してやみません」（高橋紘編『昭和天皇発言録』）

天皇のこの「お言葉」は式典の出席者に深い感動を与えた。式典には各界の代表者が集まっていたが、東京都議会議長の発声で、「日本国万歳」が叫ばれた。これまでは「天皇陛下万歳」が一般的だったのに、このときに「日本国万歳」が初めて叫ばれた。それは皇室のなかからも「天皇陛下万歳」はこれからの時代にそぐわないのではという声もあったからとされていたが、しかし講和条約発効と憲法式典ではこのほうがふさわしいとの見方もできた。

原武史著の『皇居前広場』によると、「四七年五月三日の式典が天皇単独だったのに対して、今回は四六年十一月三日の憲法公布の日と同様、天皇と皇后が一緒に現れた」という。しかも、「従来の儀礼では、天皇や皇后は万歳を受ける客体だったが、このときは天皇と皇后も初めて一緒に万歳を叫んだ」と記している。

このことは天皇は、これからの日本にあって「国民統合の象徴」として、皇后とともに自らの役割を果たしていくと宣言したと解することができた。講和条約発効後の日本は、昭和という時代にあって、それまでの時代とは変わっていくことを予想せしめていたのである。

さらに重要なことは、天皇はこの講和条約発効とともに退位のお気持をもっているのではないかとの噂が国の内外に流れていた。一説によると、天皇自身が侍従長の三谷を通じて吉田にその意向をそれとなく打診したとの説もある。真偽は不明なので断言する資料はないが、天皇は確かに側近にそういう気持がないわけではないと洩らした節があるという見方も有力である。だがこうしたことに政治の側でかかわる立ち場にいる吉田首相はそのような動きに動ぜず、自らの信念を貫いた。

新しい時代の天皇の役割を果たしていただきたい、との思いを吉田は伝えたという説があたっていると思われる。五月三日の式典での「お言葉」の最後の一節は退位を明確に否定している。この問題はこのときをもって終止符が打たれたのであった。

母君、弟宮との別れの重さ

講和条約の発効にいきつくまでに、天皇は心を痛める出来事に出会ってもいた。それは母君と弟宮との別れという体験であった。天皇は五十歳と五十一歳のときにふたりの肉親を喪うことになったのである。

昭和二十六年五月十七日、この日は朝から梅雨気味の天候であった。午後のひととき、天皇は御学問所で村川堅固博士から日本歴史の講義を受けていた。そこへ侍従がはいってきて、天皇に耳打ちした。『貞明皇后』（主婦の友社編）によると、「天皇は愕然とされた様子で、急に立ち上がって、そのまま中座なさった」とあるが、村川は、なにか大変なことが起こったとの感がしたとのちに話している。

天皇の受けた報告とは、「大宮さまが、お出ましの用意をなさっておられましたが、とつぜん胸が苦しくなり、狭心症の発作をお起こしになった」という内容であった。この日、東京・青山にある大宮御所では、愛知県の遺族会が勤労奉仕作業にいそしんでいた。貞明皇后は、その人たちに挨拶に出ようとモンペ姿になっていたときだった。このようなとき、必ずモンペ姿になることを自らに課しており、盛装をすすめる側近には「いいえ、これでよろしいのです」と自らの考えを変えることはなかった。そのような庶民性を貞明皇后は好んだ。

天皇はすぐに大宮御所に駆けつけた。しかし発作から四〇分後の午後四時十分に医師団の応急処置も効を奏さずに崩御された。天皇はしばらくはその枕辺で悲しみに耐えていた。

貞明皇后崩御の報は、ラジオの臨時ニュースで流された。

天皇にとって、最後に母君と食事を共にしたのは五月九日のことであった。この日、貞明皇后は皇居を訪れて、良子皇后が養蚕に励んでいる姿を見て、自らの体験をふまえながら、天皇、皇后と会話を交している。社会福祉活動に力をいれてきた貞明皇后は、その精神を良子皇后も守っていることに喜びを見せていたのであった。

葬儀は、崩御から三十七日目の六月二十二日に文京区の豊島岡で行われた。すでに追号は、「貞明皇后」と定める旨、宮内庁からは発表されていた。歴代の皇后のうちで、皇后としてのおくり名があるのは、神功、光明、檀林に続いて四番目となったのである。この葬儀で、天皇は祭場で御誄《おんるい》を読まれた。

それは次のような内容であった。

「皇妣《こうひ》ノ霊前ニ白《もう》ス　皇考《こうこう》ノ喪ヲ服シテヨリ二十有五年、慈恩ヲ仰キ、奉養《ほうよう》ニ勉メ、楽ヲ尽スノ一日モ長カラムコトヲ願ヘルニ、俄ニ大故ニ遭フ、驚愕悲痛追慕止ムナシ、櫬殿《しんでん》ニ、殯宮《ひんきゅう》ニ、親祭スルコト三十余日、茲《ここ》ニ礼ヲ具《そな》ヘ、儀ヲ挙ケ、将《まさ》ニ多摩、皇考山陵ノ次ニ斂葬《れんそう》セムトス、霊車停メ難ク、幽明永《とこし》ヘニ違フ、嗚呼《ああ》哀シイカナ」

この最後の一節に、天皇の深い思いがこもっていた。母君として、貞明皇后はつねに天皇を見守る立ち場にいたが、しかし公式の席では一歩退いて接するのを常としていた。その折り目正しい接し方のなかに、皇室のあり方を伝えるという無言の教えがあったのである。

貞明皇后は、多摩御陵で眠ることが決まったが、それは大正天皇の傍であり、大正期を担った天皇と皇后はそこから次の時代を見守ることになった。天皇が、「母宮をおもふ」と題して詠んだ御製のなかから二首が一般にも公表されている。

　母宮のめでてみましし藷畑《いもばたけ》ことしの夏はいかにかあるらむ

　あつき日にこもりてふとも母宮のそのの畑をおもひうかべつ

貞明皇后の心情を悼む気持がこの二首にはあらわれている。天皇は誰もが見えないところで、自らを支えてくれた感謝の思いをこれらの歌に託しているように思える。

天皇は一年間喪に服することになり、昭和二十七年の歌会始はとりやめになった。しかしこのころ詠まれた歌は、大体が母君を慈《いつくし》む感情が窺える内容が多いようにも受け止めることができた。

天皇にとって、母君との別れに続いて、弟宮の秩父宮殿下との別れもまた辛い体験となった。秩父宮が逝去したのは、昭和二十八年一月四日のことであった。一年二ヵ月違いのこの弟宮は、昭和十五年夏に陸軍の軍人として演習中に体調を崩して倒れ、肺結核と診断された。その後は御殿場で療養に努め、昭和十年代の太平洋戦争の折にも軍務に就くことはできず、体調を整えることに心をくばっていた。

しかし、軍人の目で、そして天皇の弟宮としての立ち場で、陸軍がひたすら強硬路線を走ることに不満をもち、ときに東条首相にあてて質問状を提出して説明を求めることもあった。そこには〈兄宮の平和を求めるお気持を生かしてほしい〉との切実な思いが凝縮していた。

秩父宮は、皇族のひとりとして、そして統帥権をもつ兄宮の立ち場に則しながらの軍人という目で、この国の行く末を見守っていた。戦後は、体調のよいときには積極的に自らの意見も発表され、新しい時代の「開かれた皇室」という考えを明らかにしていた。とくに皇太子殿下の助言役をつとめるなどして、国際社会に目を向けるよう、その機会をそれとなくつくったりもしていた。

秩父宮は、結核という病いとの闘いをつづけたが、兄宮との面会も医師の諒解を得たうえで参内するという心くばりをしていた。体調は一進一退であったが、サンフランシスコ講和条約が発効したときは、体調もよかったときで率直に喜びをあらわしている。同時に、講和条約が結ばれたその日（昭和二十六年九月八日）に、御殿場の役場から「国旗を立てるように」という通知だけが町民に回されたのに不満をあらわして、読売新聞にエッセイを書いている。

「事柄は小さいが……」と前置きしつつ、「国旗を出せといえば、わけもわからずに国旗を立てるといったふうに、自分の行動にはっきりした根拠を持たず、無意識的に呼びかけに応ずるようでは、果して健全な民主主義を育て守ってゆくことができるだろうか」と書いている。国民性にも疑問を呈する皇族でもあった。

講和条約の発効前に、御殿場から藤沢・鵠沼《くげぬま》に移って療養に努めたが、それは体調がよくなってきた証でもあるかのように思えた。来客もふえた。とくに秩父宮は、ラグビーをことのほか愛していたが、その関係者が訪ねてくると、限られた時間を超えて話しこんだ。昭和二十七年九月に、自らも学んだことのあるイギリスのオックスフォード大学のラグビー部員が来日して、慶応大学のラグビー部と対戦したときには、試合会場に顔をだして選手たちを励ました。

秩父宮は、兄宮への思いもこの年には書いているが、それは自分たちの育った時代とは異なる環境で育っている皇太子への励ましの意味をもった。次のように書いていた。

「全く自由のない青春時代をすごされた兄上を目のあたりにしている僕としては、生まれながらにして東宮である今の東宮様に対しては、心からの同情を感ずるのである。とはいうものの兄上の東宮時代と比較すると、時代の変転とはいえ、まさに雲泥の差であって、僕でさえ自分の青少年時代と比較してみて羨ましさを感ずるものすらあるくらいである」

こうした稿を読んでいくと、秩父宮は、「天皇は国民とともに、社会の一員として社会の空気を吸い、あらゆる階層の人びとと接触し、憲法上の『国民統合の象徴』という役割をきちんと守る方向を貫くべきだ」（拙著『秩父宮』）と念願し、それこそが新しい時代の皇室のあり方であると国民に訴えていたこともわかってくる。

こうした思いは結局は遺言のようになった。

昭和二十七年十一月の皇太子の立太子礼のあと、安心されたのか、しばらくは身体を休めていた。しかし十一月下旬になると吐き気や悪寒も訴えるようになった。医師団の献身的な治療と薬石の効があって、一時はもち直すが、年末になると再び体調は悪化していき、やがて意識は薄れ重体となった。病床には高松宮夫妻をはじめ皇族が集まった。昭和二十八年一月三日に、天皇は見舞いに行きたいと申し出た。

天皇はふつうこうした病いのときは見舞いにいかないのが宮中の慣例だったのである。

天皇は病状の変化について秩父宮妃殿下や高松宮から常に電話を受けて確かめていた。二日の夜から三日にかけて、重体との報告を受けてからは一睡もしていない。

慣例を破っても見舞いに行きたいとの思いを尊重して、宮内庁では皇居を出て葉山の御用邸にむかうという案を考え、その途中に秩父宮家を訪ねるとの策を決めた。弟宮を思う天皇の気持が、慣例にこだわる宮内庁を動かしたのである。

四日朝にお見舞いをするとの日程が決まった。しかし秩父宮はこの日午前四時三十分に静かに息をひきとった。天皇と皇后は、皇居から車でかけつけたが、その死を枕辺で看取ることはできなかった。天皇はしきりに「生前にひと目会いたかった」と侍従に洩らしている。

天皇は、秩父宮の枕辺で一時間独り座りこんでいた。なにごとかを話すように口唇を動かしていた。天皇が病室から出てこられたときには、まぶたは泣きはらして腫れていた。帽子を手にうつむきかげんに帰りの自動車にのりこまれた。

四十日祭に、天皇は次の歌を詠んだ。

鉢の梅その香もきよくにほへどもわが弟のすがたは見えず

いまが盛りと咲いている紅白梅に、五十歳と六ヵ月で逝った弟宮の姿をだぶらせていたのである。

（下巻に続く）

初出　㈶昭和聖徳記念財団機関紙『昭和』一三九号（平成十四年一月十日）
〜一七八号（平成十七年七月十日）及び増刊二七号（平成十四年二月十五日）
〜増刊四一号（平成十七年八月十五日）

単行本『昭和天皇』二〇〇五年十一月　中央公論新社刊

保阪正康（ほさか・まさやす）
1939年北海道生まれ。同志社大学文学部社会学科卒業。ノンフィクション作家、評論家。「昭和史を語り継ぐ会」主宰。独力で『昭和史講座』の刊行を続け、2004年、第52回菊池寛賞を受賞。2017年、『ナショナリズムの昭和』（幻戯書房）で第30回和辻哲郎文化賞受賞。主な著書に『「特攻」と日本人』（講談社現代新書）、『東條英機と天皇の時代』（ちくま文庫）、『昭和史の教訓』（朝日新書）、『昭和史のかたち』（岩波新書）、『定本　後藤田正晴――異色官僚政治家の軌跡』（ちくま文庫）、『昭和陸軍の研究（上・下）』（朝日選書）など多数。

朝日選書 980

昭和天皇　上

2019年2月25日　第1刷発行

著者　保阪正康

発行者　須田　剛

発行所　朝日新聞出版
〒104-8011　東京都中央区築地5-3-2
電話　03-5541-8832（編集）
03-5540-7793（販売）

印刷所　大日本印刷株式会社

Published in Japan by Asahi Shimbun Publications Inc.
ISBN978-4-02-263080-3
定価はカバーに表示してあります。

落丁・乱丁の場合は弊社業務部（電話03-5540-7800）へご連絡ください。
送料弊社負担にてお取り替えいたします。